Ursula King
Auf der Suche nach Sinn und Erfüllung
Eine Spiritualität für die Welt von heute

Impressum

Ursula King
Auf der Suche nach Sinn und Erfüllung
Eine Spiritualität für die Welt von heute

Layout: Andreas Klinkert
Satz: Elke Habicht
Titelfoto: photocase/manun

Titel der Originalausgabe:
The Search for Spirituality: Our Global Quest for a Spiritual Life

Übersetzung aus dem Englischen: Michael Lauble
Druck und Bindung: Westermann Druck Zwickau GmbH
Auflage: 1/2010

ISBN 978-3-88095-207-2

Ursula King

Auf der Suche nach Sinn und Erfüllung

Eine Spiritualität für die Welt von heute

Übersetzt von Michael Lauble

Mit Dank an meine Familie und Freunde
für ihre immer wieder bestätigende Liebe und Lebensfreude
sowie für ihre Hilfe beim Entstehen dieses Buches.

Inhalt

Zur Einführung

Das große Interesse, das heute an Spiritualität zu beobachten ist, rührt zu einem Teil von dem verbreiteten Bewusstsein her, dass wir auf einem Planeten leben, der von Leiden und Gewalt zerrissen wird. Immer mehr Menschen brauchen Heilung und suchen nach einem ganzheitlicheren Leben. Eine tiefe Sinnkrise ist entstanden, deren Ursachen in einem Verlust von Weitblick, Engagement und Glauben, das heißt letztlich in einer tiefen spirituellen Krise, zu finden sind. Es herrscht ein enormer spiritueller Hunger danach, zu einem Leben zu finden, das einen tieferen Sinn als den der rein materiellen Güter, des Konsumdenkens und des ausbeuterischen Kapitalismus kennt. Die augenblickliche globale Situation mit ihren tief ungerechten Verhältnissen, ihren zahlreichen Kriegen und der Drohung der ökologischen Katastrophe verlangt ein neues, kreatives Denken und eine Veränderung der Lebensformen. Sie erfordert eine verantwortungsvolle Haltung gegenüber den Menschen und dem Planeten, und sie ruft nach einer Spiritualität, die zur Neuorganisation von Wirtschaft, Politik, Bildung, Business und Regierungssystemen im Weltmaßstab führt.

Viele geben die Hoffnung auf und fühlen sich tief deprimiert, wenn sie sich den heutigen geopolitischen Realitäten gegenübersehen. Was können wir als Einzelne, was können wir gemeinsam tun, um im 21. Jahrhundert das größere Gedeihen des Planeten und seiner Bewohner zu sichern? Wo können wir mitten in Chaos und Verwirrung moralische und spirituelle Inspiration, Führung und Hilfe finden? Es scheint, dass eine stärker ethisch verwurzelte und handlungsorientierte Spiritualität nicht einfach nur eine Notwendigkeit ist: Sie ist ein Imperativ, wenn wir eine Welt schaffen wollen, die geeint und ganz ist.

Warum noch diese Überlegungen über Spiritualität, wo uns doch schon eine Fülle von Informationen über spirituelle Schulen, Disziplinen, Praktiken, über alte und neue spirituelle Führer, über spirituelle Empfehlungen und Ratschläge zugänglich ist? Die vorhandenen Bücher über Spiritualität schauen häufig nur auf eine spezielle spirituelle Perspektive oder Glaubenstradition; sie bieten wertvolle Erkenntnisse, ohne freilich eine umfassendere, globale Sicht zu entfalten. Allzu viele Werke über Spiritualität konzentrieren sich auf die innerliche Suche des Einzelnen und treten für eine persönliche Veränderung ein, ohne wirklich Wert auf weiterreichende gesellschaftliche Transformationen zu legen. Oder sie handeln von besonderen historischen oder zeitgenössischen Aspekten der Spiritualität, stellen diese aber nicht in den weiteren Kontext der Globalisierung und der heutigen weltweiten Suche nach Spiritualität.

Dieses Buch zeichnet die zeitgenössischen Debatten über Spiritualität rund um die ganze Welt nach und stellt sie dabei in einen möglichst weiten Kontext. Es versucht, die Hauptunterschiede herauszuarbeiten, die zwischen verschiedenen Spiritualitäten bestehen, zeigt aber auch die Parallelen und manchmal erstaunlich konvergenten Entwicklungen in den verschiedenen Begriffen von Spiritualität als hohem Ideal und segensreicher Praxis.

Viele fragen zu Recht, was alles mit Spiritualität verknüpft ist. Wie sieht der weitere Kontext aus, in den Spiritualität zu stehen kommt? Welche Sprache wird gebraucht, welche Botschaft befördert, wenn auf Diskurse über Spiritualität zurückgegriffen wird, die zugleich alt und modern sind? Wer spricht zu wem über Spiritualität und mit welcher Autorität? Und wie wird Spiritualität gelebt? Wie gelehrt und verstanden? Bewirkt sie wirklich einen Unterschied im Leben der Menschen? Kann sie gar die Welt, wie wir sie kennen, verändern?

Manche dieser Fragen werden auf den folgenden Seiten aufgegriffen, und einige der heute gängigen Antworten werden eingehender Betrachtung empfohlen. Diese Antworten konkurrieren häufig miteinander, sodass ein aufmerksamer Leser sich zwischen ihnen entscheiden muss. Dieses Buch erhebt nicht den Anspruch, eine umfassende, in die Tiefe gehende Studie oder eine kritische Einschätzung der ganzen Bandbreite heutiger Spiritualität zu bieten. Seine verschiedenen Reflexionen über ein einzelnes Thema sind lediglich eine bescheidene Einführung in sehr weit gespannte, komplexe Sachverhalte und Erfahrungen. Bleibt zu hoffen, dass es seinen Lesern reichlich Material liefert, mit dessen Hilfe sie ihr eigenes Denken vertiefen können, und dass es sie ermutigt, auch künftig den Dialog zu pflegen und sich drinnen wie draußen kundig zu machen.

Mir geht es mehr darum, ein Publikum zu erreichen, das existentiell und intellektuell leidenschaftlich an Spiritualität interessiert ist, als eines, das Spiritualität als einen rein akademischen Studien- und Diskussionsgegenstand betrachtet. Ich hoffe, dass diese Überlegungen meine Leser in die Lage versetzen, ihr eigenes Verständnis von Spiritualität zu erweitern. Wenn Sie dieses Buch lesen, sind Sie eingeladen, in einen tieferen Dialog mit einigen der drängenden Fragen und spirituellen Positionen unserer Zeit einzutreten, Ihr Herz und Ihren Verstand inspirieren zu lassen und so in höherem Maße Bewusstsein, Kenntnis und Veränderung zu suchen und zu finden.

Mögen die vielen Perspektiven der weltweiten Suche nach Spiritualität meinen Lesern helfen, eine gut begründete Auswahl zu treffen, die das Gelingen ihres eigenen Lebens und das der vielen anderen fördert, mit denen sie in Gemeinschaften und Netzwerken verbunden sind.

1. Auf der Suche nach Spiritualität

Was bedeutet ›Spiritualität‹ wirklich? Im öffentlichen und privaten Raum ist zwar oft die Rede von ihr, aber sie ist schwer zu definieren, weil sich Spiritualität mit fast allen Sehnsüchten des menschlichen Herzens in Verbindung bringen lässt. Viele Leute wollen dieses ziemlich vage und verschwommene Wort überhaupt nicht benutzen. Hängt Spiritualität mit Religion zusammen? Oder ist sie etwas ganz anderes? Liefert sie wertvolle praktische Hilfe für das menschliche Leben, oder hat sie mehr mit Skepsis und Zweifel zu tun? Kann es eine Spiritualität ohne traditionelle Muster geben, eine weltliche Spiritualität, die nicht auf die Religion angewiesen ist? Ist Spiritualität wesentlich für ein gelingendes Menschenleben oder ein Luxus, ohne den man auch auskommen kann?

Die Antworten auf diese Fragen fallen sehr verschieden aus, je nachdem, wen man fragt. Es ist jedoch kaum zweifelhaft, dass Spiritualität in sehr unterschiedlichen, ja geradezu einander widersprechenden Kontexten der Gesellschaft von heute ein enormes Interesse weckt. Für viele Menschen der westlichen Welt verbindet sie sich mit etwas hochgradig Wünschenswertem und Positivem. Häufig meint man, sie sei dem modernen Leben mehr gemäß als die traditionelle Religion, die als eher ambivalent, wenn nicht gar irrelevant gilt. Wie ist es zu diesem Wandel in der Einstellung gekommen, und weshalb beeinflusst er so viele Einzelne und Gruppen?

Während noch viel über eine zunehmende Säkularisierung im Westen geredet wird, ist gleichzeitig ein so lebhaftes neues Interesse an Spiritualität erwacht, dass sogar Soziologen und Wirtschaftswissenschaftler Spiritualität als einen attraktiven Forschungsgegenstand entdeckt haben. Diese neue Faszination kann durchaus ein Gegenargument gegen die Auffassung bilden, moderne Gesellschaften seien vorherrschend säkular. Es ist zwar unmöglich, Spiritualität so zu interpretieren, dass jeder zustimmen kann, aber zumindest wird sie oft so verstanden, dass sie etwas Umfassenderes oder sogar etwas ganz anderes sei als Religion. Zuweilen werden Religion und Spiritualität als so weit auseinanderliegend angesehen, dass sie sich als zwei getrennte, gänzlich eigenständige, die jeweils andere ausschließende Sphären darstellen. Dennoch lässt sich eine ganze Menge zugunsten der Auffassung anführen, dass sie eng zusammenhängen und miteinander verbunden sind.

Aus einer weiteren historischen und vergleichenden Sicht ist Spiritualität eindeutig mit Religion verbunden, aber nicht ausschließlich in ihr enthalten. Wenn Religion und Spiritualität scharf voneinander getrennt oder gar einander gegenübergestellt werden, wird die Religion dabei oft mit den äußeren, institutionellen Aspekten identifiziert, die Spiritualität hingegen auf etwas Inneres, eine persönlich-individuelle Innerlichkeit reduziert, die wenig mit dem sozialen und institutionellen Leben zu tun hat. Bei näherer Untersuchung jedoch würde sich zeigen, dass dies eine verarmte Sicht *sowohl* von Religion *als auch* von Spiritualität, ein Mangel an Verständnis und eine Nichtanerkennung wesentlicher Energiequellen ist, die das Wachsen des menschlichen Lebens im Vollsinne nähren können. Eine solche scharfe Trennung zwischen Spiritualität und Religion ist nicht hilfreich für das Gelingen des persönlichen und gesellschaftlichen Wandels, dessen es so dringend bedarf, wenn für Mensch und Erde überall auf dem Globus Förderung, Schutz und Gedeihen verwirklicht werden sollen.

Was bedeutet Spiritualität?

Von Spiritualität ist im Zusammenhang mit so vielen unterschiedlichen Aspekten des heutigen Lebens die Rede, dass ihre Bedeutung zutiefst uneindeutig zu sein scheint. Manchmal wird sie hoch gelobt, sodass sie als ein höchst begehrenswertes Ideal erscheint. Ein andermal weckt sie Kritik, Widerstreben, ja sogar Ablehnung. Warum ist das so?

Das Wort ›Spiritualität‹ hat seinen Ursprung im Kontext des Christentums. Anfänglich kannte es kein direktes Äquivalent in nichtwestlichen Sprachen. Heute wird Spiritualität weltweit in Bezug auf alle Religionen und Kulturen gebraucht; damit ist sie zu einem Codewort mit einem breiten religiösen und weltlichen Spektrum geworden, das zahlreiche unterschiedliche Erfahrungen und Praktiken umfasst. Sie alle haben Charakteristika gemeinsam, von denen es heißt, sie könnten das Leben verbessern, seien ganzheitlich und in hohem Maß hilfreich für menschliches Wohlergehen im weitesten Sinn. Zahlreiche Stimmen sind zu hören, die von östlicher und westlicher Spiritualität, von Frauenspiritualität, New-Age-Spiritualität, weltlicher und esoterischer Spiritualität, interreligiöser und ökumenischer Spiritualität, von Spiritualität der Kinder, ja sogar von Spiritualität und Alter, Spiritualität und Gesundheit, Spiritualität und Geschlecht, Spiritualität und menschlichem Wohlbefinden sprechen. Die Rede ist ferner von Spiritualität in Management, Geschäftsleben, Soziologie, Wirtschaftswissenschaft und Geografie, selbst von spirituellem Kapital analog zum gesellschaftlichen und kulturellen Kapital kann man hören. Das mag zunächst überraschen, aber es deutet doch auf die unleugbare Tatsache hin, dass Spiritualität in ihrem inklusiven Sinn so umfassend ist, dass sie tatsächlich alles berührt. Sie kann ein echtes Treibmittel, ein Ferment werden, das jeden Aspekt des menschlichen Lebens zu beeinflussen und zu prägen vermag.

Es sind schon viele Definitionen von Spiritualität vorgeschlagen worden, aber vielleicht ist es ja hilfreicher zu fragen, was Spiritualität *tut*, als wissen zu wollen, was sie *ist*. Spiritualität kann mit allen menschlichen Erfahrungen zusammenhängen, aber eine besonders enge Verbindung hat sie zur Fantasie, zur Kreativität und zum Einfallsreichtum des Menschen, zu den Beziehungen zu uns selbst, zu den anderen, zu einer benannten oder namenlosen transzendenten Wirklichkeit, die oft als Gottheit, Gott oder Geist bezeichnet wird. Spiritualität kann auch in Verbindung gebracht werden mit einem Sinn für Fest und Freude, mit Anbetung und Hingabe, mit Kampf und Leiden. Heute sind ein breites Verständnis und eine groß angelegte Erforschung der Spiritualität von besonderem Interesse, nicht nur für religiöse Menschen, sondern auch für diejenigen, die in der Psychotherapie und im Human Potential Movement, der Bewegung zur Entwicklung des menschlichen Potenzials, tätig sind, für die Anhänger der neuen Religionen, für die Unterstützer von Umwelt- und Friedensgruppen sowie für die Mitglieder der Frauenbewegung.

Die Vielfalt, die heute im Verständnis von Spiritualität herrscht, erfasst genau die Dynamik, die veränderungsmächtige Qualität der Spiritualität als gelebter Erfahrung, einer Erfahrung, die an unsere Körper, an die Natur, an unsere Beziehungen zu den anderen und zur Gesellschaft gebunden ist. Es ist eine Erfahrung, die nach der Fülle des Lebens strebt, eines Lebens der Gerechtigkeit und des Friedens, der Integration von Leib, Geist und Seele, eines Lebens, das inmitten all unserer Kämpfe in einer Welt, die immer mehr Züge globaler Interdependenz aufweist und doch so schmerzlich zerrissen ist, den Saum des Geistes berührt.

Wie alle menschlichen Erfahrungen existiert auch die Spiritualität primär im Plural. Daher sprechen wir angemessener von ›Spiritualitäten‹ als von Spiritualität im Singular. Christliche Spiritualität unterscheidet sich von der jüdischen, muslimischen, hinduistischen oder buddhistischen. In der Vergangenheit sahen die traditionellen Formen von Spiritualität oft ziemlich anders aus, als sie heute verstanden werden. Am wichtigsten ist, dass von den heute existierenden Spiritualitäten viele nicht mehr durch traditionelle Religionen definiert, sondern säkular oder aber Neuschöpfungen sind und in der Erfahrung einer neuen Welt wurzeln. Welche Wörter haben wir zur Verfügung, um vom Spirituellen zu sprechen, und woher kommen sie?

Westlich-abendländische Wörter für das Spirituelle

Das »Spirituelle« wird oft angeführt, wenn wir eine Realität benennen wollen, die größer ist als wir selbst, eine Kraft oder eine Präsenz, die über die einzelne Person hinausreicht, so wie wir vom ›Transzendenten‹ als von etwas Darüber-hinaus-Gehendem sprechen. Philosophen, Theologen, religiöse Denker, Dichter und Mystiker haben alle versucht, den Begriff des Spirituellen zu klären, ihn genauer zu definieren oder detaillierter zu umschreiben. Doch das ist ein schwieriges Unterfangen, und ihre Bemühungen haben zu einer Vielfalt von Resultaten geführt. Die spirituelle Dimension wird oft so gedacht, als wäre sie ein definierendes Charakteristikum des menschlichen Lebens im Besonderen und unterscheide es vom rein biologischen Leben im Allgemeinen. Sie wird in einem engen Zusammenhang mit Verstand und Denken, mit Bewusstsein, kritischer Reflexion und selbstbewusster Erfahrung gesehen.

Unterschiedliche Sprachen und Kulturen besitzen viele Wörter aus dem Bedeutungsfeld von »Geist/geistig«, mittels deren sie diese zentrale menschliche Erfahrung bezeichnen. Das westlich-abendländische Denken über das Spirituelle ist in hohem Maß vom griechischen Denken geprägt, während sich andere Kulturen auf andere Quellen stützen, wenn sie über das Spirituelle nachdenken (Steven G. Smith, *The Concept of Spiritual*, 1968, Kap. 1). Die Griechen benutzten vier Wörter für das Geistige: *psyche, pneuma, thymos, nous.* Jedes von ihnen erfasst eine etwas andere Realität, überschneidet sich aber auch mit den anderen in seiner Bedeutung. *Psyche* galt als ein »Atem-Wort«, und *pneuma* war ein »Wind-Wort«. Ersteres bezieht sich auf das beseelte persönliche Leben des Einzelnen, das durch das Atmen ermöglicht wird; das zweite zielt auf die Bewegung der Luft in der Natur, auf die Kraft des Windes. Für die griechischen Philosophen standen diese beiden Wörter, *psyche* und *pneuma*, für das Prinzip des individuellen und des kosmischen Lebens. *Psyche* war die individuelle Seele, während *pneuma* eine transpersonale, kosmische Seele, das Leben der gesamten Welt, meinte. Es ist nicht unwichtig, daran zu erinnern, dass man in der Antike die Existenz einer individuellen und einer kosmischen Geist-Seele anerkannte, die beide eng miteinander verbunden waren; denn dieser Glaube findet sich in heutigen Diskussionen über ökologische Spiritualität wieder.

Thymos beschreibt die vitalen Funktionen, aber auch den Willen, das Gefühl und das innere Leben von Geist und Seele. *Nous* wiederum meint Verstand, Geist, Herz, Intuition, Erkenntnis. Für die Griechen war der *nous* der geistige Intellekt, der als Werkzeug der Selbsttranszendenz dient. Im Lauf der Jahrhunderte kamen *pneuma* und *psyche* mehr in Gebrauch als die beiden anderen Wörter, wenn es darum ging, eine Vorstellung von Geist und Seele zu entwickeln. Das gilt zumindest noch bis in die neuere Zeit. Die christlichen Autoren des Neuen Testaments griffen das Geist-Wort *pneuma* auf und machten häufig Gebrauch von ihm – und so auch die christlichen Theologen in den darauffolgenden Jahrhunderten. Ihr Verständnis von Geist stützte sich außerdem stark auf das in der hebräischen Bibel häufig begegnende Wort *ruach*. Beide, *pneuma* und *ruach*, hängen zusammen mit den unsichtbaren und ungreifbaren Bewegungen des Atems, der Luft und des Windes, die wir mit und in unserem Körper spüren, aber nie fassen oder festhalten können.

Ein weiteres wichtiges griechisches Wort ist *sophia*. Es steht für Weisheit, eine zentrale Eigenschaft des inneren Geisteslebens, die uns helfen kann, im Leben den richtigen Weg zu finden. Moderne westliche Philosophen von Hegel bis Kierkegaard und Nietzsche haben viel über den »Geist« geschrieben – sowohl im universalen als auch im personalen Sinn. Für Goethe war »Geist« das wichtigste Element im menschlichen Leben, das Leben des Lebens, aber der Geist galt ihm auch als höchste Kraft der Natur.

Manchmal hat man gemeint, eine starke Spannung, ja sogar einen dualistischen Gegensatz zwischen den Idealen des Geistes und den Bedürfnissen des vitalen Lebens in seiner ganzen Körperlichkeit, wie sie sich insbesondere in den menschlichen Instinkten und Gefühlen

Ausdruck verschaffen, erblicken zu müssen. Somit ist die Existenz des Geistes keine so selbstverständliche Gegebenheit, wie der Philosoph Hegel dachte, vielmehr müssen sich die Menschen erst als geistige Wesen verwirklichen. In Kierkegaards Verständnis verfehlt die Menschheit, so wie sie existiert, den Geist; sie schien dem dänischen Denker eher von »Geistlosigkeit« als von Geist durchdrungen. Manche Philosophen sprechen sogar von der Unbehaustheit des menschlichen Geistes im Universum, wo wir eher nach einer Heimat suchen, als dass wir schon zu Hause wären. Andere sind der Überzeugung, die geistige Dimension der Menschen werde durch die Tätigkeit des Liebens und Achtens konstituiert. Für den französischen Philosophen Gabriel Marcel ist alles geistige Leben ganz wesentlich Dialog, der uns in Gemeinschaft zusammenführt.

Diese Diskussionen zeigen, dass das Geistige nicht als eine Selbstverständlichkeit gelten kann, sondern angestrebt, dargestellt und verwirklicht werden muss. Sie zeigen zudem, dass philosophische und religiöse Reflexionen über den »Geist« eng miteinander zusammenhängen, auch wenn sie unterschiedliche Wege einschlagen.

Im Westen ist das lateinische Wort *spiritualitas* aus dem Nomen *spiritus* und dem Adjektiv *spiritualis* entstanden; deren Gebrauch lässt sich zurückverfolgen bis zur Übersetzung der biblischen Termini *pneuma* und *pneumatikos*, die Paulus in Gegenüberstellung zu Fleisch (*sarx*), jedoch nicht zu Leib (*soma* bzw. *corpus*), verwendet. Das Fleisch darf daher nicht als der menschliche Körper verstanden werden, vielmehr repräsentiert es alles im Menschen, was sich dem Wirken des Geistes Gottes widersetzt. Das *pneuma* bzw. der *spiritus* ist dagegen jene Kraft in den Menschen, die sie für alles öffnet, was von Gottes Geist kommt. Die erste lateinische Verwendung von *spiritualitas* findet sich in einem Brief von Hieronymus aus der ersten Hälfte des 5. Jahrhunderts; dort spricht er davon als von dem geistlichen Leben, das aus der Taufgnade erfließt. Das Wort wurde relativ selten gebraucht, dann jedoch kam es zu einem Bedeutungswandel von *spiritualitas*, sodass diese schließlich im 12. Jahrhundert als Gegensatz zu *corporalitas*, der Leiblichkeit, und zur *materialitas*, der Materialität, ja sogar zur *carnalitas* und *mortalitas*, zur Fleischlichkeit und Sterblichkeit des Menschen, gesehen wurde. Dieser dualistische Gegensatz haftet dem Wort »Spiritualität« noch immer an – ein Erbe, das nur schwer abzulegen und zu vergessen ist.

Von etwa 1500 n. Chr. an finden wir das Wort *spirituality* im Englischen. In Band 10 des *Oxford English Dictionary* von 1970 wird es folgendermaßen bestimmt: »Eigenschaft oder Bedingung des Geistigseins; Verbindung mit oder Bezug zu Dingen des Geistes im Gegensatz zu materiellen oder weltlichen Interessen«. Derselbe Eintrag definiert *spiritual* als »zum Geist oder zu den höheren moralischen Eigenschaften gehörig, sie betreffend oder angehend, besonders in religiösem Zusammenhang. Häufig in impliziter oder ausdrücklicher Unterscheidung von *leiblich, körperlich* oder *zeitlich* [*bodily, corporal, or temporal*]«. Diese Definitionen weisen deutlich auf die inhärente Polarität hin, die traditionellerweise so häufig mit Spiritualität assoziiert wird: Diese wird als ein Gegensatz zum Physischen gesehen. Das Spirituelle wird oft als etwas Weltfernes aufgefasst, das sich von unseren Körpern und von unseren materiellen Bedürfnissen absetzt und der Zeit und dem Raum enthoben ist. Und immer wieder wird es auch als etwas betrachtet, das sich von psychischen Erfahrungen des Menschen unterscheidet und über sie hinausgeht.

Der traditionelle Wortgebrauch im Deutschen kennt mehrere verschiedene Wörter zur Bezeichnung der Spiritualität und beschränkt sich nicht auf ein einziges. So findet dort auch das Wort *Frömmigkeit* Verwendung, das vom lateinischen *pietas* herkommt. Dieses wiederum ist ursprünglich kein religiöser Terminus, aber seit dem 19. Jahrhundert wurde es in einem religiösen Zusammenhang gebraucht. Deutsche Autoren übernahmen das Wort *Spiritualität* erst relativ spät, während die Franzosen schon lange von *spiritualité* sprachen. In der Tat stammen mehrere wichtige Wörter in der Geschichte der christlichen Spiritualität von französischen Schriftstellern. Sie haben sich mit der Entwicklung der Spiritualität auseinandergesetzt und über verschiedene Schulen der Spiritualität geschrieben, so etwa über die rheinische, die spanische, die französische oder die russisch-orthodoxe Spiritualität.

Das Spirituelle in unterschiedlichen Kulturen

Jede Sprache und Kultur hat unterschiedliche Wörter für und im Zusammenhang mit »Geist«. In den indischen Religionen wie im Hinduismus und Buddhismus kommen die Wörter *moksha* und *nirvana*, die manchmal mit »Befreiung« und »Erleuchtung« übersetzt werden, vielleicht einigen der Inhalte, die sich mit dem Wort »Spiritualität« verbinden, am nächsten. Die indischen Sprachen Sanskrit und Pali verfügen über ein reiches Erbe an »Geist-Wörtern«, die zugleich den höchsten Geist und den menschlichen Geist bzw. das Bewusstsein in seinen vielen verschiedenen Manifestationen bezeichnen. Das sind Wörter wie *Brahman, atman, citta, purusha* und viele andere, deren volles Verständnis eine lange und eingehende Erläuterung verlangte. Ähnlich existieren spezifische Wörter für Geist auch im Arabischen und Japanischen, im Chinesischen und in den afrikanischen Stammessprachen, jeweils mit ihren eigenen Konnotationen. In den kolonialen Kontakten zwischen Europa und Indien vor allem während des 19. Jahrhunderts haben religiöse Reformer des Hinduismus wie Swami Vivekananda (1863-1902) häufig von der Erhabenheit der indischen Spiritualität gesprochen und sie dem Materialismus des Westens gegenübergestellt. In dieser Zeit des Kolonialismus erwachte das westliche Interesse an der östlichen Spiritualität in ihren vielfältigen Formen, und so wurde der Keim gelegt zur interreligiösen Begegnung und zum Dialog.

Aus einer postkolonialen Perspektive gesehen, ist es offenkundig, dass diese Begegnung ihre Grenzen in der kolonialen Konstellation fand. Dennoch darf uns die heutige Kritik an der kolonialen Einstellung des Westens und an dem romantisierenden Blick des Orientalismus, die so wichtig für die angemessene Einschätzung und das Verständnis der historischen Entwicklung in der Vergangenheit ist, nicht blind machen für die damals erzielten echten Leistungen und realen Fortschritte. Innerhalb der Menschheitsgeschichte setzte genau in dieser Epoche die Begegnung der verschiedenen Religionen samt ihren unterschiedlichen Spiritualitäten ein. Neue Pfade wurden erprobt, neue Wege des Denkens beschritten. Sie legten den Grund für eine viel inklusivere, globalere Sicht von Spiritualität, wie sie für unsere Zeit so charakteristisch ist.

Diese Vision eines wirklich globalen spirituellen Menschheitserbes fand ihren konkreten Ausdruck in wichtigen gemeinsamen Studien zu religiösen und säkularen Spiritualitäten auf der ganzen Welt. Sie wurden veröffentlicht in der Reihe *World Spirituality: An Encyclopedic History of the Religious Quest* (1985-2003)unter der Hauptherausgeberschaft von Ewert Cousins. In ihren 25 Bänden stellt diese Reihe die unterschiedlichen Spiritualitäten der wichtigsten religiösen Traditionen der Welt vor, geht aber auch über diesen Rahmen hinaus, insofern sie Studien über Spiritualität und säkulares Streben sowie zu den modernen esoterischen Spiritualitäten einschließt.

Als beeindruckende Leistung und unerschöpfliche Informationsquelle ist diese Reihe aber erst der Anfang eines wachsenden Wissens um die spirituellen Erfahrungen und Geschichten auf dem ganzen Planeten. Noch weit mehr Arbeit ist zu leisten, damit ans Licht kommt, welche reichen, großartigen, überaus vielfältigen spirituellen Ressourcen die Menschheit als gemeinsames Erbe besitzt. Um zum Gedeihen und zur Entfaltung des Menschen beizutragen, können wir nun aus der Weisheit der religiösen und philosophischen Traditionen der ganzen Welt schöpfen. Wir können eine Fülle von praktischen Anweisungen für ein gutes Leben entdecken und von ihnen lernen. Wir können bewusster und effektiver für eine größere menschliche Einheit arbeiten, als dies in früheren historischen Epochen möglich war. Diese beispiellose Entwicklung ist ein großer Segen für die gesamte menschliche Gemeinschaft. Sie kann uns helfen, mit allem Leben auf der Erde in Verbindung zu treten und zu entdecken, dass das Spirituelle mitten im Leben allenthalben präsent ist.

Spirituelles Konsumdenken?

Das weit verbreitete Reden über Spiritualität hat allerdings gegenwärtig weithin das Aussehen eines marktorientierten Verhaltens angenommen. Hochglanzmagazine und populäre Talkshows gehen auf die neuesten spirituellen Moden ein. Spiritualität wird in den ungewöhnlichsten und manchmal sogar überraschendsten Zusammenhängen erwähnt, sodass ihre Bedeutung mehr verschwimmt als je zuvor. Was manchen eher als bedauerliche momentane Masche oder marginales Interesse denn als seriöses Bemühen erscheint, hat sich das Markenzeichen des spirituellen Tourismus zugelegt, für den jedes Jahr Millionen ausgegeben werden. Die extensive Nutzung von alternativen, spirituellen Therapieformen, modischen Besinnungszentren oder populären Meditationskursen scheint in der westlichen Gesellschaft wenig bemerkenswerte Veränderung zu bewirken. In einem Artikel für die britische Zeitung *The Guardian* vom 8. Dezember 2003 hat die Journalistin Libby Brooks über die Art von Fragen nachgedacht, auf die dieser spirituelle Tourismus die Antworten liefert. Ihr Kommentar: »Diese neuen Eiferer wollen nicht mehr erklären, wie das Universum geschaffen worden ist oder warum es zu Hungersnöten kommt [...]. Die spirituelle Hauptsorge von heute gilt nicht mehr der Sicherung eines guten Lebensstandards nach dem Tod. Der Fokus liegt auf der gegenwärtigen Ruhe des Verstandes, aber eines Verstandes, der teuer zu stehen kommt.« Zu Recht hebt sie hervor: »Ist es nicht gefährlich, die Wohltaten der Spiritualität einzusammeln, ohne die damit verbundene Verantwortung zu beachten? Man kann den Glauben nicht auf- und zudrehen wie einen Wasserhahn; er sollte ein ganzes Leben durchdringen und nicht dazu dienen, rasch eine Lücke zu stopfen.« In der Sicht des Soziologen Robert Wuthnow von der Princeton University »zieht eine solche spirituelle Suche die Kritik auf sich, weil sie eine oberflächliche konsumistische Haltung widerzuspiegeln scheint [...]. Was diese Art von Shopping bedenklich macht, ist, dass sie angetrieben wird vom Verlangen nach schnellen Antworten und von der Weigerung, für das spirituelle Wachstum harte Arbeit aufzuwenden«.[1]

Ein oberflächlicher konsumistischer Ansatz tut den dynamischen, tiefen Aspekten dessen, worum es in der Spiritualität geht, erheblichen Abbruch. Auch eine ausschließlich auf persönlich-individuelle Belange ausgerichtete Spiritualität, der es beispielsweise nur um den inneren Frieden oder das wahre Selbst oder um ein Lebensprojekt zu tun ist – wie wertvoll es für einen Einzelnen auch sein mag –, kann eine eher eskapistische Einstellung erzeugen. Vielleicht hat ja Papst Benedikt XVI. mit seiner Kritik an den Exzessen des modernen Individualismus und Relativismus recht, wenn sie das sind, was die Spiritualität leistet. Wenn es ihr nur um Hedonismus und persönliches Glück geht oder um individuelle Glaubenssysteme, die nach privatem Geschmack ausgestaltet sind, dann stehen der Gesellschaft ein Niedergang und ein Schock bevor.

Eine wirklich ganzheitliche, integrale Spiritualität muss personale und soziale Anliegen gleichermaßen einschließen; sie muss sich ins Verhältnis setzen zu brennenden globalen Fragen, wie etwa dem Streben nach Gerechtigkeit, Frieden, Gewaltlosigkeit und ökologischer Ausgewogenheit. Recht verstanden, wird eine sozial wache Spiritualität sich auf Zivilgesellschaft, Wirtschaft, Geschäftsleben, Management und gute Verwaltung erstrecken. Die Menschen und die Erde brauchen dringend neue, partizipative und kooperative Strukturen, die auf weltweiten dialogischen Konsultationen beruhen. Nur dann kann ein radikaler sozialer, politischer und spiritueller Wandel entstehen. Viele Zeichen für das In-Gang-Kommen eines solchen Prozesses lassen sich schon heute beobachten, sei es in der Arbeit zahlreicher

1 Robert Wuthnow, *Creative Spirituality: The Way of the Artist*, Berkeley 2001, S. 269.

Nichtregierungsorganisationen, internationaler Hilfe und Entwicklungshilfe, in den jährlichen Treffen des 1971 gegründeten Weltwirtschaftsforums in Davos in der Schweiz, sei es in dem 2001 gegründeten Weltsozialforum mit seiner Vision, dass »eine andere Welt möglich« ist.

Persönliche Spiritualität

Selbst eine höchst weltliche Umgebung wie ein Einkaufszentrum vermag unerwartete Erfahrungen oder Gedanken auszulösen, die dann wiederum zu einem tieferen, stärker reflektierten Engagement in der Spiritualität führen können. Zur Entwicklung einer persönliche Spiritualität ist spirituelle Nahrung erforderlich, und die kann unter völlig unvorhergesehenen Umständen außerhalb persönlicher oder institutioneller Kontrolle gewonnen werden. Jeder von uns sammelt solche Nahrung auf verschiedenen Wegen. Erfahrungen einer spirituellen Erkenntnis können sich überall und jederzeit ereignen; sie können sehr stark und antreibend sein, aber auch schmerzlich und verwirrend. Die Menschen machen solche Erfahrungen gerade dann, wenn sie am wenigsten damit rechnen, mitten in ihrer täglichen Arbeit, ihren Freuden und ihrem Leiden, ihren Verlusten und Kümmernissen. Es kann ihnen passieren, wenn sie der Größe und Schönheit der Natur gegenüberstehen, oder mitten im Gewimmel einer kosmopolitischen Stadt, in der sie der unglaublichen Mannigfaltigkeit der Gattung Mensch begegnen.

Ich selbst erinnere mich, dass ich von einigen religiösen Schauplätzen tief bewegt war – von der Stille des großen Hofs in der Zentralmoschee im geschäftigsten Teil von Ahmedabad in Indien, von der erhabenen Atmosphäre eines Buddha-Tempels in Sri Lanka oder Festland-China, vom Überschwang eines Musikfestivals in einem südindischen Tempel, von der Feier der katholischen Messe in einer der großen europäischen Kathedralen. Viele Menschen werden genauso von weltlichen Schauplätzen aufgewühlt, sei es von der Erfahrung bei einem Popkonzert, sei es von dem dynamischen Geschehen auf einem lokalen Markt in Asien oder Afrika oder von der euphorischen Atmosphäre eines großen internationalen Sportereignisses. Wie die Religion kommt die Spiritualität in vielen Gestalten daher, die nicht voneinander abgehoben oder exklusiv sein müssen.

Robert Wuthnows Studie über die kreative Spiritualität von Künstlern führte ihn zu dem Schluss: »Ein befriedigendes spirituelles Leben zu schaffen heißt, Verantwortung für das eigene Verhältnis zum Heiligen zu übernehmen. Es verlangt, dass man seine Aufmerksamkeit konzentriert, die Regeln erlernt, das Handwerk beherrscht und seine Fantasie entfaltet. Es ermutigt uns dazu, uns mit dem Schmerz auseinanderzusetzen, der aus zerbrochenen Beziehungen erwächst, und das Staunen zuzulassen, das aus dem Nachdenken über Liebe und Erlösung herrührt. In diesen Dingen könne wir viel von den Künstlern lernen« (Wuthnow 2001, S. 276).

Entscheidend in der Entwicklung jeder persönlichen Spiritualität ist die vertiefte Reflexion und eine ehrliche Haltung sich selbst gegenüber, eine Authentizität, die die Wahrheit anerkennt und gesteht, dass es eine Wirklichkeit gibt, die größer ist als man selbst. In den Augen der französischen Philosophin Simone Weil (1909-1943), die in eine jüdische Familie hineingeboren wurde, sich aber immer stark zum indischen wie auch zum christlichen, speziell katholischen Weg hingezogen fühlte, waren vor allem die Pflege der Aufmerksamkeit und des Abwartens der Entwicklung einer tiefen persönlichen Spiritualität förderlich. Sie schreibt: »Die Aufmerksamkeit ist auf ihrer höchsten Stufe das gleiche wie das Gebet. Sie setzt Glaube und Liebe voraus« (Simone Weil, *Cahiers*, 1993, S. 104). Aufmerksamkeit in der Bildung, in der Meditation oder im Gebet verlangt, dass man sich vom Selbst als dem Zentrum der Welt löst, dass man sich für den anderen Menschen verfügbar macht, dass man für eine andere Wirklichkeit offen ist. Für Simone Weil war dies der Schlüssel zum Gebet und zur praktizierten Gerechtigkeit: Geduldiges Verharren in Erwartung ist die Grundlage des spirituellen Lebens. Ihrer Auffassung nach gab es eine spezielle Art, auf die Wahrheit zu warten und unsere Herzen an sie zu hängen; eines ihrer bekanntesten Bücher heißt denn auch *Attente de Dieu* (deutsch: *Das Unglück und die Gottesliebe,* München 1953). Sie ist zeitlebens außerhalb der Kirche geblieben und hat sich nie einer religiösen Gruppierung angeschlossen, aber ihr leidenschaftliches spirituelles und soziales Engagement hat viele andere Menschen beeinflusst, von denen manche sie als eine »Schutzpatronin der Außenseiter« betrachten.

Simone Weils Überlegungen zeigen, dass durch mentale und spirituelle Arbeit alle Aktivitäten auf die Ebene des Geistes gehoben werden können. Ihr Begriff der Aufmerksamkeit hat eine gewisse Affinität zu dem, was die Buddhisten Achtsamkeit (*mindfulness*) nennen. »Achtsamkeit ist das Wunder, mittels dessen wir mit einem Schlage unseren zerstreuten Verstand zurückrufen und ihn zur Ganzheit zurückholen können, sodass wir jede Minute des Lebens leben können« (Thich Nhat Hanh). In einen christlichen Kontext übersetzt, könnte man sagen, wenn man in allem, was man tut, Achtsamkeit übt, wenn man auf jedwede Arbeit, der man sich widmet, seine volle Aufmerksamkeit richtet, dann können alle Anstrengungen zu einem lebendigen Gebet werden und Segen empfangen. Es ist nicht unähnlich dem benediktinischen Motto *Ora et labora* – Hingabe und Gebet, ausgedrückt durch Arbeit.

Wenn man es auf diese integrale Art und Weise versteht, geht es in dem vielfältigen, von der Spiritualität umfassten Leben des Geistes grundlegend darum, eine Person im Vollsinn zu werden. Das heißt, dass man die Fähigkeit entwickelt, aus sich selbst herauszugehen, sich selbst zu transzendieren. Dieses Vermögen macht all unser Verstehen, unser Streben nach Wissen, unsere Erfahrung von Schönheit, unser Fragen nach Gott und unser Ausgreifen nach dem Anderen in Liebe möglich und lässt Verantwortlichkeit und Gemeinschaft entstehen.

Spiritualität ohne Religion?

Ein inklusives, alles umfassendes Verständnis des Spirituellen wirft die Frage auf, ob Religion und Spiritualität etwas völlig Getrenntes und voneinander Unabhängiges sind. Gleichzeitig mit der Privatisierung der Religion in der modernen westlichen Welt hat sich eine Reihe von alternativen Spiritualitäten entwickelt, die vollständig autonom sind und außerhalb jeder religiösen Institution stehen. Der Dalai Lama hat einmal in einem Interview gesagt: »Wenn ich von Spiritualität spreche, dann denke ich nicht in den Kategorien von religiösen Überzeugungen.« Diese Aussage unterscheidet Spiritualität grundlegend von Religion, deutet aber auch auf eine gewisse Verbindung hin. Die heutigen Spiritualitäten können ein Mix aus einigen traditionellen religiösen Elementen sein, die adaptiert, neu interpretiert und mit einem scharfen Fokus auf das ökologische Problem und auf die den gesamten Globus betreffenden ethischen Fragen kombiniert werden. Daneben gibt es Formen von Spiritualität, die sich primär mit der Entdeckung und Entfaltung des individuellen Ichs beschäftigen. Die meisten von ihnen sind stark beeinflusst vom heute gängigen psychologischen Wissen und von psychotherapeutischen Praktiken. Insbesondere diese Spiritualitäten des Ichs werden oft als Alternativen zur Religion angesehen. Sie gelten als heilender und gesünder als die hierarchischen religiösen Institutionen, die so oft die Schattenseite der Religion widerzuspiegeln scheinen. Es kann also nicht überraschen, wenn manche Leute vehement für die völlige Eigenständigkeit der Spiritualität eintreten und behaupten, sie sei etwas ganz anderes als Religion.

In solcher Sicht kann Spiritualität sogar als eine Art Widerstand gegen die traditionelle Religion verstanden werden. Manche Autoren stellen Spiritualität und Religion so scharf gegeneinander, dass sie die Spiritualität mit allen geistigen Orientierungen und Praktiken *außerhalb* der religiösen Institutionen verknüpft sehen, während sie die Religion als etwas betrachten, was sich *innerhalb* von Kirchen, Tempeln, Synagogen, Moscheen abspielt. Als die Reihe *World Spirituality* vor dem Abschluss stand, würdigten die Herausgeber noch eigens den Einfluss alternativer Formen von Spiritualität *außerhalb* der traditionellen Religionen mit den Titeln *Modern Esoteric Spirituality* und *Spirituality and the Secular Quest*. In der Einleitung zu diesem letzten Band heißt es: »Das gesamte religiöse Leben kann als spirituell gelten. [...] Doch nicht alles Spirituelle ist notwendig religiös; es gibt Weisen, die Welt als ein kosmisches Ganzes und das Ich als ein überdauerndes Agens zu verstehen, die nicht direkt der Religion verpflichtet sind.« Ohne das unkritische Lob des weltlichen Strebens zu singen, handelt dieses Buch ausdrücklich von der weltlichen, der säkularen Spiritualität und kreist zum Teil um die Themen Selbst, Gesellschaft, Natur und Kultur. Pointiert stellt es die Frage, »was die Anhänger der etablierten religiösen Spiritualitäten von ihrem innovativeren säkularen Kontrapart lernen können«, und ermuntert zur Fortsetzung des Gesprächs zwischen beiden, sodass eine religiöse Tradition durchaus Aspekte dessen hochschätzen kann, »was in der säkularen Kultur am wichtigsten und kraftvollsten ist«.[2]

Diese Beobachtungen beleuchten den gegenseitigen Einfluss und die Interdependenz von religiösen und säkularen Formen der Spiritualität. Damit haben wir einen weit konstruktiveren Ansatz als jene Autoren, die Spiritualität und Religion scharf voneinander trennen und sie als Gegensätze begreifen. Man muss sich zudem bewusst sein, dass viele moderne säkulare Spiritualitäten keineswegs schlechthin Neuschöpfungen, sondern aus älteren westlichen und östlichen Gedanken entstanden sind, die in antiken, mittelalterlichen und neuzeitlichen Quellen gründen. Doch diese Zusammenhänge bleiben für gewöhnlich verborgen und werden nur selten öffentlich anerkannt.

Die heutigen säkularen Spiritualitäten haben die Neigung zum Individualismus, ja sogar zur Ich-Übersteigerung. Sie sind weithin

2 Peter H. Van Ness (Hrsg.), *Spirituality and the Secular Quest*, New York 1996, S. 7 und 13 f.

eklektisch, aber auch weithin inklusiv in ihrem Streben nach einem authentischeren Leben. Der australische Autor David Tacey spricht von »einem radikalen Bruch« zwischen Spiritualität und Religion, da wo religiöse Praxis und religiöses Gefühl sich getrennt haben, sodass der »Geist« nicht mehr in den religiösen Traditionen zu Hause ist, sondern sich von seiner traditionellen »Form« gelöst hat. Daher spricht er vom Geist »ohne und gegen die Form« und von der »Form gegen den Geist«. Nach seiner Auffassung erleben wir eine »umwälzende Krise, in der Religion und Spiritualität die Plätze getauscht haben«, sodass die Spiritualität »zu der neuen, höheren Autorität und richtenden Instanz über soziale Identität und menschliche Interaktion wird«.[3]

Taceys Definition zufolge bezieht sich Spiritualität auf »unsere Beziehung zur Heiligkeit des Lebens, der Natur und des Universums« und ist nicht mehr beschränkt auf formale Frömmigkeitspraktiken oder institutionelle Orte der Gottesverehrung. Dies ist ein neues Paradigma einer »all-einschließenden Spiritualität«, die demokratisch, nichthierarchisch und damit sehr deutlich von den traditionellen Formen religiösen Lebens unterschieden ist. Die Religionen sind damit jetzt »herabgestuft zu Unterarten der umfassenderen Kategorie der Spiritualität«, sodass sie sich neu aufstellen müssen.

Mit anderen Worten: Die Religionen machen tiefe, ja radikale Prozesse der Neuinterpretation und Transformation durch, aber das bedeutet nicht, dass sie komplett von der Spiritualität abgetrennt werden können. Taceys Behandlung des Themas ist vom Paradox geprägt, denn ein »radikaler Bruch« würde ja eine vollständige Trennung von Spiritualität und Religionen hervorrufen, während die Religion doch einen spirituellen Kern besitzt. Das Verhältnis zwischen Spiritualität und Religion hat sich jetzt zwar umgekehrt, beide sind aber immer noch auf vielerlei Weise miteinander verbunden, solange nämlich die Religionen als Unterarten der Spiritualität betrachtet werden.

3 David Tacey, *The Spirituality Revolution. The Emergence of Contemporary Spirituality*, Hove/UK und New York 2004, Kapitel 2: »Spirit without form«.

Ein bisschen nostalgisch reflektiert der irische Autor Diarmuid Ó Murchú über die frühe Spiritualität der Gattung Mensch in den vorgeschichtlichen und frühgeschichtlichen Perioden der menschlichen Evolution (*Reclaiming Spirituality*, 1998). Er spricht von einer Verschiebung von der Spiritualität zur Religion, die ihm zufolge mit der Entstehung der religiösen Traditionen und der Entwicklung patriarchaler Gesellschaftsformen erfolgte. Heute bestehe ein »Verlangen nach Spiritualität jenseits der Religion«, verbunden mit einem neuen Welt- und Menschenbild, das eine neue, von den Religionen getrennte und über ihnen stehende Spiritualität hervorbringe.

Dieses Bild ist freilich allzu vereinfachend und dualistisch. Es stellt in vieler Hinsicht eine Projektion idealisierter Vorstellungen von Spiritualität auf die Vergangenheit dar. Diese aber lassen sich nicht empirisch verifizieren. Solche Verallgemeinerungen über die angebliche jeweilige Bedeutsamkeit von Spiritualität und Religion stützen sich nicht selten auf die stark vereinheitlichende, ahistorische Sicht einer fernen Vergangenheit, die mit der verwirrenden, unbehaglichen Gegenwart kontrastiert wird. Doch auch die Gegenwart schenkt ja neuen Formen von Spiritualität das Leben, die ein höheres Niveau haben und ganz anders sein können als die der Vergangenheit.

Solche kontroversen Interpretationen sind zwar herausfordernd und anregend, dabei aber vor allem von theoretischem Interesse. Unter einem praktischen Blickwinkel lassen sich das Spirituelle und das Religiöse nicht trennen und derart scharf und definitiv einander gegenüberstellen. Die australische Wissenschaftlerin Mary N. McDonald nimmt (in ihrem Artikel in der *Encyclopedia of Religion*, Chicago 2005, Bd. 13) denn auch eine mehr ausgleichende Position ein; sie schreibt: »Die Diskurse von Religion und Spiritualität stellen unterschiedliche, aber oft einander überlagernde Verständnisse von Ich und Welt dar.« Diese These lässt jedoch jeden Bezug zu einer letzten, höchsten Realität, einer Tiefendimension oder göttlichen Person, nach der die religiösen Menschen in der Regel ja auch zu suchen pflegen, außer Acht.

Spiritualität ist heutzutage also durch und durch pluralistisch, aber es fragt sich doch, ob sie wirklich als vollständig und dauerhaft von der Religion geschieden angesehen werden kann. Historisch und strukturell verhält sich die Spiritualität in ihren zahllosen Varietäten nicht so. Die holländische Psychotherapeutin Agneta Schreurs vertritt die Auffassung, die Religion habe mit ihrer Lehre und ihrem öffentlichen Kult »eine enorme Bedeutung für die Bildung von Spiritualität, damit diese auf gesunde und ausgewogene Weise wächst und sich entwickelt«. Sie hat den faszinierenden Ausdruck »Spiritualität im Exil« geprägt, um damit die zeitgenössischen Spiritualitäten zu charakterisieren, die ohne Religion gedeihen (*Psychotherapy and Spirituality*, 2002). Schreurs' Formulierung zeigt an, dass die Spiritualität sich an den Rand der religiösen Institutionen bewegt hat und an deren Perpipherie existiert, weit entfernt von dem zentralen Ort, den die Religion einst im Leben der Menschen einnahm.

Aber vielleicht geht die Autorin damit zu weit in die andere Richtung; denn ihre Auffassung erkennt zum einen nicht die Bedeutsamkeit autonomer, alternativer Formen von Spiritualität an, wie sie heute *ohne* die Hilfe traditioneller religiöser Institutionen gehegt und gepflegt werden, und zum anderen lässt sie das innovative Wirken neuer religiöser Gruppen mit ihrer *intern* radikal umgestalteten Spiritualität, wie sie überall entstehen, nicht gelten. Es ist wohl doch vor allem wichtig, Religion und Spiritualität nicht zu scharf voneinander zu trennen. Ihre Beziehung ist dialektisch und dynamisch; in ihren wechselseitigen Transformationen reagieren und antworten sie aufeinander. Tacey gebraucht die vorzügliche Metapher von einer »geistigen Kernexplosion«, vergleichbar Vulkanausbrüchen, die die Spiritualität von ihren alten Fesseln befreien und so die gesamte religiöse Landschaft verändern (Tacey 2004, S. 35). Ihre Einwirkung wird gewaltig sein. Doch wir dürfen nicht vergessen, dass die Religionen selbst ebenfalls in einem mächtigen Mahlstrom der Transformation gefangen sind. Um der Welt einen Sinn und ihren Anhängern eine Lebensanleitung zu geben, müssen die Religionen sich selbst und ihrer sich wandelnden Situation einen Sinn geben. Jahrtausendelang haben sich Ideen und Praktiken der Spiritualität von den Weltreligionen ernährt. Obwohl die Spiritualitäten jetzt größere Autonomie im Leben der Menschen gewonnen haben und unabhängig von den traditionellen religiösen Institutionen bestehen können, sind Religion und Spiritualität zwei einflussreiche Bereiche der menschlichen Erfahrung, die für Hunderte Millionen von Gläubigen rund um den Globus noch immer eng miteinander verbunden sind. Es kann aber kein Zweifel bestehen, dass sich das Verständnis von Spiritualität im Westen unter dem Einfluss der Moderne radikal verändert und die traditionelle Religion viel von ihrer historischen Autorität verloren hat, sodass säkulare Formen von Spiritualität vom Anbruch der Moderne an bis hin zu den heutigen Wellen der Postmoderne ein unerwartetes Wachstum erlebten.

Säkulare Spiritualitäten und zeitgenössische Kultur

Der vorherrschende Individualismus der modernen westlichen Gesellschaft drückt sich auf vielerlei Weise aus, von der Bildung bis zur Politik, zur popularen Kultur, zu den Medien, den individuellen Lifestyles, dem Niedergang personaler Beziehungen und einem exzessiven Persönlichkeitskult. Dieser Individualismus ist beschrieben worden als die Erfahrung eines »unbehausten Denkens«, eines vereinzelten, für Experimente und Eklektizismus offenen Verstandes, der Vielfalt und Unterschied über alles schätzt. Die Existenz eines solchen Denkens ist Teil der starken Dezentrierung und Fließbewegung eines radikalen Wandels, der das auszeichnet, was allgemein als Postmoderne bezeichnet wird. Postmoderne ist allerdings genauso schwer zu definieren wie Spiritualität. Als intellektuelle und kulturelle Strömung impliziert sie das Schwinden fester Bedeutungen und die Anerkenntnis der Diversität; sie stellt das Wesen von Rationalität und Objektivität infrage und ist eine Herausforderung an die instrumentelle Vernunft, die die moderne Wissenschaft und Technik so nachhaltig beherrscht hat.

Verglichen mit früheren Epochen ist die Moderne vielleicht die am schärfsten eindimensional ausgeprägte Kultur in der Menschheitsgeschichte und die am wenigsten für Transzendenz offene Zeit, die die Welt erlebt hat. Sie ist gekennzeichnet durch große spirituelle Armut und ein hohes Maß an Entfremdung. Der amerikanische Soziologe Peter Berger hat die moderne Welt als eine Kultur ohne Fenster zu den Wundern des Lebens bezeichnet; gleichzeitig aber sind wir fasziniert von den immer größeren »Wundern« aus der langen Geschichte des Lebens, die die wissenschaftliche Forschung uns enthüllt. Was für ein Paradox!

Es stimmt, dass viele Menschen den Sinn für einen transzendenten Horizont nicht mehr besitzen und keinen leichten Zugang zur Tiefendimension und Innerlichkeit des menschlichen Bewusstseins finden. Die moderne Psychologie, speziell die Tiefenpsychologie, erforscht die Winkel unseres Bewussten und Unbewussten immer weiter, doch wir scheinen das Empfinden für die Seele, den Sinn für das spirituelle Wesen und Geschick des Menschen verloren zu haben.

Die postmoderne Lage der säkularen Gesellschaft gleicht einem Karneval und gleichzeitig einer Öde. Diese Metaphern erfassen sehr gut das Gefühl spiritueller Trockenheit und Desorientierung, aber auch den Experimentcharakter dessen, was da abläuft. Unsere bildgetränkte und informationsgesättigte Gesellschaft kann in der Tat als eine totale spirituelle Öde erfahren werden. Doch ihre peinigende Leere, ihr häufiger Mangel an Substanz und Tiefe ist nicht immer völlig steril, denn sie birgt auch fruchtbaren Boden für neues Wachstum. Viele Zeitgenossen, die ihrer traditionellen Identität verlustig gegangen sind, erfahren die Welt als eine Wildnis, in der es keinen festen Grund mehr zu geben scheint und man keinem ausgetretenen Pfad mehr trauen kann. Doch diese Erfahrung ermöglicht es ihnen, zu suchen und zu experimentieren und nach einer weniger fest definierten und geschlossenen, dynamischeren und ergebnisoffeneren Spiritualität Ausschau zu halten.

Die Postmoderne geht einher mit starker Fragmentierung und intensivem Experimentieren, aber auch mit der Idee einer kreativen Umgestaltung. Viele innovative Experimente in Kunst, Politik und Literatur haben sich entwickelt, aber auch viele neue Expeditionen in die Spiritualität. In der Tat ist das zunehmende Interesse für Spiritualität in sehr vielen Fällen ein Zeichen für das Bewusstsein und die Kultur der Postmoderne, die einen neuen Kontext sowohl für traditionelle religiöse Überzeugungen als auch für neue Spiritualitäten liefern. In einer in so viele Fragmente zerbrochenen Welt nehmen wir den »Schatten des Geistes« mit neuen Augen wahr, mit Augen, die inmitten unserer säkularen Kultur von heute viele spirituelle Hinweise entdecken.

Inzwischen ist eine beträchtliche Zahl von säkularen Spiritualitäten entstanden. Wenn sie auch nicht notwendigerweise in Opposition zu den traditionellen Religionen formuliert wurden, bleiben sie diesen gegenüber doch distanziert. Manche sind echte Alternativen zu den religiös verwurzelten Spiritualitäten, während andere traditionelle religiöse Praktiken vielleicht ergänzen, bereichern oder erneuern. Manche Leute erheben den Anspruch, spirituell zu sein, ohne dass sie sich für die Lehren oder Institutionen einer der überkommenen Religionen engagieren. Diese Entwicklung ist nicht ganz so neu, denn nichtinstitutionelle Bereiche der Spiritualität gab es auch schon in der Vergangenheit, in der antiken Philosophie zum Beispiel. Wie dem auch sei – was heute säkulare Spiritualität heißt, ist eindeutig eine Erscheinung der späten Neuzeit und der modernen säkularen Gesellschaft.

Daher kann man von einer genuin säkularen spirituellen Suche sprechen. Hier werden traditionelle Religionen und philosophische Erklärungen der Welt und des Sinnes des menschlichen Lebens ersetzt durch kraftvolle neue Erzählungen, die neue, nicht direkt der Religion verpflichtete Vorstellungen vom Ich und vom Kosmos präsentieren. Anstelle der traditionellen Kosmologien und Anthropologien sind diese Schilderungen vom augenblicklichen Verständnis von

Kunst, Natur und Wissenschaft und von der Sensibilität der Welt von heute inspiriert. Alternative säkulare Spiritualitäten können eng mit Literatur und Dichtung, mit den darstellenden Künsten, insbesondere der populären Musik, oder mit bestimmten philosophischen Positionen oder Sozialphilosophien verknüpft sein (selbst zwischen Marxismus und Spiritualität hat man schon einen Zusammenhang festgestellt). Sie spielen zudem eine wichtige Rolle bei den Anhängern der großen globalen Bewegungen, deren Kampagnen den Menschenrechten, den Frauen, der Umwelt oder Frieden und Gerechtigkeit gelten.

Renaissance, Revival oder Revolution des Spirituellen?

Wohnen wir also einer Neugeburt und Erneuerung der Spiritualität bei? Viele spirituelle Traditionen werden gerade neu entdeckt und neu erforscht, so etwa die indigenen Stammesreligionen, der Schamanismus, die keltische Spiritualität oder die um Göttinnen kreisenden Spiritualitäten. Doch inwieweit sind solche »Entdeckungen« Indikatoren für eine echte Suche nach einer neuen spirituellen Vision und einem authentischen spirituellen Leben? Kann es sein, dass die Welt vor einer spirituellen Renaissance steht, wie manche behaupten?

Aber was verstehen wir unter »Renaissance«? Das französische Wort *naissance* bedeutet »Geburt«, und *re-naissance* bedeutet eine Geburt, die sich erneut ereignet. Dies wird oft als ein *revival*, eine Wiedererweckung, ein Wiederaufleben, verstanden: Etwas, das einst in der Vergangenheit existierte, dann schwand oder verloren ging, kommt jetzt zurück. Diese Definition ist problematisch, wenn sie auf die zeitgenössische Spiritualität angewandt wird, denn sie impliziert ein viel zu stark an der Vergangenheit orientiertes Konzept, das oft auch noch mit einem essenzialistischen Verständnis einer *philosophia perennis* verbunden ist. Eine solche »immer währende Philosophie« hat die Tendenz, vergangene spirituelle Errungenschaften und Praktiken für größer zu halten als die heutigen. Die Vergangenheit wird als ein Goldenes Zeitalter idealisiert, in dem die Menschen spirituell vollkommener waren und mehr in Frieden lebten. Diese Sicht setzt voraus, dass das Wesen der Spiritualität unwandelbar ist und immer gleich bleibt und sich nicht etwa prozesshaft dynamisch entwickelt und wächst, sodass im Lauf der Zeit neue und reichere Formen von Spiritualität entstehen können.

Verbindet sich dagegen das Wort »Renaissance« eher mit der Vorstellung eines neu erwachten Interesses als mit der Idee einer schlichten Wiederbelebung der Vergangenheit, dann lässt es sich so verstehen, dass damit nicht nur vergangene Spiritualitäten gemeint sind, die wiedererweckt werden sollen, sondern eine Neugeburt, in der etwas originär anderes mit Eigenleben, eigenem Potenzial und eigener Verheißung auftritt, dessen zukünftiger Verlauf sich nicht mit Sicherheit vorhersagen lässt, auch wenn sich verschiedene Möglichkeiten abzeichnen. Daher kann man von »werdenden Spiritualitäten« sprechen, die mit einer werdenden Gegenwart und Zukunft zusammenhängen. Diese Perspektive ist nicht essenzialistisch, sondern dynamisch und evolutiv; sie orientiert sich am organischen Wachstum und Wandel, an der Evolution des Lebens und der Welt sowie am machtvollen Fluss von Zeit und Geschichte. Sie erkennt die tiefe Transformation des menschlichen Bewusstseins an, das jetzt mit einem wachsenden, sich erweiternden spirituellen Gespür über sich selbst reflektiert, weil es sich in Verbindung mit dem viel umfassenderen Fluss und Gewebe des Lebens weiß.

Es gibt viele Anzeichen dafür, dass wir spirituell vorwärtsschreiten und nicht zurückfallen, dass eine neue spirituelle Geburt in unserer Welt von heute geschieht, in einer Welt, die auf neuer Erfahrung, neuer Sichtweise und der Wahrnehmung einer neuen, globalen Gemeinschaft basiert. Es ist eine universale, ökologische und mystische Spiritualität, die zutiefst mit der Wahrnehmung der Natur, der Welt als eines Ganzen und unseres Platzes in ihr verbunden ist. Und obwohl dies eine neue Entwicklung in der Menschheitsgeschichte ist, sind ihre Wurzeln sehr alt und reichen zurück bis in die Tiefen der Entstehung des Lebens und Denkens. Daher liegt beides vor: Kontinuität und Diskontinuität, eine Renaissance *und* ein neuer Durchbruch.

Es ist eine Renaissance im Sinn von Erneuerung und Neugeburt. David Tacey geht noch weiter, indem er die jüngst auftretenden Trends als »Spiritualitäts-Revolution« bezeichnet, eine spontane Bewegung in der Gesellschaft, die von unten aufsteige und deshalb für kommerzielle Ausbeutung anfällig sei. Dieses auffallende neue Interesse an der Realität der Spiritualität sei wirklich existenziell und habe heilende Wirkung auf Leben, Gesundheit, Gemeinschaft und Gedeihen. Taceys weit gespannte Studie *The Spirituality Revolution* erfasst vorzüglich die Dynamik und Vitalität des spirituellen Experimentierens bei westlichen und australischen Jugendlichen, aber sie befasst sich nicht mit traditionellen spirituellen Praktiken, die in speziellen religiösen Traditionen wurzeln.

Aus einer westlichen Perspektive kann man leicht den Fehler begehen, die spontan entstehenden neuen spirituellen Strömungen in unseren hochgradig säkularisierten Gesellschaften als eine Revolution zu interpretieren. Doch diese Revolution bleibt relativ regional – ist sie nicht tatsächlich eher eine Ausnahme als die Regel? Die Mehrheit der Weltbevölkerung gehört ja immer noch nicht so sehr säkularen als vielmehr religiösen Kulturen an, in denen jene Revolution noch nicht angekommen ist. Wenn man so entschieden von »Spiritualitäts-Revolution« spricht, verrät sich darin eine übermäßig westlich ausgerichtete Position, die nicht global gilt. Man kann im Übrigen auch nicht sagen, dass das vorherrschende öffentliche Agieren der Individuen, Institutionen und Nationen des Westens ein hohes Ethos und eine ebensolche Spiritualität im Umgang mit dem Rest der Welt widerspiegelt. Nichtsdestoweniger ist das Bedürfnis nach Sinn, nach einem stärkeren Bewusstsein von der spirituellen Natur und Einheit der Menschheit und des Universums überall auf dem Globus zu finden.

Wenn wir nach der Bedeutung von »Spiritualität« fragen, können wir keine raschen Antworten geben. Wie faszinierend die heutigen

Debatten über Spiritualität auch sein mögen – wir müssen über sie hinausschauen auf die unterschiedlichen spirituellen Ideale und Praktiken, um unser Verständnis von Spiritualität als gelebter Erfahrung in der Welt von heute vertiefen zu können.

2. Spiritualität als Ideal und Praxis

Im allgemeinsten Sinn kann Spiritualität als eine dynamische Methode zur Erreichung eines speziellen spirituellen Ziels verstanden werden. Spiritualität wird manchmal als ein Streben beschrieben, als Suche nach Erleuchtung und dem Nirvana, nach dem Absoluten oder nach der Vereinigung mit Gott, andererseits wird sie verknüpft mit der Vision von Freiheit und Transzendenz, letzter höchster Güte, Schönheit und Wahrheit, aber auch mit der allgemeinen Hoffnung auf Einheit, Harmonie und Frieden unter den Menschen. Spiritualität und Religion werden jetzt oft als unverbundene Größen angesehen, aber das war nicht immer so. Und auch heute noch liefern die Religionen zahllosen Menschen weltweit beeindruckende spirituelle Ressourcen und Lehren. Ihre großen spirituellen Visionen und Ideale antworten nach wie vor auf tiefe Sehnsüchte des Menschenherzens, auch wenn dies im weitgehend säkularisierten urbanen Westen weniger der Fall ist als anderswo auf der Welt.

Geist und spirituelles Leben

Ein Großteil dessen, was über Spiritualität gesagt wird, zeigt eine Tendenz zum Subjektivismus und Individualismus. Im besten Fall ist es anregend und visionär, oft aber fehlt es ihm an kritischem Unterscheidungsvermögen und an Reflektiertheit in Bezug auf größere soziale und globale Probleme. Der französische Jesuit, Paläontologe, Philosoph und christliche Mystiker Pierre Teilhard de Chardin (1881-1955) hatte ein starkes Interesse an der Praxis der Spiritualität in der Welt von heute. Er sprach von der Notwendigkeit, das Phänomen des Geistes innerhalb der Evolution des Lebens ebenso systematisch und kritisch zu untersuchen wie alle anderen Phänomene auf der Welt. Er hat das in seiner langen Studie *Le phénomène humain* (*Der Mensch im Kosmos*) diskutiert, aber auch in seinem Essay »Das geistige Phänomen« in dem Band *L'énergie humaine* (*Die menschliche Energie*) behandelt. Dort schreibt er: »Neben den thermischen, optischen und anderen von der Physik untersuchten Phänomenen gibt es, geradeso wirklich und *natürlich* wie sie, das *geistige Phänomen*. Das Geistphänomen hat mit Recht mehr als jedes andere die menschliche Aufmerksamkeit auf sich gezogen. Wir fallen mit ihm zusammen. Wir erfahren es von innen her. Es ist der eigentliche Faden, aus dem alle anderen Phänomene für uns gewebt sind.« Er ist das Element, »das wir am besten auf der Welt kennen, weil wir es selbst sind, und das für uns alles ist«.[4]

Doch trotz dieser fundamentalen Gegebenheit des Geistes in der menschlichen Erfahrung sieht es so aus, als verfügten wir über kein adäquates Verständnis seines Wesens. Manchen scheint der Geist so klein und zerbrechlich, dass er akzidentell und zweitrangig, das heißt faktisch zur *Quantité négligeable* wird, wenn man ihn mit den gewaltigen materiellen Energien des Universums und der natürlichen Welt vergleicht, die sich wiegen und messen lassen. Diese empirisch-materialistische Weltsicht steht in scharfem Kontrast zu anderen, mehr spiritualistisch-idealistischen Perspektiven, für die der Geist etwas so Besonderes ist, dass er sich mit irdischen und materiellen Kräften überhaupt nicht vergleichen lässt. Es gibt eine Welt der Seelen und eine Welt der Körper, und sie bleiben klar voneinander getrennt. Diese streng dualistische Auffassung von Materie und Geist wird auch heute noch häufig aufrechterhalten und ist selbst in vielen religiösen Lehrgebäuden präsent.

Dieser Dualismus muss als das entlarvt werden, was er ist, meinte Teilhard, denn ein solcher impliziter Gegensatz von Geist und Materie

4 *Die menschliche Energie*, übers. von K. Schmitz-Moormann, Olten 1966, S. 125; die folgenden Zitate ebd. S. 127, 131, 130, 148.

kann nicht zu einer ganzheitlichen, integralen Spiritualität führen, die die Welt ja heute am meisten braucht. Statt den Geist der Materie entgegenzusetzen und den Platz des Geistes in der Welt entweder zu verkleinern oder aber zu übersteigern, hat er ihn als *das* zentrale Phänomen, *den* zentralen, mit der Evolution auf allen ihren Ebenen verwobenen Strang beschrieben. In seiner Lesart ist der gesamte Evolutionsprozess eine ständige Steigerungsbewegung geistigen Wachstums. Als Ganzes genommen sind die Dimensionen des Geistes »genau die Dimensionen des Universums«, und »das geistige Phänomen [ist] koextensiv zur Evolution selbst der Erde«. Der wahre Name des Geistes ist »Spiritualisation« und bezeichnet so einen dynamischen Prozess, der gebunden ist an eine zunehmende Verinnerlichung, an das Wachstum des Bewusstseins in seiner Bewegung vom Unbewussten zum Bewussten, vom Bewussten zur Ichbewusstheit und letztlich zu einem »kosmischen *Zustandswandel*«, dem er den Namen *Noogenese* gibt. Dieses Wort meint die Geburt des Denkens und des Geistes, die schließlich zum Auftreten der *Noosphäre* führt, einer wachsenden, den ganzen Planeten umspannenden Schicht, die in der Biosphäre, der planetarischen Lebensstufe, wurzelt und aus ihr erwächst.

Teilhard benutzte das alte griechische Wort *nous* für die Sphäre des Denkens und Geistes, eine intuitive geistige Fähigkeit, die imstande ist, vielfältige Realitäten zu transzendieren und in eine Vision der Einheit zu integrieren. Die Noosphäre ist eine Sphäre menschlicher Interkogitation und Interaktion, aber auch eine Sphäre von Geistwachstum und Spiritualisation. Teilhard hat einen Transformationsprozess wahrgenommen, der das Universum vom materiellen in den spirituellen Zustand überführen wird. Seine Ansichten waren motiviert von dem leidenschaftlichen Bemühen um ein neues Verständnis der Spiritualität in einer überwältigenden, in raschem Wandel begriffenen Welt. Die »Hypothese von einem in ›geistiger Transformation‹ begriffenen Kosmos« erklärte ihm am befriedigendsten alle Einzelzüge der Welt um uns herum. Einen weiteren Beweis für seine Theorie könne man, so dachte er, in der Erfahrung der Mystiker und anderer spiritueller Sucher sehen, die in allen Jahrhunderten vom »geistigen Phänomen« angezogen wurden.

Teilhard de Chardin versuchte eine konkrete, praktische, von der Erfahrung der Erde und ihrer Völker gespeiste, in Natur, Körper und Gemeinschaft verwurzelte Spiritualität zu entwickeln. Die umgestaltende Kraft der Spiritualität kann auf allen Ebenen wirksam werden: Sie kann unsere Arbeit, unsere Gedanken, unser Gebet, unsere Gesellschaft, unsere Welt, kurz: den ganzen Planeten verändern. Das Zentrum der Spiritualität muss von der Dynamik der Liebe beseelt sein, der einzigen Energie, die es vermag, die Welt so radikal zu verändern, wie es notwendig ist, wenn Mensch und Erde gedeihen sollen.

Teilhard hat den traditionellen Begriff von Liebe als zu statisch, als hinter den Möglichkeiten zurückgeblieben kritisiert. Auch die Liebe muss einen Zustandswandel durchmachen und aus einem primär geistigen Verständnis in ein praktisches Sich-Einlassen mit der Welt und der Materie, mit den Geburtswehen, den Verletzungen und Leiden der Menschen, mit ihren Träumen und Sehnsüchten, ihrem Tätigsein und ihrem Erleiden transformiert werden.

Das Wachsen der Noosphäre hängt eng mit dem Aufstieg und der Ausbreitung des Bewusstseins zusammen, ihr Zentrum und Herzstück aber ist die radikal transformierende Kraft der Spiritualität, in der die Quelle aller Energie im Feuer der Liebe und Einheit liegt. Dieses Feuer brennt am hellsten im Leben der Mystiker und Heiligen, der großen, exemplarischen Gestalten, die wir in so vielen unterschiedlichen Religionen antreffen. Recht verstanden, ist der Mystiker der wahre Animateur der Welt, der sie auf den Pfad der spirituellen Transformation führt. Das können wir im Leben zahlloser Mystiker sehen; um nur einige wenige zu nennen: Rabia und Rumi im Islam; Hildegard von Bingen, Teresa von Ávila, Meister Eckhart und Thomas Merton im Christentum; Mirabai und Ramakrishna im Hinduismus; der Buddha und so viele seiner Nachfolger wie Thich Nhat Hanh und der Dalai Lama in unseren Tagen.

Das Wachsen der Noosphäre als progressiv sich erweiternder Sphäre der Spiritualisation, einer Sphäre sich verstärkender Liebesbande zwischen den Menschen, ist eine immens attraktive und beflügelnde Vision. Aber kann man eine solche Spiritualität als Ideal lehren? Kann sie gelebt und in die Praxis überführt werden?

Spiritualität als Ideal

Historisch gesehen sind die unterschiedlichen Spiritualitäten ursprünglich Äußerungen unterschiedlicher religiöser Ideale, die aus unterschiedlichen religiösen Erfahrungen hervorgegangen sind. Ihre Beschreibungen und ihre konkrete Ausgestaltung variieren von einer Kultur zur anderen sehr stark. Denken wir nur an die unterschiedlichen Weisen, wie sich die buddhistischen Ideale des Mönchtums in Thailand oder in Sri Lanka ausdrücken, wenn man sie mit denen Japans vergleicht, wo Mönche heiraten und ziemlich unterschiedliche Praktiken in Zenklöstern und -tempeln pflegen dürfen. Oder überlegen wir, was Askese für einen hinduistischen Yogi im Vergleich mit einem christlichen Mönch bedeutet. Oder fragen wir uns schließlich, was buddhistische Nonnen mit christlichen Ordensfrauen gemeinsam haben. Oder fragen wir uns, ob die absolute Wirklichkeit in menschlicher Form gedacht wird, und wenn ja, ob dann diese Form eher als weiblich oder als männlich visualisiert oder durch beide Geschlechter dargestellt wird.

Eine Person mit religiösen Überzeugungen betrachtet Spiritualität vielleicht als Teil der Geschichte göttlich-menschlicher Interaktion oder der Erfahrung von Transzendenz. Spirituelle Erfahrungen und Ideale können als Einbruch des Geistes in die Geschichte betrachtet werden, als ein Durchstich über die Geschichte hinaus in ein anderes Reich oder eine andere Weise des Seins. Die vielgestaltigen kulturellen Äußerungen der Spiritualität sind ein Echo auf die Sehnsucht des Menschen nach dem Dauernden, Ewigen, Immerwährenden, nach Ganzheit, Frieden, Freude und Glückseligkeit. Diese Ideale haben die

Menschen während ihrer ganzen Geschichte nicht losgelassen. Sie haben ihr tiefstes Wünschen besetzt und sie zu heroischen Anstrengungen bewegt, die Grenzen des gewöhnlichen menschlichen Lebens zu überschreiten, nach außergewöhnlichen Ebenen des Bewusstseins, nach Innerlichkeit und nach vom Feuer des Geistes erleuchteten intensiven Erfahrungen zu streben.

Jede Religion und Kultur hat eine Fülle von unterschiedlichen spirituellen Schulen und Disziplinen entwickelt, die oft von asketischen und monastischen Gruppierungen oder von besonders frommen religiösen Individuen geschaffen wurden. Im Lauf der Jahrhunderte sind viele unterschiedliche Spiritualitäten entstanden, und wie alle menschlichen Belange sind sie dem Wechsel und der Erneuerung unterworfen. Das heißt, dass vergangene und gegenwärtige Spiritualitäten nicht dasselbe sind, nicht einmal in derselben Religion. Heute ist vieles an überkommener Spiritualität fraglich geworden, weil diese von sozialen, kulturellen, intellektuellen und religiösen Eliten geschaffen worden ist, die allein die notwendige Muße und die erforderlichen Mittel besaßen, um Denken und Geist zu kultivieren.

Kurz gesagt lassen sich, ungeachtet aller Differenzen, quer durch die unterschiedlichen Religionen der Welt zwei Hauptformen von Spiritualität feststellen. Da ist erstens das asketische oder monastische Modell der Entsagung. Es ist im Großen und Ganzen an die physische Trennung von der Gesellschaft, an die Abwendung von weltlichen Gütern und an den Verzicht auf jede sexuelle Aktivität geknüpft. Anhänger dieses Modells leben entweder allein oder bilden neue Gemeinschaften, wie etwa im buddhistischen oder christlichen Mönchtum. Das zweite Modell könnte man, einem indischen Begriff folgend, »Haushalter-Spiritualität«, auf Deutsch vielleicht am besten »Laienspiritualität« nennen. Hier ist die Askese weniger beherrschend, da spirituelles Wachstum und Vervollkommnung nicht auf dem Wege gesucht werden, dass man alle Verbindungen zur Welt kappt, sondern als ganz normaler »Haushalter« weiterlebt, wie es ja die meisten Menschen tun, indem sie heiraten, eine Familie gründen und ihrer Alltagsarbeit nachgehen. Von außen betrachtet unterscheidet sich der Haushalter kaum von anderen Leuten, aber innere Einstellung und äußeres Verhalten werden durch den Anschluss an spirituelle Lehren und Disziplinen, die sich in einer solchen Umgebung praktizieren lassen, transformiert. Hier verbindet sich spirituelles Ringen mit der Erfüllung der Pflichten des Alltags, mit dem Familienleben und mit der Verantwortung für die Arbeit. Somit handelt es sich um eine stärker sozial vernetzte und ethisch engagierte »Spiritualität des Lebens in der Welt«, wie sie heute am notwendigsten erscheint.

In Buddhismus, Dschainismus und Hinduismus hat die Idee der Weltentsagung als Modell spiritueller Vollkommenheit höchste Priorität, obwohl es dort gleichzeitig auch Beispiele für »Haushalter-Spiritualität« gibt. Sie werden jedoch nicht so hoch geschätzt wie eine vollständige Abkehr von der Welt. Sikhismus, Judentum und Islam hingegen folgen zumeist dem Haushalter-Modell der Spiritualität und kennen keine extremen Ausprägungen von asketischen oder mönchischen Lebensformen. Das Christentum wiederum kennt beide Modelle, aber in seiner Geschichte nahmen meistens Kloster und Kreuzgang den ersten Platz bei der Suche nach Heiligkeit und spiritueller Vollkommenheit ein; dort pflegten zahllose Männer und Frauen ein geistliches Leben, indem sie sich jeweils eigenständigen religiösen Gemeinschaften anschlossen. Die Geschichte der christlichen Askese und des Mönchtums reicht zurück bis ins Urchristentum, doch in großem Stil hat sich das westlich-abendländische Mönchtum erst mit der Klostergründung Benedikts von Nursia im 6. Jahrhundert entwickelt.

Im Zuge der protestantischen Reformation im 16. Jahrhundert wurden zahlreiche europäische Abteien und Konvente zerstört. Jetzt verschob sich das Schwergewicht vom klausurierten Leben auf das Leben in der Welt, vom Zölibat auf das Eheleben. Damit kam es zu neuen spirituellen Experimenten: Neue Formen von Spiritualität und neue religiöse Gruppierungen entstanden, die mit ihrem Wirken in der Gesellschaft unterschiedliche spirituelle Ideale verfolgten. Bei den Katholiken führte dies zu einem neuen Verständnis und zur Neuformulierung spiritueller Ziele. Und es bildeten sich neue Ordensgemeinschaften, die mehr weltorientiert waren: angefangen beim Jesuitenorden und beim *Institutum Beatae Mariae Virginis,* den »Englischen Fräulein«, die Mary Ward im 17. Jahrhundert nach dem Vorbild der Jesuiten gründete. In den folgenden Jahrhunderten entstanden im Westen zahlreiche Kongregationen von Brüdern und Schwestern, die sich einem aktiven Leben in der Welt widmeten und sich in Bildungswesen, Krankenpflege, medizinischem Dienst oder Missionen in fernen Ländern engagierten.

Bis ins 20. Jahrhundert hinein wurde die Praxis der Spiritualität zumeist von den unterschiedlichen christlichen Kirchen, Denominationen und Sekten gelehrt, ob sie nun spezielle Religiosengemeinschaften besaßen oder nicht. Erst in relativ jüngerer Zeit ist die Suche nach Spiritualität sichtlich aus dem religiösen in den größeren säkularen Bereich gewandert; allerdings sind manche Vorläufer dieses Trends erstmals nach dem Beginn der Aufklärung in Europa aufgetreten. Wie dem auch sei – dieser Trend hat sich jetzt dank der schnellen Kommunikationsmedien von heute erheblich beschleunigt.

Das Verlangen nach spiritueller Verwandlung ist tief in der menschlichen Psyche verwurzelt, doch die Ideale spiritueller Vollkommenheit und die Wege zu ihrer Erlangung variieren unter den verschiedenen Religionen ganz erheblich. Menschen können sich danach sehnen, mit dem Göttlichen vereint zu werden, oder die Einung mit Gott als ihrem Geliebten erstreben; sie können darum ringen, eins zu werden mit einem Absoluten oder mit dem, was die Hindus Brahman nennen. Vielleicht hoffen sie auch, Heil und Erlösung zu finden, oder ersehnen ein Leben im Paradies. Aber ganz gleich, wie ihre spirituellen Ziele aussehen – ihr Verständnis hängt in hohem Maße von den Lehrinhalten und dem philosophischen Denken einer bestimmten religiösen Tradition ab. Es wird viel darüber diskutiert, worin diese Ziele bestehen und welches ihre wahre Bedeutung ist, und auch darüber, ob sie bereits in diesem irdischen oder erst in einem künftigen

Leben zu erreichen sind. Wie dem auch sei – die traditionellen spirituellen Ziele dürften vielen Zeitgenossen als allzu außerweltlich erscheinen; ihr spirituelles Bestreben findet stattdessen einen konkreten Ausdruck in der Arbeit für die menschliche Entwicklung, die Überwindung von Armut und Gewalt, die Implementierung der Menschenrechte und Menschenwürde und die Hochachtung vor der natürlichen Umwelt.

Spiritualität als Praxis

Vom praktischen Blickpunkt aus lässt sich Spiritualität als »Lebensweisheit« verstehen, als eine Praxis, deren Wurzel und Ursprung zutiefst verwandelnde Erkenntnisse sind, welche sich ihrerseits mit besonderen physischen, mentalen und spirituellen Übungen verbinden, die seit Jahrtausenden das Leben von Einzelnen und Gemeinschaften geprägt haben. Das Erreichen konkreter spiritueller Ziele hing immer eng zusammen mit philosophischen und religiösen Lehren, mit Glaubensinhalten und Riten, aus denen Menschen auf ihrem Lebensweg durch die Welt ihre geistige Nahrung bezogen.

Ist das heute so anders? Brauchen wir einen neuen Ansatz, weil so viele Menschen die traditionellen spirituellen Lehren nicht mehr kennen und nie eine Chance hatten, etwas über sie zu erfahren? Oder sind neue Ansätze zur Spiritualität deshalb geboten, weil unsere schnell sich wandelnden Lebensumstände und die drängenden Probleme unserer globalen Welt sie verlangen?

Spirituelle Praxis bedeutet, einem ganz besonderen Pfad zu folgen, der oft mit einer Reise auf einem speziellen Weg oder entlang einer besonderen Disziplin unter Anleitung eines Meisters und unter Einhaltung einer Reihe von Regeln und Lehren verbunden ist. Die Juden nennen die religiösen Normen *halacha*, den »Weg, den man gehen muss«, und die frühen Christen beschrieben die Lehren Christi als »den Weg«. Bei den alten Chinesen hieß die letzte, höchste Realität selbst *Tao* oder »der Weg«, während die Hindus von drei Pfaden zur

Befreiung sprechen: dem Pfad des Handelns oder Wirkens (*karma*), dem Pfad der Frömmigkeit oder des Kultes (*bhakti*) und dem Pfad des Wissens oder der Meditation (*jnana*). Alle Religionen kennen besondere spirituelle Übungen, die teils vom Einzelnen, teils von ganzen Gemeinschaften zu vollziehen sind, damit so die jeweiligen spirituellen Ideale in die Praxis umgesetzt und die speziellen spirituellen Ziele erreicht werden. Gebet, Meditation, religiöse Rituale, die Feier von besonderen Ereignissen im Lebenszyklus wie Geburt und Tod, Initiation, Heirat, Ablegung von Gelübden, Eintritt in eine religiöse Gemeinschaft, Sündenbekenntnis, der während bestimmter Ereignisse empfangene Segen – all diese Dinge, wenn sie denn bewusst vollzogen und nicht einfach aus Gewohnheit getan werden, drücken eine spezifische spirituelle Ausrichtung aus und können zur Chance für spirituelle Erneuerung werden. Aber in der Spiritualität geht es um weit mehr als um irgendwelche besonderen Übungen und Praktiken. Versteht man sie in einem inklusiven, integralen Sinn, so muss sie sich auf eine zugleich persönliche und soziale Transformation in allen Lebensbereichen auswirken.

Die Engländerin Evelyn Underhill (1875-1941), eine der angesehensten Autorinnen, die im 20. Jahrhundert über Mystik und Spiritualität geschrieben haben, hielt im Jahr 1936 vier Radioansprachen zum Thema »Das geistliche Leben«. Darin stellte sie klar, dass Spiritualität nicht ausschließlich an eine Religion gebunden ist, sondern zum ganzen Leben gehört. Underhill zufolge ist das spirituelle Leben nicht etwa »eine intensive Form von Überweltlichkeit«, sondern eher »das Herzstück jeder echten Religion und daher von vitaler Bedeutung für ganz normale Männer und Frauen«. Sie ist »keine spezielle oder extreme Form von Frömmigkeit«, sondern – im Gegenteil – »jenes volle und reale Leben, für das die Menschheit geschaffen ist«. Sie verstand das so realistisch, dass sie sogar behaupten konnte: »Die vorherrschende Vorstellung, Spiritualität und Politik hätten nichts miteinander zu tun, ist genau das Gegenteil der Wahrheit. Wenn es einmal in einem realistischen Sinn akzeptiert ist, hat das spirituelle Leben voll und ganz mit Politik zu tun. Das heißt, dass bestimmte Überzeugungen über Gott und Welt zum moralischen und spirituellen Imperativ unseres Lebens werden, und das muss entscheidend sein für die Art und Weise, wie wir uns gegenüber dem Fleckchen Erde verhalten, über das uns eine begrenzte Kontrolle geschenkt ist.«[5]

Man könnte nicht besser zum Ausdruck bringen, dass Spiritualität kein Selbstzweck ist, sondern viel eher ein Mittel zur Veränderung unserer selbst und der Welt. Sie ist auf jeder Ebene mit unserem Leben verknüpft und wirkt auf unsere Beziehung zu allem ein. Die inklusive Definition von Spiritualität als Entdeckung dessen, was zum Mensch-*Werden* gehört, kann hier hilfreich sein, da sie, was die Stellung der Religion in der Praxis der Spiritualität angeht, völlig neutral bleibt.

Spiritualität ist auch beschrieben worden als ein Versuch, in der Sensibilität für das Ich, für die Anderen, für die nichtmenschliche Schöpfung und für Gott zu wachsen. Diese Sicht bringt, zumindest bis zu einem gewissen Grad, die Religion ins Spiel, da sie Gott erwähnt. Es dürfte indes angebracht sein, sich Folgendes klar zu machen: Menschen sind wir durch unsere Geburt und unser Heranwachsen zum Erwachsenenalter, aber zur Fülle des Menschseins braucht es noch viel mehr als diesen biologischen, psychologischen und mentalen Reifungsprozess. Um den Menschen auf ihrem Weg zur Reife, zu einer Lebensfülle im weitesten Sinne zu helfen, haben zahllose Seher, Philosophen, Religionsstifter und Ratgeber spirituelle Ziele und Vollkommenheitsideale empfohlen. Aber sind sie auch für heute geeignet?

Die wesentliche, drängendste Frage, die sich der Menschheit des 21. Jahrhunderts stellt, dürfte sein, ob sich geeignete Wege und Praktiken finden lassen, die uns helfen können, einige der großen spirituellen Herausforderungen der Gegenwart zu bestehen. Wir können nicht einfach den alten, ausgetretenen Pfaden der Vergangenheit fol-

5 Evelyn Underhill, *The Spiritual Life*, Oxford 1993, S. 7 f., 33, 63.

gen, denn sie reichen nicht hin, uns zu neuen Zielen zu führen. Wer geleitet uns über das neue, unerforschte Gelände unserer Welt und durch die Klüfte unseres Lebens?

Spirituelle Führung

In den traditionellen Situationen der Vergangenheit gab es geistliche Führer und Lehrer, die für eine autoritative, aus Weisheit und Erfahrung gespeiste Begleitung sorgten. Der geistliche Führer, Guru, Schamane oder Leiter ist eine sehr alte Figur, die sich in der einen oder anderen Form in den meisten religiösen Traditionen und Kulturen findet. Der spirituelle Wegbegleiter hat den Pfad zuvor beschritten und kennt seine Stadien. Eine solche Gestalt, die entweder ein spezielles Charisma und besondere Heiligkeit besitzt oder über eine außerordentliche Erfahrung verfügt, kann eine geweihte Person oder ein Laie sein; sie unterstützt und unterweist andere und kann einschätzen, welchen Fortschritt die Schüler in ihrem geistlichen Leben machen.

Das Judentum kennt den Rabbi als Lehrer, während im Islam die Rolle des geistlichen Führers vom *shayk* oder *pir* übernommen wird, der seine Anhänger auf dem Pfad der Sufimystik leitet. Der Buddhismus kennt die Gestalt des geistlichen Führers als »guten und tugendhaften Freund« (*kalyana mitra*) im Theravada-Buddhismus, als *lama* im tibetischen Buddhismus, als *roshi* im Zen-Buddhismus. Doch vielleicht ist die Gestalt des geistlichen Lehrers nirgendwo wichtiger als im Hinduismus, wo sie seit der Frühzeit der Upanischaden immer zu finden war. In der Tat ist die Figur des *guru* im Hinduismus so zentral, dass der Terminus »Guru« auf die Lehrer der anderen Religionen und auf andere Meister in anderen Wissensgebieten übertragen wurde, ob es sich nun um den Gesang, den Tanz oder andere Fertigkeiten handelt. Im modernen Westen sprechen wir jetzt sogar von »Lifestyle-Gurus« in einem völlig säkularen Sinn.

In den Upanischaden ist der Guru eine Person, die den höchsten Grad spiritueller Realisierung erreicht hat und fähig ist, andere Menschen zum selben Ziel zu führen. Der Hinduismus weiß um eine besonders enge Beziehung zwischen dem Guru und dem Schüler, dessen spirituelles Wachstum von der vorbehaltlosen Hingabe an den Lehrer abhängt. Mit Swami Vivekananda begannen die Hindus im späten 19. Jahrhundert im Westen zu missionieren, und viele indische Gestalten wurden in Nordamerika, Europa und anderen Weltteilen sehr bekannt. In der zweiten Hälfte des 20. Jahrhunderts predigte Maharishi Mahesh Yogi die Transzendentale Meditation, A. C. Bhaktivedanta Swami Prabhupada gründete die Internationale Gesellschaft für Krishna-Bewusstsein, besser bekannt als »Hare-Krishna-Bewegung«, und der umstrittene spirituelle Lehrer Bhagwan Shree Rajneesh, später Osho genannt, entwickelte die einflussreiche Osho-Bewegung mit ihren neuen Formen aktiver Meditation und einer breiten internationalen Anhängerschaft. Eine weitere bemerkenswerte Entwicklung stellt das Auftreten weiblicher Gurus in Indien dar; sie bilden einen Kontrast zur Vergangenheit, in der die Lehrer-Schüler-Beziehung nahezu ausschließlich in männlicher Linie weitergegeben wurde. In Indien findet man heute ziemlich viele einflussreiche weibliche Gurus, und einige von ihnen sind auch international recht bekannt geworden, wie etwa »die Mutter der Glückseligkeit« Anandamayee Ma oder Dadi Janki, eine der Führerinnen der Brahma-Kumaris-Bewegung. Einige berühmte Hindus aber haben überhaupt keinen Guru; Gandhi zum Beispiel hatte keinen, sondern folgte seiner inneren Stimme.

Die Christen kennen die Figur des geistlichen Führers oder Begleiters, insbesondere in einem monastischen Kontext oder im Zusammenhang mit Einkehrtagen und Exerzitien. Im orthodoxen Christentum wird die geistliche Begleitung von einem Älteren wahrgenommen, dem sogenannten *starez*, einer Gestalt, die durch Dostojewskijs Roman *Die Brüder Karamasow* weltberühmt geworden ist. Menschen, die dem »christlichen Weg« folgen, haben zu allen Zeiten zuerst und vor allem Christus selbst als den obersten Lehrer betrachtet. Sein Leben und seine Lehre haben das erste Beispiel geliefert, und die *imita-*

tio Christi hat eine reiche Ernte an devotionaler und spiritueller Literatur im christlichen Westen und Osten hervorgebracht, zu der eine unüberschaubare Menge an kulturellen Äußerungen der Spiritualität in Schauspiel, Musik und bildender Kunst trat. Sie alle haben viele Jahrhunderte lang die christliche Spiritualität gespeist, so wie Hindus, Buddhisten, Juden, Muslime und Mitglieder anderer Glaubensgemeinschaften sich auf ihre eigenen Zeugnisse stützen konnten.

Die religiösen und kulturellen Beispiele spiritueller Praxis sind zahllos. Doch erneut müssen wir fragen, inwieweit die große Vielfalt dieser Praktiken, der Lehrer und Lehren heute die rechte Leitung zu bieten hat, da es doch darum geht, lebensverbessernde Spiritualitäten zu entwickeln, die in einer gegenüber der Vergangenheit weit komplexer gewordenen und enger vernetzten Welt die persönliche und planetarische Transformation sollen leisten können. Seit dem kometengleichen Aufstieg der Psychoanalyse im 20. Jahrhundert suchen viele Menschen Leitung für ihr Leben und finden Heilung und Integration durch die Hilfe professioneller Psychoanalytiker, Therapeuten und Berater. Haben diese weithin die traditionellen geistlichen Führer ersetzt, oder ist das Bemühen um Spiritualität auf der Suche nach den Kräften und Energien des Geistes etwas ganz anderes als die Erforschung der Tiefe der individuellen Psyche?

Wer sind die geistlichen Führer für heute, die Pfadfinder des Geistes, die uns helfen können, unseren Weg zu finden durch den spirituellen Irrgarten unseres Lebens und unserer Welt? Es gibt nur relativ wenige spirituelle Persönlichkeiten, deren Sicht weit und inklusiv genug ist, sowohl eine persönliche als auch eine planetarische Transformation anzuzielen, und irgendwie ist es ja auch leichter, den Einfluss der Spiritualität entlang den Stadien eines individuellen Lebens nachzuzeichnen als ihre verändernde Kraft in unseren großen kollektiven Institutionen weltweit aufzuzeigen. Aber darum geht es schließlich genauso.

In seiner allgemeinen Einleitung zu der Buchreihe *World Spirituality* spricht Ewert Cousins davon, dass die Spiritualität es zu tun habe mit den inneren Bewegungen des menschlichen Geistes zur Wirklichkeit, zur Transzendenz, zum Göttlichen hin. Spiritualität sei Weisheit und weiser Rat, der helfen könne, dass Menschen einem Weg folgen und so ihre Lebensreise zu spiritueller Realisierung vollziehen. Hier wird Spiritualität als Erfahrung, Übung und Praxis verstanden. Heute jedoch meint das Wort »Spiritualität« zudem eine akademische Disziplin des kritischen Studiums und der Reflexion, ein neues Feld, das sich in den letzten Jahrzehnten stark ausgeweitet hat. Es analysiert und reflektiert Tradition und Praxis der Spiritualität, kann diese aber auch im Gegenzug bereichern und auf eine neue Ebene heben.

Spiritualität als Untersuchungsgegenstand

Seit dem späten 20. Jahrhundert ist die Spiritualität vermehrt in vielen Bereichen der zeitgenössischen Kultur aufgetaucht, sei es dass sie einfach nur erwähnt, sei es, dass sie wirklich ernst genommen wurde. Beispiele lassen sich finden in Musik, Kunst, Literatur, Bildung, Sport, Geografie, Wirtschaft, Geschäftsleben, Beratungswesen, Kranken- und Altenpflege. Gleichzeitig kommt eine wachsende Zahl von Wissenschaftlern zu der Erkenntnis, dass Spiritualität ein Objekt für Studien ist, die man innerhalb der Religionswissenschaft, aber auch unabhängig von ihr betreiben kann. Daher ist die Spiritualität ein relativ junger, neuer interdisziplinärer Gegenstandsbereich, in dem die Geschichte und Praxis der Spiritualitäten in großer Bandbreite von Traditionen, Kulturen und Kontexten untersucht wird. Eine Fülle von Publikationen ist in diesem Bereich erschienen – von umfangreichen historischen Überblicken, Nachschlagewerken und Handbüchern bis hin zu detaillierten Untersuchungen einzelner Spiritualitäten, spiritueller Erfahrungen und spiritueller Persönlichkeiten in den verschiedenen Religionen und in der säkularen Welt.

In der Vergangenheit hing die Spiritualität in der westlich-abendländischen Welt stets eng mit der Theologie zusammen, vor allem mit der christlichen. Faktisch war das Wort »Spiritualität« vor dem Zweiten Vatikanischen Konzil (1962-1965) weithin ein ausschließlich römisch-katholischer Terminus, der, wie es damals hieß, die »Praxis des inneren Lebens« bezeichnete. Die Spiritualität als Wort und als wichtiges Thema wurde aber dann schrittweise vom Protestantismus, vom Judentum und von vielen anderen Religionen sowie schließlich auch von verschiedenen säkularen Gruppierungen und Bewegungen aufgegriffen.

Diese breite generelle Verwendung von »Spiritualität« ging einher mit einer Akzentverschiebung von früheren theologischen und historischen Ansätzen auf einen vorherrschend anthropologischen Zugang zur Spiritualität. Diese Perspektive hebt hervor, dass das Spirituelle eine Dimension in jedem Menschen ist, ein Potenzial, das in jeder Person geweckt und entwickelt werden kann und sollte. Sie fokussiert eher die menschliche Dimension des Geistes als den nichtmenschlichen oder göttlichen Geist. Dies ist eine deutliche Akzentverschiebung gegenüber den traditionellen Ansätzen der Spiritualität, deren primärer Schwerpunkt ja das Eine, Gott und die Transzendenz waren. Das trifft sowohl für den philosophischen Ansatz Platons und Plotins zu als auch für die theologische und mystische Zugangsweise christlicher Heiliger und Theologen. Heutzutage ist der Ausgangspunkt die Frage, wie Menschen sich selbst transzendieren und ihre geistig-geistliche Natur voll aktualisieren können. Spiritualität meint somit in erster Linie die Transzendenzerfahrung eines Menschen, aber das Wesen und die Dynamik dieser Transzendenz bleibt undefiniert und wird ganz verschieden bestimmt, je nach den unterschiedlichen Perspektiven der Weltanschauung, dem religiösen Glauben oder der säkularen Überzeugung, die jemand hat.

In der aktuellen Forschung über dieses neue Feld haben sich drei voneinander unterschiedene, aber miteinander zusammenhängende Begriffe von Spiritualität entwickelt. Zuallererst ist da die Spiritualität als gelebte Erfahrung, sei es in traditionellen Religionen, neuen religiösen Bewegungen oder in einem säkularen Kontext. Diese erfahrungsgebundene Basis liefert den fundierenden Kontext für jede Spiritualität, das heißt die transformativen Erfahrungen, auf denen alle anschließenden Reflexionen und Lehrausführungen basieren.

Zweitens gibt es ein Korpus von Lehraussagen, Ratschlägen und speziellen Praktiken, die sich im Lauf der Zeit aus jenen fundierenden spirituellen Erfahrungen ergeben haben und wiederum auf diese einwirken. Die Lehraussagen über spirituelle Disziplinen, Ratschläge zur Vollkommenheit, Lebensregeln, Verhaltensformen oder neu entwickelte spirituelle Leitlinien werden systematisch in Schriften zusammengefasst, die studiert und von einer Generation zur nächsten weitergegeben werden können. Hier können wir unterscheiden zwischen den klassischen Spiritualitäten der traditionellen Religionen, den neu auftretenden Formen zeitgenössischer Spiritualitäten innerhalb der existierenden Religionen und den neuen Formen von Spiritualität, die sich als Alternativen zur Religion herausgebildet haben.

Ein weiteres, drittes Verständnisniveau geht vom ersten (Erfahrung und Praxis) und zweiten (spirituelle Disziplinen und Lehren) zur Spiritualität als Brennpunkt formaler Untersuchung. Das systematische, komparative und kritische Studium der spirituellen Erfahrungen und Lehren hat sich in den letzten Jahren auf ganz neue Weise entwickelt und wird nun in verschiedenen Bildungseinrichtungen betrieben, so etwa in Universitäten, Colleges und Schulen in Nordamerika und Europa, aber auch in Teilen Asiens und Südamerikas.

Auch manche Psychologen und Psychotherapeuten bevorzugen heute einen menschenzentrierten Zugang zur Spiritualität; diese Autoren wollen Psychologie und Spiritualität in ihrer Interpretation des menschlichen Ichgefühls verbinden oder möchten eine spirituelle Dimension in ihre therapeutische Praxis einbringen. Der amerikanische Psychotherapeut Victor L. Schermer spricht von einem »neuen psychospirituellen Paradigma«. Er erklärt, dieser neue integrative Ansatz sei in den letzten zwanzig Jahren dank neuer Perspektiven in Naturwissenschaft, Psychologie und Medizin möglich geworden. Daher nähert er sich der Spiritualität eher aus einer psychologischen als aus einer metaphysischen oder theologischen Perspektive an und bindet sie an den Kontext einer verleiblichten, ausgesprochen menschlichen Psyche zurück. Spiritualität sei nicht etwas zu unserem Leben, unseren Emotionen und Instinkten Hinzugefügtes, sondern integraler Bestandteil der dynamischen Entwicklung unseres psychospirituellen Ichs, das auf seinem Lebensweg Realisierung suche. »Es ist unser Leben als gelebtes, was unsere Spiritualität konstituiert«, sagt Schermer,[6] und auch dieser Ansatz betont die praktische Dimension der Spiritualität.

Da die dringenden spirituellen Bedürfnisse vieler Menschen nunmehr klarer diagnostiziert werden, wächst auch das allgemeine Interesse an der Spiritualität, und die Auswirkungen spiritueller Haltungen auf alle Bereiche des Lebens finden mehr und mehr Anerkennung. Wenn Spiritualität in einem generellen Sinn als »Vision des Ganzen« verstanden wird, fällt sofort ins Auge, dass die meisten Menschen in der Regel nicht ganz, sondern oft fragmentiert, verletzt, gebrochen sind. Wenn wir Menschen als Spezies Reife und Fülle noch nicht erreicht haben, müssen wir weiter wachsen, expandieren und uns nach größerem Sein, nach mehr Tiefe oder schlicht und einfach nach »Ganzheit« und »Fülle« sehnen.

Eine Vision des Ganzen kann das sein, was man die »Ursprungsvision« genannt hat und was manche Menschen in ihrer Kindheit oder Jugend zu erfahren scheinen. Andere tragen tief in sich einen intuitiven Ruf, über das unmittelbar zuhandene tägliche Leben hinauszugehen und einen tieferen Sinn, eine größere Aufgabe, eine Erfahrung von Liebe und Einheit, von Frieden und Glück, von Hingabe und Befriedigung zu finden. Philosophen und religiöse Denker sprechen davon gewöhnlich in einem generellen Sinn und nennen es das menschliche Streben nach Transzendenz, das unserem Bewusstsein als inte-

6 *Spirit and Psyche: A New Paradigm for Psychology, Psychoanalysis, and Psychotherapy*, London und New York 2003, S. 122.

grales, immerwährendes Element des reflexiven Wissens um unser Menschsein eingepflanzt zu sein scheint.

In der Vergangenheit war die Spiritualität häufig eng mit der institutionalisierten Religion verknüpft, heute aber ist diese Bindung keineswegs mehr selbstverständlich. Welche spirituellen Erkenntnisse und Hilfen kann uns die Religion noch geben, und wo müssen wir neue Wege bahnen, die weit über die herkömmlichen spirituellen Überzeugungen und Praktiken hinausgehen? Traditionelle Lehren, Texte und Erfahrungen müssen mit einem beträchtlichen Schuss Misstrauen und kritischer Infragestellung angegangen werden, da es mitnichten ausgemacht ist, dass sie einer erheblich veränderten Welt mit ihren neuen Problemen und Chancen hilfreich sein können.

Wie aber sehen die spirituellen Bedürfnisse und Ressourcen einer globalisierten Welt aus? Was kann unsere Begeisterung für das Leben nähren und das dauernde Gedeihen der Menschen und der Erde sichern?

3. Spiritualität in einer globalen Welt

Die traditionelle Bedeutung von Spiritualität scheint mehr mit einem persönlichen Interesse an der »Seele« oder am »Ich« zu tun zu haben als mit den Bedürfnissen der Gesellschaft oder der ganzen globalen Gemeinschaft. Die Ideale von individueller Heiligkeit, von einer genuin »spirituellen« Person finden sich zuhauf in den heiligen Schriften der Welt. Gelegentlich können wir freilich die Andeutung einer anderen Sicht erkennen: die einer umgestalteten Gesellschaft. Die Hindus nennen sie *dharmaraj*, das Reich der Rechtschaffenheit, während die Christen von der »Gottesherrschaft«, der *basileia*, sprechen. Die Sehnsucht nach einer gerechteren und friedfertigeren Gesellschaft, nach einer harmonischeren und erlösten Welt lebt tief in der Geschichte und Kultur des Menschen. Bei den Muslimen meint der Begriff *ummah* die Gemeinschaft aller Gläubigen, aber der Koran enthält auch eine umfassendere Vorstellung von der inneren Einheit der Menschheit als einer einzigen Gemeinschaft.

Spirituelle Bedürfnisse sind etwas Fundamentales für den Menschen. Jeder hat solche Bedürfnisse, auch wenn sie nicht deutlich artikuliert werden. Alle menschlichen Bedürfnisse, ob physisch, geistig, psychisch oder moralisch, sind tief mit dem Spirituellen verwoben, da jeder voll bewusst Lebende aus den Mühen und Plagen der menschlichen Existenz einen Sinn herausarbeiten muss. Wir alle suchen Glück und Freude; wir alle wissen um spirituelle Nahrung und Hochstimmung. Und jeder von uns muss mit Schmerz, Verlust, Leiden und spiritueller Not zurechtkommen. Die Enttäuschungen und Frustrationen, die das menschlichen Leben für Einzelne und ganze Gesellschaften bereithält, sind etwas, das jeder kennt. Doch jenseits der spirituellen Bewusstheit einzelner Individuen ist eine intensive spirituelle Suche in vielen sozialen Bewegungen von heute lebendig. Häufig bleibt sie nur eine vage Sehnsucht nach etwas, das sich nicht klar benennen oder aufzeigen lässt. Die großen Wellen von Migranten, die zahllosen Kämpfe um mehr Freiheit und gerechte Regierungsformen in so vielen Ländern, der Drang nach mehr Bildung und Partizipation in allen Bereichen des Gemeinwesens, das Verlangen nach besserer Gesundheit, mehr Komfort, mehr menschlichen Kontakten, mehr Vergnügen – das alles lässt sich nicht einfach auf eine »materialistische Konsumkultur« reduzieren. Es kann im Gegenteil zu deuten sein als Zeichen für eine mächtige Flutwelle menschlicher Bestrebungen, unter der sich geheime Hoffnungen auf eine schmerzvolle Neugeburt von Bewusstsein und Geist verbergen.

Der augenblickliche Zeitpunkt in der Menschheitsgeschichte ist so kritisch in unserer Entwicklung als Spezies innerhalb eines größeren Lebensgewebes, dass ein klarer spiritueller Fokus für einen radikalen Wandel unerlässlich ist. Das spirituelle Ringen der Erde und ihrer Bevölkerung ist vielleicht größer als je zuvor und verlangt unsere ganze Sensibilität und unsere gesamte Aufmerksamkeit. Schon in der ersten Hälfte des 20. Jahrhunderts hat der hervorragende Schweizer Psychologe Carl Gustav Jung (1875-1961) von dem »modernen Menschen auf der Suche nach einer Seele« gesprochen, während Pierre Teilhard de Chardin auf die Aufgabe hinwies, eine »gemeinsame Seele« für die Menschheit zu finden. Beide Autoren haben das Bedürfnis nach persönlicher und planetarischer Transformation betont. Seit sie diese Ideen erstmals äußerten, ist sich die Menschheit immer deutlicher des Zusammenhangs *allen* Lebens bewusst geworden, des menschlichen Lebens mit dem Ganzen der Natur, mit der Erde selbst, mit dem Kosmos und dem Planeten. Das heutige ökologische Bewusstsein deutet auf tiefe spirituelle Einsichten und auf neue religiöse Erfahrungen hin, die das menschliche Leben und sein Gedeihen fördern und weiterbringen können. Aber die Menschen müssen auf die Stimmen der Erde hören und sich regelrecht für die Erde alphabetisieren, um dieser neuen Situation entsprechen zu können.

Versteht man Spiritualität in diesem weiteren Sinn, dann kann dies verschiedene größere Perspektiven eröffnen: unser Gespür für das Globale und für die Erde; unsere Erfahrung mit dem Pluralismus, speziell dem religiösen Pluralismus; die dringende Notwendigkeit, das Wohlergehen aller Menschen auf allen Ebenen menschlicher Aktivität zu fördern. Und dieses wiederum hängt aufs Engste mit dem Gedeihen allen Lebens auf der Erde zusammen.

Gespür für das Globale

Wir leben alle auf ein und demselben Planeten, wir bilden nur eine, wenn auch von Unterschieden gezeichnete und geteilte Menschheit. Als Menschen mit einer Verantwortung für unser Sein und Handeln teilen wir ein gemeinsames Geschick in Leben und Sterben. Wir tragen auch die Verantwortung für die Zukunft *allen* Lebens auf der Erde. In der Geschichte unseres Planeten ist dies genau der richtige Moment, um über das Veränderungspotenzial der Spiritualität für die gesamte Menschengemeinschaft nachzudenken. Trotz der großen Probleme unserer gegenwärtigen geopolitischen Situation können wir die Grundzüge dessen erkennen, was verschiedene Denker eine »Weltzivilisation« genannt haben. Das Wissen um die eine Welt, um die Globalität als eine neue Art und Weise der Kommunikation und des Denkens wächst von Tag zu Tag. Und es wächst das Bewusstsein für die Unterschiede lokaler und regionaler Verhältnisse und Kulturen, aber auch die schmerzliche Erkenntnis, dass es an Frieden, Gleichheit und Gerechtigkeit unter den Völkern der Erde mangelt.

Das Wort »Globalisierung« wird heute allenthalben gebraucht. Doch steht es oft in hauptsächlich negativen Kontexten, sodass es häufig Protest und Widerspruch hervorruft. Der Prozess, den es beschreibt, wird seiner Exzesse und negativen Wirkungen wegen kritisiert, ob es nun diejenigen des globalen Marktkapitalismus, der multinationalen Unternehmen, des industriellen Militarismus oder des exzessiven Konsumismus sind. Allzu oft wird die Globalisierung unausgesprochen mit Wirtschaft und Politik identifiziert, während die sozialen, kulturellen und spirituellen Aspekte des Globalisierungsprozesses weniger zum Gegenstand der Reflexion werden und auch noch gar nicht hinreichend entwickelt sind.

Doch das »Bewusstsein für das Globale«, das Wissen um den einen Planeten, um die eine Welt hat viele positive Facetten. Es kann ein Hinweis auf ein stärkeres Gefühl der Zusammengehörigkeit sein, auf ein neues globales Gespür für Verantwortung und Ethik, das versucht, globale Probleme durch vereinte Anstrengung und Konsens auf der Basis gemeinsamer Intentionen und eines gemeinsamen Geistes anzugehen. Dieser positive Aspekt wird sichtbar in den Pioniertaten vieler Nichtregierungsorganisationen (NGOs) wie Amnesty International oder Ärzte ohne Grenzen. Die vielfältigen Bemühungen, die Anerkennung der Menschenrechte durchzusetzen, die mehrere Agenturen der Vereinten Nationen unternehmen, sind ebenfalls global in ihrer Zielsetzung, genauso die Arbeit des Roten Kreuzes, des Roten Halbmonds und des unlängst gegründeten Roten Lotus, die Hilfe bei Naturkatastrophen, Konflikten und Kriegen leisten.

Das Adjektiv »global« hat nicht dieselbe Bedeutung, wie wenn wir von »der ganzen *Welt*«, also von Weltliteratur, Weltgeschichte, Weltwirtschaft, Weltgeografie oder Weltreligion, sprechen. »Global« kann manchmal identisch sein mit »Welt« in diesem Sinn, aber häufiger zeigt es eine andere Perspektive, ein neues Bewusstsein und insgesamt ein anderes Wissen an. Es erfasst ein neues Gespür für das Einssein der Welt und unserer selbst, die Andeutung einer möglichen Einheit, in der unsere vielen Differenzen in einen Zusammenhang mit ähnlichen Zielen und Orientierungen gebracht werden. Wie Ewert Cousins und andere aufgezeigt haben, muss die heutige Spiritualität eine »*globale* Spiritualität« sein, global in dem Sinn, dass sie zugleich in der Erde verwurzelt und mit der Vielfalt der Völker, Kulturen und Glaubensüberzeugungen rund um den Globus verbunden ist.

Der Ausdruck »globale Spiritualität« ist relativ neu und kann auf verschiedene Weise verstanden werden. Erstens ist Spiritualität nicht nur von individueller Bedeutsamkeit, sie hat vielmehr große Bedeutung für die aktuellen sozialen und kulturellen Verhältnisse des gesamten Globus; sie ist von vitalem Belang für das Gedeihen der *gesamten* Menschheit, nicht nur für eine erwählte Gruppe von religiös Gestimmten für die Spiritualität möglicherweise von speziellem Interesse ist. Zweitens bezieht sich globale Spiritualität nicht nur auf den gegenwärtigen Zustand unseres Globus, sie erstreckt sich vielmehr auch auf die Vergangenheit und greift auf die Zukunft aus, um den menschlichen Geist auf seinem Weg durch Zeit und Raum zu nähren und zu stärken. Drittens wird Spiritualität noch in einem weiteren Sinn global: Sie hängt mit unserer Verwurzelung in der Erde zusammen.

Aufgrund des kritischen Zustands der Welt, in der wir leben, müssen wir dem tiefen Bedürfnis für geistiges Wohlergehen jenseits der vorhandenen physischen, mentalen und moralischen Bedürfnisse der Menschheit vermehrte Aufmerksamkeit schenken. Das hat bereits in den 1960er-Jahren der Burmese U Thant (1909-1974), der dritte Generalsekretär der Vereinten Nationen, erkannt und neben ihm auch deren stellvertretender Generalsekretär, der aus Elsass-Lothringen stammende Robert Muller, der in den frühen 1980er-Jahren in seinem inspirierenden Buch *New Genesis: Shaping a Global Spirituality* (1982) über den Ort der Spiritualität in der säkularen Gesellschaft nachdachte.

Bis jetzt ist globale Entwicklung primär wirtschaftlich und sozial verstanden worden. Wenn es aber um alle künftigen Bedürfnisse von Mensch und Planet geht, müssen auch Fragen der Ethik und Spiritualität angegangen werden. Wird die spirituelle Entwicklung eines Tages integraler Bestandteil unserer Anstrengungen werden, die globale Entwicklung hin zu Frieden und Gerechtigkeit zu sichern? Welche Initiativen sind augenblicklich darauf gerichtet, die inneren Ressourcen der Menschen, ihre Fähigkeit zu Liebe, Fürsorge, Mitleiden und Zusammenarbeit und ihre Bereitschaft zu einem friedfertigen, glücklichen Leben in ihnen selbst und in ihren Gemeinschaften zu wecken und zu entfalten? Für eine globale Entwicklung sind dies sehr ernste Fragen. Wenn es den Menschen auf unserem Planeten gutgehen soll, können diese Probleme nicht von religiösen Institutionen oder von Einzelnen allein gelöst werden. Die ganze Gesellschaft einschließlich der zahllosen säkularen Institutionen muss sich ihnen stellen.

Gespür für die Erde

Menschliches Gedeihen ist nicht möglich ohne ein ausgewogenes, harmonisches Verhältnis zu allem Leben auf der Erde, zu dem die Menschen ja integral gehören. Die persönlich-individuelle Spiritualität hat sich häufig aus der Natur gespeist. Viele Schriftsteller und Dichter, Wissenschaftler und ganz einfache Leute sind von ihrer großartigen Kraft und Schönheit angerührt worden. Sie haben in der Natur eine Art Präsenz, eine Andeutung des Göttlichen oder des Geistes gespürt oder haben eine tiefe innere Einheit mit ihr empfunden. Die heutige Erfahrung mit der Natur oder mit dem, was wir Biosphäre nennen (ein Wort, das der österreichische Geologe Eduard Suess 1875 geprägt hat), ist jedoch vor allem die Erfahrung des *einen Planeten*, der Lebenswelt als eines großen, verletzlichen Habitat, das von vielen Katastrophen und ausbeuterischem menschlichen Verhalten bedroht ist.

Das generelle Wissen um die Geschichte der Erde, die Geschichte des Lebens und der gewaltigen, aber zugleich äußerst prekären Biodiversität ist heutzutage viel ausgeprägter als je zuvor – ungeachtet der Hymnen, die Philosophen, Dichter und Mystiker einst auf die Fülle, Erhabenheit und Schönheit der Natur sangen. Viel von diesem gewandelten Bewusstseinsstand verdankt sich der neuen Forschung in Erd- und Lebenswissenschaften und dem Einfluss der globalen Umweltbewegung. Auf populärer Ebene haben auch dokumentarische Naturfilme, Fernsehprogramme und Fotoserien viel zu unserem Bewusstsein von dem einen Planeten beigetragen. Der amerikanische religiös-ökologische Denker Thomas Berry spricht eindringlich vom

»Traum der Erde«, während der britische Wissenschaftler James Lovelock diese Einheit-Einzigkeit in seine Gaia-Hypothese fasst.

Schon 1972 hat Indira Gandhi (1917-1984), damals Premierministerin von Indien, auf der UN-Umweltkonferenz gefragt: »Wird das wachsende Bewusstsein von ›einer Erde‹ und ›einer Umwelt‹ uns zu dem Begriff von ›einer Menschheit‹ führen? Wird es eine gleichmäßigere Verteilung der Umweltkosten und ein größeres Interesse an dem beschleunigten Fortschritt der weniger entwickelten Welt geben?«

Wir leben noch immer auf derselben Erde, auf demselben Globus wie unsere Vorfahren. Aber unsere Beziehung zu ihm und unser Wissen um ihn haben sich im Lauf von mehreren historischen Epochen stark verändert. Unsere technischen Kommunikationsmittel, die weltweit Information, Kontakte, Netzwerke und Verkehr ermöglichen, übertreffen in ihrem Ausmaß alles bisher Dagewesene. Die Quantität dieser Verknüpfungen hat ein enges Netz um den ganzen Globus gespannt, das wiederum eine qualitative Wirkung auf die Verfassung der heutigen Gesellschaften ausübt. Diese netzartigen Verbindungen können zum Guten wie zum Bösen genutzt werden. Sie haben viele Chancen und Möglichkeiten geschaffen; das lässt auf Verbesserungen im Gesundheits- und Bildungswesen, auf mehr Frieden und Gerechtigkeit, auf weniger Armut und mehr nachhaltige Entwicklung hoffen. Aber diese Medien bergen ein ebenso stark angewachsenes Risikopotenzial, nämlich die Gefahr negativer Entwicklungen, die Möglichkeit des Ruins und der Zerstörung durch mehr Gewalt, Krieg, Armut, Ungerechtigkeit und ökologische Katastrophen. Alle diese Zusammenhänge werfen enorme ethische Probleme auf und erfordern reife moralische Entscheidungen, die durch Konsens und Kooperation erarbeitet werden müssen.

Die Welt ist wirklich in einer noch nie erlebten Weise global. Der Planet Erde ist ein verletzliches Habitat mit einem gewaltigen Reichtum an Leben, das gefährdet und kostbar ist. Unser Bewusstsein von der Welt schließt so viel mehr an Wissen über die lange Entwicklungsgeschichte des Universums ein. Wir erkennen, dass unsere Erde ein

Leben hervorbringender Planet in einem ungeheuren kosmischen Umfeld ist und dass unsere eigene Geschichte als menschliche Spezies in einer größeren Geschichte des Lebens steht. Die Erde ist wirklich unsere Heimat.

Ein neues ökologisches Bewusstsein

Gegenwärtig übt unser Planet, vielleicht mehr als je zuvor, überall eine geheimnisvolle Anziehung auf Menschen aus. Während ein nicht unbeträchtlicher Teil der modernen Kultur die Stabilität, Schönheit und Integrität der Erde bedroht, liefern das Aufkommen der Ökologie, die Umweltwissenschaften und die Suche nach nachhaltiger Entwicklung eine kreative, neue Sicht, die es möglich macht, einige der destruktiven menschlichen Eingriffe in die Natur zu stoppen, vielleicht sogar rückgängig zu machen.

Das Wort »Ökologie« wurde im 19. Jahrhundert von dem Biologen Ernst Haeckel (1834-1919), einem deutschen Anhänger Darwins, geprägt. Haeckel definierte 1866 Ökologie so: »Die Ökologie der Organismen, die Wissenschaften von den ganzen Beziehungen des Organismus zur umgebenden Außenwelt, zu den organischen und anorganischen Existenzbedingungen: die sogenannte ›Ökonomie der Natur‹ [...]«. Als sich dieses Wissensfeld immer mehr erweiterte, wurden auch verschiedene andere Definitionen vertreten, aber noch immer wird Ökologie zumeist als die Untersuchung der Beziehung von Organismen zu ihrer Umgebung verstanden. Darin ist auch die Beziehung der Menschen zu jedem Leben auf dem Planeten eingeschlossen.

Die Vorstellung von der Erde als einem Ganzen ist Teil eines neuen planetarischen Bewusstseins. Dieses schließt die Suche nach Ganzheit für die menschliche Gemeinschaft und nach einem Leben in Harmonie mit der Natur und in der Verantwortung für das Wohl des Planeten Erde wie für die Zukunft aller Völker ein. Diese neuen Perspektiven beherrschen einen nicht unbeträchtlichen Teil der öffentlichen

Debatten und wirken sich auf die Arbeit von Politikern, Pädagogen, Künstlern und Schriftstellern weltweit aus.

Die Transformation der Beziehungen, die die Menschheit zur Erde unterhält, hat zwei verschiedene Aspekte. Einerseits müssen die Menschen ein stärkeres Empfinden für die Sorge um die Erde entwickeln; andererseits kann sich dieses Empfinden nicht voll entwickeln ohne eine Veränderung im Bewusstsein für die Verbindung mit und die Abhängigkeit von der Erde und ihren Erzeugnissen. Die Spiritualität von heute bezieht ihre Stärke aus dieser Entdeckung, dass die Menschheit in der Erde verwurzelt ist, und aus dem Erwachen eines neuen Sinns für das Kosmische.

Sehr wichtig für die heutige Diskussion ist die Gaia-Theorie, die James Lovelock 1979 formuliert hat; sie erklärt, wie die Evolution der Erde und des Lebens ein einziges dynamisches System bilden, das sich wie ein Organismus in globalem Maßstab selbst reguliert.

»Wer ist Gaia? Was ist sie?«, schreibt Lovelock in seinem jüngsten Werk, *The Revenge of Gaia. Why the Earth is Fighting Back – and How We Can Still Save Humanity* (2007). »Das Was ist die dünne sphärische Schale aus Land und Wasser zwischen dem weißglühenden Erdinneren und der die Erde umgebenden Atmosphäre. Das Wer ist das interaktive Gewebe lebender Organismen, das sie seit mehr als vier Milliarden Jahren bewohnt. Die Kombination des Was und des Wer und die Art und Weise, wie beide aufeinander einwirken, ist zu Recht ›Gaia‹ genannt worden, eine Metapher für die lebendige Erde. Die griechische Göttin, von der der Terminus abgeleitet ist, wäre stolz auf die Verwendung, die von ihrem Namen gemacht wird« (ebd., S. XIII und XIV). Während New-Age-Fans von der Gaia-Idee fasziniert waren, haben sich die Wissenschaftler zunächst davon distanziert, sie aber später unterstützt. Auf einem internationalen Treffen im Jahr 2001 lancierten Forscher aus vier globalen Forschungsprogrammen eine Erklärung, die eindeutig feststellte: »Das Erdsystem verhält sich wie ein einziges, sich selbst regulierendes System, bestehend aus physischen, chemischen, biologischen und humanen Komponenten. Die Interaktionen und Feedbacks zwischen den Komponenten sind komplex und weisen eine mehrreihige zeitliche und räumliche Variabilität auf.« Gaia verändert sich und leidet jetzt unter einer schweren Bedrohung durch den Schaden, den Menschen anrichten und der die Selbstregulierung, von der jedes Leben abhängt, in Gefahr bringt.

Der alte Kult der Erdgöttin zeigt, dass ein Ansatz, der die Erde als lebendiges Wesen betrachtet, in der Geschichte der menschlichen Religiosität weit verbreitet ist. Die heutige Gaia-Theorie wirft zahlreiche kritische Fragen zum vorherrschenden anthropozentrischen Fokus der westlichen Kultur und der ihm zugrunde liegenden christlichen Lehre auf. Im Licht unseres neuen Verständnisses der wechselseitigen Beziehung zwischen allen Organismen und ihrer Umgebung sowie der Interkonnexionen zwischen allen Lebensebenen muss sich jetzt das menschliche Denken von einem anthropozentrischen zu einem biozentrischen und ökozentrischen Fokus verschieben.

Den vielen globalen Herausforderungen lässt sich freilich nur begegnen, wenn die irdischen Gemeinschaften, sowohl die lokalen als auch die regionalen Gemeinwesen, die volle Verantwortung für das gegenwärtige und zukünftige Wohlergehen der Menschenfamilie übernehmen. Das ist in der wichtigen *Erdcharta* aus dem Jahr 2000, die nach jahrzehntelanger Konsultation mit zahlreichen Organisationen, Ländern und Glaubensgruppierungen in aller Welt veröffentlicht wurde, eindeutig artikuliert. Ihre Präambel stellt fest, dass die ökologischen, ökonomischen, sozialen, kulturellen, ethischen und spirituellen Probleme und Hoffnungen der Menschheit eng miteinander verbunden sind. Die Herausforderungen zu Freiheit, Gerechtigkeit und Frieden sind eng verknüpft mit dem Schutz der Umwelt und der Sorge um das wirtschaftliche Wohlergehen. Nur in einer globalen Partnerschaft und in gemeinsamer Verantwortung können umfassende Lösungen gefunden werden (*www.erdcharta.de*). Die bestehenden *spirituellen* Herausforderungen, vor denen die Welt und wir selbst stehen, sind besonders wichtig, haben allerdings bislang weniger Aufmerksamkeit gefunden als die anderen Fragen.

Welche Art von Spiritualität aber kann nun wirklich den dringenden Bedürfnisse und neuen Chancen einer globalen Welt begegnen? Viele Menschen spüren ein tiefes Verlangen nach mehr Frieden und Einheit in der Welt, doch der Zustand der gegenwärtigen Weltpolitik und Weltwirtschaft lässt dieses Ideal als weit entfernt, wenn nicht gänzlich unerreichbar erscheinen. »Es gibt einfach zu viele Hindernisse«, wird der Pessimist rufen; »die Einzelnen und die Gruppen suchen doch nur ihren eigenen Vorteil und Gewinn.« Einer der großen Bremsklötze könnte die schiere Menge von Völkern, Kulturen und Glaubensüberzeugungen, der Pluralismus der Ethnien und der Identitäten, der gegensätzlichen Glaubenshaltungen und Lehren sein. Wie soll man mit all dem ausgerechnet durch die Förderung der Spiritualität und eines Ideals der Einheit fertig werden?

Diversität und religiöser Pluralismus

Yann Arthus-Bertrands Buch mit fantastischen Luftaufnahmen, *Die Erde von oben* (1999), hat sich seit seiner Erstpublikation im Jahr 1999 weltweit mehr als anderthalb Millionen Mal verkauft. Diese außergewöhnliche Zusammenstellung von Bildern aus allen Regionen der Welt liefert einen überzeugenden visuellen Beweis, dass der Planet Erde nicht nur ungeheuer reich an natürlicher, sondern auch an kultureller Vielfalt ist. Bertrands Bilder von ganz unterschiedlichen Orten auf allen Kontinenten spiegeln die unzähligen Weisen, wie Menschen die Erde kultiviert, das Land bebaut, Flüsse eingedämmt, Häuser gebaut, Gemeinwesen gebildet und Niederlassungen gegründet haben.

Die meisten von uns kennen das berühmte Bild von unserem bläulich-grünen Planeten, der da, von Schwärze umgeben, im Weltraum schwebt. Bekannt geworden ist es durch das staunenswerte Foto vom »Erdaufgang« über dem Mondhorizont, aufgenommen von Apollo 8 im Dezember 1968. Wenige Bilder in der menschlichen Geschichte waren derart begeisternd wie die Erscheinung dieses ersten Erdaufgangs, eines entscheidenden Augenblicks in der kollektiven Psyche der Menschheit, der zu einer berühmten Ikone unserer globalen Welt geworden ist. Dieses Bild von großer Schlichtheit und Schönheit lässt sich als symbolischer Ausdruck unserer Entwicklung hin zu Einheit und globaler Bewusstheit verstehen und als ein Bild von Hoffnung und Inspiration deuten, auch wenn es die große ethnische, religiöse und kulturelle Mannigfaltigkeit unter den Menschen und die großartigen Varietäten der vielen Spezies nicht zeigt.

Die Biosphäre liefert uns eine *biologische* Sicht von Einheit, dem Netz des Lebens, während die menschliche Geschichte, Philosophie und Religion um den Traum von einer *kulturellen* und *sozialen* Einheit aller Menschen weiß. Das Thema ist uralt, es findet sich in zahlreichen Schöpfungsgeschichten und Mythen. Auch die Vorstellung von einer gemeinsamen Sehnsucht, von einem von allen geteilten Ursprung und Schicksal wird in den Lehren der unterschiedlichsten Überzeugungen bewahrt. Im Christentum zum Beispiel gibt es den Begriff der *oikoumene*, der gesamten bewohnten Welt, eine Idee, die die frühen Christen von den Griechen und Römern übernahmen. Die *oikoumene* drückt eine Zusammengehörigkeit, eine gemeinsame Identität jenseits der einzelnen Individuen und Gruppen aus. Andere Weltanschauungen haben ihre eigenen Bilder und Wörter, die auf diese größere, allumfassende, durch den Fluss der Geschichte und des Schicksals geformte Einheit der Menschheit verweisen. Zahlreiche religiöse Lehren sprechen von der allumfassenden Schöpfung und vom Heil für alle Menschen – Anschauungen, die ihrer ganzen Intention nach universell sind. Traditionellerweise haben die Religionen Weisheit und Moralität gepflegt, Einzelne und Gruppen durchs Leben geleitet und ganze Zivilisationen geprägt. Doch ihre edlen Lehren über die Einheit der Menschen, über Frieden und Gerechtigkeit haben wenig sichtbaren Erfolg gezeitigt, da die höchsten Ideale der Religionen nur selten voll in die Praxis umgesetzt wurden.

Heutzutage sind die religiösen Vorstellungen von der menschlichen *Einheit* bei Weitem nicht so im allgemeinen Bewusstsein präsent wie die konkrete Erfahrung der *Diversität* der Religionen, die verwirrende Situation der religiösen Vielfalt mit ihren Spannungen, Missverständnissen, Widerständen und ihrer Gewalt. Der beispiellose ethnische, soziale, kulturelle und religiöse Pluralismus der Welt von heute stellt gewiss eine ungeheure Herausforderung dar, aber er bietet auch große Chancen für gegenseitiges Lernen, Hilfe, Wachstum und Bereicherung. Statt diese Diversität abzulehnen oder sie lediglich einfach hinzunehmen, kann man sich auch nach der religiösen und spirituellen Bedeutung dieses Pluralismus fragen. Was offenbart uns die Existenz von religiös signifikanten »Anderen«?

Manche behaupten, wir seien an einen neuen Zeitpunkt gelangt, an dem wir eine grundsätzliche Einheit und gemeinsame Muster in der Religionsgeschichte der Menschheit erkennen könnten. Einige Pioniere unter den religiösen Denkern des 20. Jahrhunderts haben davon gesprochen; zu ihnen gehörten Mohammed Iqbal (1876-1938) in Pakistan, Sri Aurobindo (1872-1950) in Indien und Pierre Teilhard de Chardin (1881-1955), der einen großen Teil seines Lebens in China verbrachte. Immer mehr Menschen erkennen allmählich, dass wir als Erdgemeinschaft in spirituellen Dingen genauso global interdependent sind wie in ökologischen, ökonomischen, politischen und finanziellen Belangen.

Außerdem wächst das Bewusstsein, dass *eine* Menschheit auf *einem* Planeten ein globales spirituelles Erbe besitzt, das alle Menschen zu versorgen vermag. Alle Religionen haben spirituelle Schätze angesammelt und von einer Generation auf die andere weitergegeben, kostbare Einsichten und Augenblicke der Offenbarung, die in Vergangenheit und Gegenwart das Leben zahlloser Menschen genährt, erhalten und verändert haben. Wir besitzen so viele unterschiedliche Brunnen der Inspiration, aus denen wir trinken können, um unseren spirituellen Durst und Hunger zu stillen! Wenn wir das aber zugeben, heißt dies in der Praxis, dass wir unsere tiefe Diversität und Andersheit wahrnehmen und auch die schweren Wunden erkennen, die wir einander zugefügt haben. Es besteht nicht nur ein enormer Pluralismus zwischen den verschiedenen religiösen und kulturellen Traditionen, sondern auch einer innerhalb unserer eigenen Gemeinschaften. Es braucht Mut und Bescheidenheit, diese Diversität anzuerkennen und zu respektieren und sie als reiche spirituelle Ressource und weniger als Grund für Wettbewerb und Opposition oder, schlimmer noch, für Angriff und Ablehnung zu behandeln.

Um die positiven Ressourcen der religiösen Diversität zur Entfaltung bringen zu können, bedarf es einer echten Entmonopolisierung jeder einzelnen Religion. Das bedeutet die Weigerung, imperialistisch und triumphalistisch-exklusiv gegenüber anderen Religionen als der jeweils eigenen oder, eher noch, gegenüber religiösen Menschen außerhalb der je eigenen – großen oder kleinen – Gemeinschaft aufzutreten. Wenn wir offen und wahrnehmungsfähig sind, können wir in jeder religiösen Tradition ein unersetzliches spirituelles Erbe, eine spezifische Botschaft und eine unverwechselbare Identität entdecken. Jeder Glaube liefert eine mächtige Matrix für einen letzten Sinn, die dabei helfen kann, ein sinnvolles Leben zu gestalten, und letztlich dazu beiträgt, eine wirklich globale Gemeinschaft zu schaffen. Jede religiöse Tradition hat etwas Unvollständiges, keine ist statisch oder perfekt. Alle sind stetig im Prozess der Veränderung und Umgestaltung begriffen: In allen besteht Raum und Notwendigkeit zu weiterem Wachstum.

Es ist heute Mode geworden, über »den Anderen« und die »Veranderung« von Menschen und Kulturen im Sinne eines Entfremdungs- und Diskriminierungsprozesses nachzudenken. Doch eine Begegnung mit dem Anderen kann auch zur Quelle von Überraschung, Bereicherung und Freude werden. Sowohl in der hebräischen und christlichen Bibel als auch in buddhistischen und hinduistischen Erzählungen und in religiösen Lehren über Mitleiden, Erbarmen und Güte finden wir zahlreiche Erkenntnisse über den Anderen als Fremden, Feind, Besucher, Nachbarn oder Gast. Zu allen Zeiten und an allen Orten hatten Menschen Umgang mit anderen; sie haben andere akzeptiert oder zurückgewiesen, geliebt oder gehasst, unterdrückt oder befreit. Wir wissen heute, wie wesentlich unsere Beziehungen zu anderen für eine gesunde menschliche Entwicklung zur Reife sind, und wir brauchen die signifikanten Anderen zu unserer eigenen Entwicklung. Wir brauchen den Anderen, *viele* Andere, wir brauchen sie wirklich. Und wir brauchen heute auch den Glauben und die Weltanschauung der Anderen. Daher müssen wir mit der Frage ringen, wie wir die Differenzen erklären und konstruktiv mit ihnen umgehen können, statt sie, ob sie nun religiös, kulturell, sexuell oder politisch sind, im Zeichen der Spaltung zu behandeln.

Zum gegenwärtigen Zeitpunkt in der Menschheitsgeschichte und in der Weltpolitik, da wir eine engere Zusammenarbeit und ein gegenseitiges Verständnis verzweifelt notwendig brauchen, ist es besonders dringlich, dass wir uns fragen, was wir voneinander lernen können, wie wir die vielfältigen Ressourcen der unterschiedlichen Glaubensüberzeugungen zum Wohl statt zur Vergewaltigung und Zerstörung der menschlichen Gemeinschaft nutzen können. Es ist eine zutiefst religiöse und spirituelle Sicht, die Einzelne und Gruppen beflügeln kann, an einer besseren Welt zu bauen und das Wohlergehen von mehr Menschen zu fördern.

Florieren/Gedeihen und spirituelle Energieressourcen

Die Vorstellungen von Wellness und Wohlbefinden finden heute breite Aufmerksamkeit, vor allem, wenn es dabei um Gesundheit, Körper, persönliche Befriedigung, Glück und Zufriedenheit geht. Lebensfülle und Lebensfreude, die diese Wörter verheißen, lassen sich in der wundervollen Idee des »Florierens« oder Gedeihens zusammenfassen. Ursprünglich wurde mit diesem Wort die Welt der Blumen, der Gärten, des Wachstums assoziiert. Somit kann Florieren zu einem echt ökologischen, primär relationalen, nichtindividualistischen Begriff werden und sich auf das gesamte Netz des Lebens beziehen.

Das *Concise Oxford English Dictionary* stellt den Ausdruck »to flourish« zu anderen Wörtern wie »grow vigorously; thrive; prosper; be successful; be in one's prime; be active«. Das zeigt an, dass Florieren ein wünschenswerter Prozess ist, der aufs Engste mit dem zusammenhängt, was andere »Lebensfreude« nennen. Es bezeichnet eine Dynamik, einen Schwung, eine ständige Quelle der Energie, die die Einstellung von Menschen, ihre Motivation und Aktivität beseelt. Es bedeutet, dass wir voll lebendig sind und das Leben mit all seinen Höhen und Tiefen, seinen Quellen der Befriedigung und des Leidens ergreifen. Dieser wirklich positive Begriff des *Florierens* ist höchst attraktiv, insofern er impliziert, dass wir von Kraft zu Kraft schreiten können, selbst wenn das Gehen uns zuweilen schwer wird.

Florieren verweist auf eine Spiritualität, die ganzheitlich ist, der mehr an der Qualität des Lebensganzen liegt als nur an bestimmten Aspekten des Lebens. Um individuell als Person zu florieren, muss man gute Beziehungen zu den anderen unterhalten, und die richtigen äußeren Bedingungen müssen gegeben sein. In Zeiten von Krieg, Unfrieden und Zerwürfnis können Menschen nicht florieren. Die Idee des Florierens lässt sich auf alle Lebensalter anwenden: auf die Geburt, auf das Geschenk des Lebens selbst, auf das Heranwachsen, auf die Jahre des Älterwerdens und sogar auf den Tod. Florieren ist daher ein idealer Begriff für die Entfaltung des menschlichen Lebens und für das spirituelle Potenzial jedes Lebensalters.

Menschen können kein gesundes, befriedigendes Leben leben, wenn sie nicht das Richtige essen, keine saubere Luft atmen, kein reines Wasser trinken und keine gute (Aus-)Bildung erhalten. So viel Armut und Hunger hängen an diesen menschlichen Grundbedürfnissen, und die wiederum hängen von unserer unmittelbaren Umwelt ab. Menschliches Gedeihen ist nicht möglich ohne andere Formen des Gedeihens, insbesondere des ökologischen und biologischen, es hängt aber auch mit dem wirtschaftlichen, politischen und sozialen Florieren zusammen.

Unser Lebensgeist und das Wohlbefinden unseres Körpers, Verstandes und Geistes speisen sich aus vielen unterschiedlichen Energieressourcen. Die meisten von ihnen sind materiell, aber wir sind auch auf mentale und moralische sowie spirituelle Ressourcen angewiesen. Ohne diesen Schwung können wir nicht leben, und ohne ihn können wir die Welt nicht voranbringen. Teilhard de Chardin hat im Lebenselan die »Energie der universellen Evolution« gesehen; gerade der Mensch aber trage auf seiner Ebene Verantwortung für die Förderung und Entwicklung dieser Energie.

Doch wie lässt sich das verwirklichen? Wo finden wir die notwendigen Ressourcen für diese Förderung und Entwicklung des Lebensschwungs in der Weltgemeinschaft von heute, wenn wir doch mit so vielen unterschiedlichen Gruppen und Nationen, mit gegensätzlichen politischen Interessen und Mächten, mit kollidierenden Religionen und sich gegenseitig ausschließenden Identitäten zu tun haben? Eine gemeinsame Zukunft für die Menschheit zu bauen ist eine gigantische Aufgabe, vielleicht größer als irgendeine andere in der Geschichte der Menschheit.

Die Lebensfreude zu steigern und das menschliche Gedeihen auf der ganzen Welt zu fördern muss als eine Priorität der Spiritualität betrachtet werden. Die menschlichen Energien zur Schaffung einer besseren Welt zu wecken ist letztlich eine spirituelle Aufgabe, die große Ressourcen spiritueller Energie erfordert. Die größte vor uns liegende Herausforderung ist die bewusste, kollaborative Organisation der menschlichen Energie für das Wohl aller und für die zunehmende Mitteilung des Geistes.

Mit anderen Worten: Spiritualität ist kein Luxus des Lebens mehr, der nur religiöse Minderheiten oder Mystiker angeht, sondern ein absoluter Imperativ für die Gesundheit und das Überleben der Menschheit. Spiritualität ist wesentlich für jedes menschliche Florieren, wo immer wir auch leben, ob in religiösem oder säkularem Umfeld. Die Diskussionen über die Spiritualität in Gesprächen, in Printmedien und im World Wide Web, über spirituelle Praktiken, Lehrer, Besinnungshäuser und zahlreiche Organisationen, die einen spirituellen Blick auf die Welt von heute bieten, nehmen so rasch an Häufigkeit und Umfang zu, dass es schwerfällt, mit kritischem Unterscheidungsvermögen durch die Informationsflut zu navigieren. Wie lässt sich Fastfood von substanzieller Nahrung für den Geist unterscheiden? Wie sind so viele verschiedenartige Phänomene zu interpretieren?

Wir alle müssen eine neue Sprache des Geistes lernen, wenn wir das künftige Gedeihen von Mensch und Planet sichern wollen. Neue Überlegungen über Spiritualität, neue spirituelle Erkundungen, Experimente und Praktiken werden nicht nur von jungen Leuten, sondern in allen Altersgruppen unternommen. Sie stehen im Zusammenhang mit dem interreligiösen Dialog, mit der menschlichen Entwicklung, mit den Debatten um Bildung, Gesundheit, Geschlecht und mit neuen Denkansätzen bei Wissenschaftlern und Künstlern. Unverbrauchte Ideen zur Spiritualität sind in allen diesen Bereichen aufgetaucht; es sind Gedanken, Themen und praktische Experimente, die oft parallel laufen, obwohl sie voneinander unabhängig sind. Manchmal konvergieren diese Strömungen, dann wieder divergieren sie oder laufen sogar gegeneinander, aber sie alle geben Zeugnis von der außergewöhnlichen Kreativität und Kraft des menschlichen Geistes.

4. Spiritualität und interreligiöser Dialog

Begegnung und Dialog sind fundamental für das menschliche Dasein. Dass wir sprechen und dass mit uns gesprochen wird, dass wir Fragen stellen und Antworten erhalten, Erfahrungen und Gedanken mit anderen teilen können, ist ein integraler Bestandteil unseres Menschseins. In diesem Sinn ist der Dialog so alt wie die Menschheit selbst, ein grundlegendes Ingrediens jeder sozialen Struktur und Aktivität. In einem spezifischeren Sinn hat sich das Gespräch zwischen religiös Gläubigen als *interreligiöser* Dialog entwickelt. Er kann auf recht spontanem Weg entstehen, in alltäglichen Treffen von Menschen mit unterschiedlichem Hintergrund, die einander bei der Arbeit begegnen, durch Reisen oder Freizeitaktivitäten, durch ihre Kinder oder Nachbarn. Zahlreiche Erfahrungen können Menschen einander näherbringen, sodass sie ihre Freuden und Sorgen miteinander teilen, etwas von ihrer religiösen oder spirituellen Weltanschauung offenlegen und vielleicht etwas von ihrem tiefinneren Glauben kundtun.

Das heutige Wissen um die ethnische, soziale, rassische oder religiöse Verschiedenheit ist jetzt so viel größer als in der Vergangenheit, weil unsere Welt so stark geschrumpft ist; die Mächte der Globalisierung haben unterschiedliche Gesellschaften, Kulturen und Religionen in viel engeren Kontakt gebracht. Es kann verwirrend, ja sogar schmerzlich sein, wenn man sehen muss, welch tiefe Unterschiede zwischen großen religiösen und säkularen Weltbildern bestehen und wie viele unterschiedliche Religionen und Spiritualitäten in traditionellen, zeitgenössischen oder alternativen Formen existieren. Was ist die tiefere Bedeutung der enormen Verschiedenheit religiöser Glaubensinhalte und Spiritualitäten in der Welt von heute? Nur im andauernden Gespräch vermögen wir die Antwort auf diese Frage zu finden. Seit dem späten 20. Jahrhundert wird der interreligiöse Dialog in großem Stil praktiziert und akzeptiert, und das schließt auch den Dialog zwischen verschiedenen Spiritualitäten ein.

Ein notwendiger Dialog

Es wird viel vom Dialog zwischen Zivilisationen und Kulturen gesprochen, doch dieser Dialog muss auch einen Dialog zwischen den Religionen im Herzen der Kulturen einschließen. Die Frage kann nicht mehr sein, ob ein Dialog zwischen unterschiedlichen religiösen, säkularen und spirituellen Weltanschauungen möglich ist, denn er ist absolut notwendig, wenn die Menschheit zu mehr Frieden und Gerechtigkeit gelangen soll. Heute besteht ein Imperativ zum Dialog zwischen Kulturen und Zivilisationen, zwischen religiösen und säkular eingestellten Menschen, zwischen Frauen und Männern, Reichen und Armen, nicht zuletzt um das Anwachsen von Gewalt und Hass zu verhindern und die dunkle Seite unserer unterschiedlichen Religionsgeschichten zu heilen. Nur dann kann die Menschheit neue Wege des Zusammenlebens beschreiten und die immensen Verfehlungen der Vergangenheit, als wir der spirituellen Wahrheit unserer zentralen religiösen Überzeugungen und Anschauungen nicht gerecht wurden, gutmachen.

Andere zu akzeptieren und mit ihnen zu arbeiten verlangt die oft schwierige Akzeptanz von tiefen Unterschieden. Es bedeutet auch, aufmerksam auf die anderen zu hören, die Unterschiede zu überbrücken und einander zu wachsender gegenseitiger Bereicherung zu verhelfen. Im Dialog geht es darum, auf unterschiedliche Stimmen zu hören, unterschiedliche Erfahrungen, unterschiedliche Erkenntnis-, Denk-, Fühl- und Handlungsweisen zu entdecken. Der Mensch trägt eine eingeborene Ausrichtung auf Kommunikation und Beziehung in sich – aber wie oft wird dieses Potenzial wirklich aktualisiert und in die Praxis umgesetzt? Wir können froh darüber sein, dass in der Welt von heute die Möglichkeiten zur Kommunikation und zum Aufbau von Beziehungen exponentiell gewachsen sind, sodass wir einen echten, alle Beteiligten bereichernden Dialog führen können, wenn wir nur Verstand und Willen dabei einsetzen.

Wirklicher Dialog ist eine Kunst, die erlernt sein will. Er muss schon möglichst im Keimstadium gepflegt werden. Die Erfordernisse eines Dialogs zwischen Menschen unterschiedlicher Glaubensrichtungen gehen noch weit über das hinaus, was ein Alltagsgespräch und ein normaler Kontakt verlangen. Zahlenmäßig sind die Gläubigen unterschiedlicher Richtungen, die sich aktiv im Dialogprozess engagieren, noch relativ wenige. Es ist aber unzweifelhaft, dass der interreligiöse Dialog seit dem ausgehenden 20. Jahrhundert beträchtlich zugenommen hat und sich stetig weiterentwickelt.

Partnerschaft und Dialog

Der Anfang der sogenannten interreligiösen Bewegung wird oft auf das Jahr 1893 angesetzt; damals tagte das erste Weltparlament der Religionen in Chicago. Der moderne interreligiöse Dialog hat jedoch eigentlich kein spezielles Anfangsdatum, da sich seine Ideen ganz unabhängig und parallel zur gleichen Zeit an verschiedenen Orten entwickelten. Es gab frühe Pioniere in Amerika und Europa und insbesondere unter den christlichen Missionaren in Asien. Interreligiöse Organisationen wie etwa der World Congress of Faiths (WCF), 1936 von Sir Francis Younghusband in London gegründet, und der Temple of Understanding (TOU), den die Amerikanerin Juliet Hollister 1960 aufbaute, haben im interreligiösen Dialog seriöse, lang wirkende Arbeit geleitet. Der Temple of Understanding ist heute eine anerkannte NGO mit konsultativem Status bei den Vereinten Nationen.

Bei den Christen erreichte der interreligiöse Dialog eine neue, offizielle Dimension, als die katholische Kirche nach dem Zweiten Vatikanischen Konzil (1962-1965) neue Dialoginitiativen ergriff und der

Ökumenische Rat der Kirchen 1971 seine Unterabteilung »Dialog mit Menschen verschiedener Religionen und Ideologien« einrichtete. Der Dialog zwischen Mitgliedern unterschiedlicher Religionen setzte ein, als Christen aus verschiedenen Denominationen Hindus, Buddhisten und Muslimen begegneten; dies galt zunächst vor allem für den indischen Subkontinent, heute aber gehört es zur offiziellen Politik vieler Kirchen. Faktisch wird der Dialog von kleinen Gruppen von Gläubigen in allen großen Religionen getragen. Rund um den Globus werden interreligiöse Netzwerke gegründet, sie erzeugen einen neuen Geist und neue Formen interreligiöser Spiritualität. Somit ist die gegenwärtige Praxis des Dialogs ein Geschehen von hoher religiöser und spiritueller Bedeutung: das Saatbeet für das Wachstum neuer Formen der Spiritualität.

Das Ende der Kolonialherrschaft des Westens hatte eine tiefgehende Auswirkung auf die christlichen Missionen weltweit. Ihr einstiger überlegener Habitus wich neuen Haltungen der Offenheit und der Begegnung, die wiederum zu dem neuen Kontext einer »gleichberechtigten Partnerschaft im Dialog« führten. Der interreligiöse Dialog, wie er heute verstanden und praktiziert wird, hängt mit dem Prozess der Globalisierung und mit dem Verständnis von *Säkularität* als einem positiven Wert zusammen; damit ist also nicht Säkularismus als durchdringende, militante Ideologie gemeint, sondern Säkularität als notwendiger Raum für religiöse und politische Freiheit, in dem religiöse und spirituelle Werte ohne Gefahr für jemandes Integrität, Beruf oder Leben erkundet werden können. Dialog ist möglich, wo die Menschenrechte respektiert werden, und dazu gehört eben auch das Recht auf Religions- oder Glaubensfreiheit. Die volle Gleichstellung und Gegenseitigkeit aller Partner im Dialog lässt sich nur erreichen in einer offenen, umfassend demokratischen Gesellschaft, die allen Religionen die gleichen Rechte zubilligt.

Viele religiöse Gruppierungen heißen heute den Dialog willkommen, aber pflegen können sie ihn nur mittels Überzeugung, nicht durch Zwang. Er ist praktische Demokratie auf Graswurzelniveau, das den spirituell ermöglichenden Kontext für den Vollzug eines echten Austauschs und gegenseitig bereichernden Dialogs schafft. Widerstand gegen einen solchen Dialog kommt von einer Reihe konservativer und fundamentalistischer Gruppen. Dialog ist ein unabgeschlossener Prozess; er schließt gegenseitiges Sich-Entdecken, Leben, Studieren und Beten genauso ein wie das Miteinander-Debattieren, sodass Empathie wachsen kann und wechselseitige Beziehungen gestärkt werden. Er erfordert einen Geist der Offenheit und des Vertrauens ohne irgendwelche verschwiegenen Bekehrungsversuche. Das heißt nicht, dass man die Besonderheit des eigenen Glaubens preisgeben müsste, wohl aber, dass die Partner im Dialog zu einer gewissen »Neukonzeption« ihres Glaubens gelangen können, den sie durch die Begegnung mit einem anderen Glauben in einem anderen Einzelmenschen oder einer anderen Gruppe neu wahrnehmen.

Die Erfahrung des Dialogs ist beschrieben worden als ein »Übergang« von einem Glauben zu einem anderen, dem dann die Rückkehr und das Erlebnis des eigenen Glaubens in neuem Licht folgen. So kann der interreligiöse Dialog seine Teilnehmer dazu bringen, existenziell zu realisieren, dass jeder Glaube eine Ahnung von einer größeren Vision birgt. Im Dialog lernen wir zu ergänzen, was jeder andere erkannt hat und was sich ihm von der Transzendenz oder dem Göttlichen erschließt. Es geht nicht um Wettbewerb und Exklusivität, wie von den Fundamentalisten aller Traditionen so oft gepredigt wird, sondern um die Komplementarität unterschiedlicher Sehweisen, die zu größerer Fülle heranwachsen, wenn sie miteinander in Beziehung gesetzt werden.

Verschiedene Sehweisen miteinander zu verknüpfen kann die Mitglieder unterschiedlicher Glaubensrichtungen bereichern, ohne dass sie ihre eigene individuelle Identität verlieren müssen. Es heißt den Pluralismus zu akzeptieren und zu respektieren, ohne in Relativismus zu verfallen. Eine solche nuancierte Einstellung gegenüber dem kulturellen und religiösen Pluralismus vermag einen Zugang zu schaffen zu einem tieferen, teilnehmenden Verständnis, sodass

Menschen beflügelt werden, zusammen für eine bessere Welt zu arbeiten.

Interreligiöser Dialog und doppelte Zugehörigkeit

Die Kunst des Dialogs muss auf zweierlei Weise kultiviert werden: als *interreligiöser* Dialog zwischen den Mitgliedern unterschiedlicher Religionen und als *intrareligiöser* Dialog zwischen verschiedenen Mitgliedern derselben Glaubensrichtung. Es gibt ferner ein Bedürfnis nach Dialog *jenseits* religiöser Bindungen zwischen Menschen unterschiedlicher Glaubensrichtungen und solchen, die nichtreligiöse Weltbilder aus säkularer Kultur und moderner Wissenschaft haben.

Wir hören häufig von »Weltbürgern«, die sich in unterschiedlichen Ländern und Kulturen zu Hause fühlen, dabei aber in ihrer eigenen verwurzelt bleiben. In unserer globalen Welt brauchen wir nicht nur solche Weltbürger, sondern auch »Weltgläubige« mit tiefer Verwurzelung in einem Glauben, aber dennoch fähig, in Beziehung zu anderen Überzeugungen als der eigenen zu treten. Eine solche Haltung des Transzendierens über religiöse Grenzen hinweg ist als »doppelte Religionszugehörigkeit« charakterisiert worden. Manche stellen die Frage, ob das überhaupt möglich ist, oder argumentieren von einem dogmatischen Glaubensstandpunkt aus dagegen. Aber es gibt die doppelte Zugehörigkeit. Ein gutes Beispiel sind die vielfältigen Bande, die Japaner zu unterschiedlichen religiösen Traditionen unterhalten. So praktizieren sie an manchen Stationen ihres Lebens, etwa bei der Hochzeit, den alten Shinto-Glauben, kommen aber angesichts des Todes auf buddhistische Riten zurück. Ein anderes Beispiel geben afrikanische Konvertiten, die manche Züge ihrer anzestralen Gottesverehrung oder den Glauben an Zauberei mit der Zugehörigkeit zum Islam oder zum Christentum verbinden. Und dann gibt es noch die Einzelnen mit einem westlichen Hintergrund, die sich in gleichem Maße zum Christentum, zum Judentum und zum Buddhismus hingezogen fühlen und einige Praktiken von allen dreien vollziehen; Hindus, die zwar ihre eigenen Götter und Göttinnen verehren, aber auch eine tiefe Neigung zu Jesus Christus hegen; oder Juden und Christen, die sich stark von manchen Aspekten der New-Age-Religion angesprochen fühlen, ohne die zentralen Glaubenssätze ihrer eigenen Religion preiszugeben.

Doppelte Religionszugehörigkeit kann spirituell tragend und hilfreich für ein Leben sein und nimmt wahrscheinlich zu. Um zu ihr zu ermutigen und sie auch künftig zu stärken, braucht die Welt mehr Menschen, die *spirituell* mehrsprachig und multizentriert sind. Das ist kein Plädoyer für Relativismus, sondern für echte Relationalität zwischen unterschiedlichen Glaubensperspektiven und Mitgliedern unterschiedlicher Glaubensgemeinschaften. Um diesen Dialog zu unterhalten, muss gefragt werden wieweit die Religionen geschlossene Systeme bleiben oder sich äußeren Einflüssen öffnen. Es kann sich keine wirkliche Begegnung zwischen Systemen entwickeln, die einander verschlossen bleiben. Freilich: eine rein friedliche Koexistenz von Religionen, so nobel sie auch sein mag, reicht heute nicht mehr aus. Es muss im Streben nach ihren höchsten Idealen und in Antwort auf die dringendsten Bedürfnisse der Welt zu einer Weiterentwicklung der Religionen selbst kommen. Die unterschiedlichen religiösen Traditionen können sich nur weiterentwickeln durch nähere Begegnung, Austausch und genuinen Dialog, der zwischen Systemen als solchen jedenfalls nicht zustande kommt, wohl aber da, wo Einzelne und Gruppen gewillt sind, sich mit anderen zu treffen.

Die tief greifenden Veränderungen der heutigen Kultur führen auch dazu, dass Menschen einander häufiger begegnen als je zuvor – an vielen unterschiedlichen Stellen und vermöge vieler unterschiedlicher Kommunikationsformen. Es führt auch dazu, dass jetzt alle Religionen sich mit den gleichen Fragestellungen und Problemen konfrontiert sehen. Auf der Suche nach gangbaren Spiritualitäten in der Welt von heute können die unterschiedlichen Weltreligionen je auf ihre Weise und alle zusammen einen bedeutsamen spirituellen Beitrag leisten. Durch Dialog und Zusammenarbeit können sie helfen, einige der drückenden Probleme des Planeten zu lösen, und mehr Menschen befähigen, ein menschenwürdiges Leben zu leben. Indem sie zur Seele sprechen und den menschlichen Geist erheben, können sie auf eine größere, transzendente Vision hinweisen, die inmitten und jenseits des Alltagslebens einen weiteren Horizont offenhält.

Spirituelle Bedeutung der Weltglaubensbekenntnisse

Für viele religiöse Persönlichkeiten, wie Thomas Merton, Teilhard de Chardin, den Dalai Lama, Thich Nhat Hanh oder den Theologen Hans Küng, ist es völlig klar, dass aufgrund des globalen Kontextes, in dem wir leben, neue Beziehungen zwischen den Weltreligionen gefordert sind. Die Entwicklung neuer Beziehungen zwischen den Anhängern unterschiedlicher Bekenntnisse wird Einzelne und Gemeinschaften auf neue Weise betreffen und einiges aus ihrem Erbe verändern. In der Sicht Teilhard de Chardins ist es letztlich eine bestimmte Art von Spiritualität und Mystik, was zählt. Ohne sie könne die Menschheit keine annehmbare Zukunft aufbauen.

Teilhard hat sehr ausführlich über die spirituelle Bedeutung der Weltreligionen und den wichtigen Beitrag nachgedacht, den sie zur menschlichen Entwicklung leisten können. Er betrachtete eine recht verstandene Spiritualität als das eigentliche Zentrum der Religion, kritisierte aber jede Religion, deren Spiritualität allein um das Individuelle kreist. Stattdessen trat er für »eine Religion für die Menschheit und die Erde« ein, in der sich einige der besten Einsichten der traditionellen Glaubensbekenntnisse mit neu in der Welt von heute entstandenen Glaubensüberzeugungen verbinden.

In der Tat können wir nicht ohne den angesammelten Reichtum der religiösen Erfahrungen und Visionen rund um den Globus auskommen; sie sind unverzichtbar für das, was wir heute »globales religiöses Bewusstsein« nennen. Die aktuellen Glaubensrichtungen sind notwendig, um den Lebensschwung der Menschheit zu nähren und aufrechtzuerhalten. Gläubige Menschen, Menschen, die beten und eine spirituelle Praxis haben, Menschen, die Sucher und Pilger auf dem Pfad des Lebens sind, können im Respekt für das spirituelle Erbe und die geistlichen Schätze eines jeden einander begegnen, miteinander teilen und zusammen wandern. Daher müssen wir um die Verschiedenheit der Glaubensbekenntnisse wissen und sie respektieren, aber auch die Missverständnisse und die Verletzungen, die wir einander zugefügt haben, anerkennen und nach Möglichkeit heilen. Wir müssen uns dieser Verschiedenheit in einem viel weiteren Rahmen annähern, der sichtbar werden lässt, dass die unterschiedlichen Glaubenstraditionen miteinander verbunden sind und zusammengehören. Diese Erkenntnis kann eine Menschheit, die sich als ein Ganzes versteht, wirklich inspirieren und stärken.

Die großen Glaubenstraditionen der Welt sind keine isolierten, befestigen Territorien von exklusiver Art, um die es zu kämpfen gilt und die gegeneinander verteidigt werden müssen. Historisch sind die einzelnen Religionen häufig an bestimmte Länder und Menschen gebunden, aber ihr Tiefstes und Bestes transzendiert diese Begrenzungen. Sie sind echte Heimstätten des Geistes, Heimstätten, in denen unser ganzes Sein genährt und gekräftigt werden kann. Wenn wir nicht ausschließlich von außen auf die Religionen schauen, sondern ihren tieferen Kern und ihre zentrale spirituelle Vision entdecken, gelangen wir zu der Erkenntnis, dass alle spirituellen Traditionen zusammen ein immens reiches globales Erbe darstellen, das allen gehört. Die Religionen der Welt sind Teil des Welterbes der Menschheit, aber auch viel mehr, nämlich die großartige Offenbarung eines unerschöpflichen göttlichen Ozeans der Liebe, der Mitleidenschaft und des Erbarmens zum einen und der Möglichkeit einer menschlichen Würde und Ganzheit jenseits aller Gebrochenheit und Verletzungen zum anderen. Wir können sehen, dass die ethischen Codes unterschiedlicher Glaubensüberzeugungen uns zu helfen vermögen, eine »globale Ethik« schaffen, ein Weltethos zur Lösung von Konflikten, zur Überwindung von Gewalt, Armut und Ungleichheit und zum Erlernen der Kunst des Friedenstiftens.

Viele traditionsverhaftete Christen, insbesondere fundamentalistisch orientierte, stehen dem Dialog skeptisch bis argwöhnisch gegenüber. Angesichts der zahlreichen fernöstlichen und neuen Religionen ziehen sich manche Westler in eine unnötig enge, defensive Stellung zurück, weil sie geradezu fürchten, wir könnten von fremden Glaubensbekenntnissen überrannt werden. Darin äußert sich die Furcht vor dem Anderen, die auf den ersten Blick vielleicht als Barriere und Bremsklotz für den Dialog erscheint. Daher ist es wesentlich, eine Offenheit zu pflegen, die ein tieferes Verständnis und die *Akzeptanz* der Andersheit rund um uns her anstrebt, der Andersheit, welche eben auch die Andersheit spiritueller Wege, Praktiken und Ziele einschließt.

Welche Spiritualität könnte denn durch den interreligiösen Dialog entstehen? Worin besteht der Beitrag der interreligiösen Begegnung zur gegenwärtigen Spiritualität?

Interreligiöse Spiritualität

Unter den zahlreichen Formen von Spiritualität, die derzeit auftreten, hat die Praxis des interreligiösen Dialogs zu besonders faszinierenden Erkenntnissen geführt. Diese Art der Spiritualität wird von denen, die Spiritualität scharf von Religion abgrenzen oder sie lediglich von einer bestimmten religiösen Tradition aus sehen, oft weder wahrgenommen noch erwähnt. Die kreative Dynamik und neue Energie, die aus der weltweiten Begegnung der Religionen auf so vielen verschiedenen Ebenen erwächst, wird in den heutigen Diskussionen um Spiritualität häufig völlig ignoriert. Damit findet sie, außer bei denen, die direkt in ihren Vollzug involviert sind, viel zu wenig Beachtung.

Interreligiöse Spiritualität ist allerdings eine ziemlich neue Erscheinung. Wir haben gerade erst angefangen, uns auf diese neue Form von Spiritualität zuzubewegen. Augenblicklich können wir allenfalls ihre Richtung und Dynamik erkennen, haben aber noch keine genaue Vorstellung von diesem spirituellen Weg, der da aus der dialogischen Begegnung entsteht.

Jede Weltreligion besitzt ein reiches spirituelles Erbe, das heute mit neuem Interesse entdeckt wird. Wir haben nicht nur einen besseren Zugang zu den reichen spirituellen Quellen des Christentums, sondern auch zu denen des Buddhismus und Hinduismus, des Judentums und des Islams, des Taoismus und Konfuzianismus, nicht zu vergessen die Spiritualität Afrikas, der Indigenen und Ureinwohner und zahlloser neuer religiöser Bewegungen. Die Anerkennung dieser Vielfalt führt weg von der abendländisch-christlichen Dominanz und Exklusivität in der Artikulation spiritueller Themen. Ein bedeutsames internationales interreligiöses Treffen und zugleich ein Vorgang von hoher Publizität war der Weltgebetstag der Religionen in Assisi 1986, als Papst Johannes Paul II. die religiösen Führer aus aller Welt zum Gebet für den Frieden einlud. Das einzig Bedauerliche war dabei das vollständige Fehlen jeder weiblichen religiösen Persönlichkeit, gerade als wäre die Spiritualität immer noch die exklusive Domäne von Männern. Ein ausgeglicheneres Verhältnis der Geschlechter herrscht bei interreligiösen Begegnungen auf lokaler und regionaler Ebene in verschiedenen Teilen der Welt. Manche Frauen sind in diesen lokalen Zusammenkünften deutlich aktiver und präsenter als die Männer.

Neben den persönlichen Treffen ist noch etwas anderes besonders wichtig für die Ausbildung einer interreligiösen Spiritualität: die allgemeine Zugänglichkeit der religiösen Texte und heiligen Schriften. Aufgrund der heute zur Verfügung stehenden mannigfaltigen Kommunikationsmittel können wir jetzt die heiligen Quellen vieler unterschiedlicher religiöser und kultureller Traditionen studieren. Diese Schriften, Sutren und Kommentare werden dabei nicht so sehr aus einer Insider-Perspektive gelesen, in der sie als grundlegend für den Glauben und den Lebensstil des Einzelnen erscheinen, sondern mehr als überall greifbare spirituelle Ressourcen herangezogen, die Outsidern genauso zugänglich sind wie Insidern. Daher können wir uns ihnen als kostbaren spirituellen Quellen nähern, aus denen wir alle trinken und unseren Durst stillen dürfen und die eine neue, mehr ganzheitliche Spiritualität nähren.

Spirituelle Erfahrungen und Praktiken, wie sie innerhalb und außerhalb des interreligiösen Dialogs entstehen, sind noch relativ seltene Phänomene, auch wenn eine wachsende Zahl von Menschen die Lebenskraft dieser sich vereinigenden Ströme aus unterschiedlichen spirituellen Traditionen erlebt. Eingetaucht in ein neues Abenteuer, erforschen sie eine »grenzübergreifende Spiritualität« und entdecken neue Pfade dank eines tieferen persönlichen Engagements nicht nur in ihrem eigenen Glauben, sondern auch gegenüber dem der anderen. Teilt man die spirituelle Welt und Praxis eines anderen Menschen, so führt dies zu neuen Erfahrungen, allerdings auch zu neuen Fragen und Unsicherheiten.

Der Theologe Wesley Ariarajah aus Sri Lanka betrachtet die Entwicklung von »Dialog und Spiritualität« als eines der wichtigsten Themen in den interreligiösen Beziehungen. Er fragt: »Können wir zusammen beten?«[7] Mit anderen Worten: Können Menschen aus unterschiedlichen Glaubensgemeinschaften zusammenkommen, um miteinander zu beten und spirituelle Praktiken miteinander zu vollziehen, die aus ganz verschiedenen Glaubensbekenntnissen herrühren? Genau diese Zusammenkunft hat in Assisi auf höchster Ebene stattgefunden, und trotzdem ist sie umstritten und kann auf lokalem Niveau durchaus Anlass zu Kontroversen und Problemen werden.

Eine neue, vom interreligiösen Dialog gespeiste Spiritualität ist im Gespräch zwischen Christen und Buddhisten vielleicht am weitesten gediehen. Ein breites Spektrum von buddhistischen Lehren und Praktiken, insbesondere die verschiedenen Formen buddhistischer Meditation, hat zahlreiche Christen tief beeinflusst, und auch der Hinduismus hat seine Attraktivität bewiesen.

7 S. Wesley Ariarajah, *Not Without My Neighbour: Issues in Interfaith Relations*, Genf 1999, S. 26.

Pioniere der interreligiösen Spiritualität

Eine ganze Reihe von Christen des 21. Jahrhunderts haben in ihrem eigenen Leben Pionierarbeit für die interreligiöse Spiritualität geleistet. Da ist beispielsweise Swami Abhishiktananda (1910-1973), ein französischer Benediktiner, der sich in Indien niederließ, aber seine spirituellen Experimente zum größten Teil für sich allein unternahm. Oder der bekannte britische Benediktiner Bede Griffiths (1906-1993), der einen Großteil seines Lebens in dem südindischen Shantivanam Ashram verbrachte. Dort praktizierte er Meditation, lehrte und schrieb über die verschiedenen Glaubensrichtungen und wirkte als Guru für viele westliche Anhänger, die sich von seinen Schriften und seinem Beispiel zu seiner speziellen Version der interreligiösen Spiritualität hingezogen fühlten. Der Bekannteste von allen ist vielleicht der amerikanische Trappist Thomas Merton (1915-1968), der aus seiner Klause in Kentucky ausführlich über Spiritualität, Mystik und interreligiöse Themen schrieb, aber bei seinem ersten Besuch in Asien auf tragische Weise ums Leben kam. Diese drei herausragenden Gestalten sind wie Leuchttürme, deren helles Licht viele Menschen dazu veranlasst hat, die spirituellen Tiefen eines anderen Glaubens als des ihren auszuloten.

Abhishiktanandas ursprünglicher Name als Ordensmann war Dom Henri Le Saux (manchmal wird er auch noch so genannt). Nachdem er nahezu zwanzig Jahre lang Mönch in Frankreich gewesen war, verließ er sein Kloster und reiste nach Indien, um zur Entsagung zu finden und dem Weg des indischen Vedanta zu folgen. Wie viele Inder wurde er schließlich ein wandernder heiliger Mann, ein Sannyasi. Er zog das safrangelbe Gewand der indischen Asketen an und nahm einen indischen Namen an: Swami Abhishiktananda (»Die Wonne des Gesalbten«). Später nahm er auch die indische Staatsbürgerschaft an und hat Indien nicht mehr verlassen. Tief eingetaucht in die Advaita-Spiritualität, suchte er nach dem »Einen ohne ein Zweites«. Er betrachtete es als seine besondere Berufung, seine Hingabe an Christus aus einer Hindu-Spiritualität heraus auszudrücken, eine Berufung, die er, wie er zu sagen pflegte, in der »Höhle des Herzens« lebte.

Zusammen mit einem anderen französischen Priester, Jules Monchanin, gründete er den Sacchidananda Ashram in Südindien am Ufer des heiligen Flusses Kavery. Der Name verbindet Hindubegriffe für das Absolute, das als *Sat* (Sein), *Cit* (Bewusstsein) und *Ananda* (Freude) gedacht ist. Später erhielt der Ashram den Namen Shantivanam (»Wald des Friedens«), und unter dieser Bezeichnung hat er im interreligiösen Dialog und in der Spiritualität einen weltweiten Einfluss ausgeübt, vor allem nachdem Bede Griffiths sich ihm angeschlossen hatte. Dieser zog zahlreiche Schüler aus dem Westen, aber auch einige Inder an; sie alle folgten seiner Vision von der »Ehe zwischen Ost und West«, die die spirituellen Erkenntnisse von Hinduismus und Christentum zu verbinden suchte.

Eine der einflussreichsten spirituellen Persönlichkeiten des 20. Jahrhunderts war Thomas Merton. Seine Stimme legt kraftvolles Zeugnis für die ungebrochene Vitalität der christlichen Spiritualität in der modernen Welt ab, während er zugleich im Dialog mit Stimmen aus dem Osten stand. Als junger Mensch war er ungläubig gewesen und hatte Schriftsteller werden wollen – eine Karriere, die er letztlich dann wirklich verfolgte, freilich in einem andern Sinn, als er ursprünglich geplant hatte. Er fühlte sich zum Katholizismus hingezogen, konvertierte und trat bald in die Trappistenabtei Our Lady of Gethsemani in Kentucky ein. Dort lebte er das traditionelle Leben eines Mönchs, war lange Jahre Novizenmeister und begründete seinen Ruf als Schriftsteller mit seiner überaus erfolgreichen Autobiografie *Der Berg der sieben Stufen* (1948, dt. 1950). Durch seine Lektüre gewann er das Interesse für fernöstliche Religionen, speziell für den Zen-Buddhismus, und reflektierte in seinen Schriften über seine Erfahrungen. Auf der Suche nach neuen Wegen, Erkenntnisse aus unterschiedlichen Glaubensrichtungen zu verbinden, experimentierte er eine Zeit lang mit dem Leben in einer Eremitage auf dem Gelände der Abtei. Später bat er seinen Abt um die Erlaubnis, nach Fernost zu reisen, 1968 kam er endlich dorthin, traf sich mit dem Dalai Lama und nahm an einer intermonastischen Dialogveranstaltung teil, doch dann hatte er in Bangkok den tödlichen Unfall. Seine tiefen spirituellen Einsichten und starken Eindrücke von Asien – Sri Lanka, Indien und Thailand – sind festgehalten in seinem *Asiatischen Tagebuch* (dt. 1987), einem bedeutsamen Teil seines spirituellen Vermächtnisses, das noch immer viele Menschen in aller Welt bei ihrer Suche nach einer integralen interreligiösen Spiritualität inspiriert.

Mertons Papiere, Fotografien und Gemälde werden im Thomas Merton Center der Bellarmine University in Louisville, Kentucky, aufbewahrt. Die 1987 gegründete International Thomas Merton Society fördert aktiv durch Konferenzen und Publikationen die weitere Verbreitung von Mertons Gedanken. Das Merton Institute for Contemplative Living, ebenfalls in Louisville beheimatet, arbeitet eigenständig daran, vermittels der Werke von Thomas Merton den Interessierten leicht zugängliche Ressourcen für ihr geistliches Leben zu liefern, und bemüht sich, seine Vision von einer gerechteren und friedvolleren Welt zu verbreiten. Bemerkenswert ist, dass Mertons posthume Bücher, die von 1969 bis heute herauskamen, die zu seinen Lebzeiten erschienenen an Zahl weit übertreffen – ein Hinweis auf seinen immer noch wachsenden Einfluss.

Neben diesen drei bekannten Pionieren einer interreligiösen Spiritualität unter westlichen Christen gibt es eine stattliche Zahl anderer spiritueller Lehrer, die einen beachtlichen Einfluss ausüben und im Christentum wie auch in anderen Glaubensrichtungen eine große Anhängerschaft anziehen. Bei Buddhisten wie Nichtbuddhisten ragt international besonders der Dalai Lama heraus, der eine große Offenheit gegenüber der spirituellen Botschaft unterschiedlicher Glaubenswelten beweist, wenn er seine Anhänger auffordert, von jenen zu lernen, ohne deshalb den eigenen Glauben preiszugeben. Ein anderer sehr einflussreicher Buddhist ist der vietnamesische Mönch Thich Nhat Hanh, dessen Name »Eine Handlung« bedeutet. Als Zen-Meister, Dichter und Friedensaktivist hat er die letzten dreißig Jahre im französischen Exil gelebt und dort zahlreiche Bücher geschrieben, in denen er seinen Lesern aufzeigt, wie man in der Gegenwart achtsam leben und Beziehungen der Liebe und der Verständigung pflegen kann. In seinem Buch *Living Buddha, Living Christ* (1995) erforscht er die kontemplativen Traditionen von Buddhismus und Christentum mit viel Sachverstand und Einfühlung. Er sagt: »Wenn wir sehen, wie jemand von Liebe und Verständnis überströmt, wie jemand ganz klar sieht, was vorgeht, wissen wir, dass sie Buddha und Jesus Christus ganz nahe sind.« Sein Einsatz für soziales Handeln und seine Hilfsprojekte für Menschen, zumal in Vietnam, haben ihn dazu gebracht, zu entwickeln, was er selbst »engagierten Buddhismus« genannt hat. Thomas Merton wusste von Thich Nhat Hanhs Arbeit und schrieb über ihn, er sei »mehr mein Bruder als viele andere, die mir der Rasse und Nationalität nach näherstehen, weil er und ich die Dinge genau auf dieselbe Weise sehen«.

In der interreligiösen Begegnung mit dem Islam wirkt auf westliche Menschen besonders anziehend die Sufi-Bewegung, der mystische Strang im Islam, der aus einer Reihe von traditionellen, nichtmönchischen Orden besteht, die in verschiedenen Glaubensbereichen sowohl sozial als auch spirituell große Ausstrahlung besaßen. Sie schreiben dem Einssein des Einzelnen mit Gott mittels Meditation und anderer spiritueller Praktiken hohe Bedeutung zu; zu den Medien zählen Musik, Dichtung, rituelle Gesänge und Tanz. Einige moderne Zweige des Sufismus wurden im 20. Jahrhundert begründet, davon wiederum manche im Westen. Eine dieser Gründungen ist der internationale Sufi-Orden, dessen bekanntester Lehrer Pir Vilayat Inayat Khan (1916-2004) war. Wie sein Vater, Hazrat Inayat Khan (1882-1927), der den Orden im Jahre 1910 gründete, bewies Pir Vilayat Inayat Khan große Offenheit gegenüber anderen Glaubensüberzeugungen und ermutigte seine Anhänger, ihre eigene Religion zu praktizieren, aber zugleich auch die Sufi-Mystik zu pflegen.

Diese Beispiele zeigen, dass die interreligiöse Spiritualität von einflussreichen einzelnen Lehrern und einer wachsenden Anzahl ihrer

Anhänger erkundet wird. Aber auch Vorgänge auf der Ebene von Organisationen tragen zu seiner Entwicklung bei, so etwa das Wiederaufleben des Parlaments der Weltreligionen, das 1993 in Chicago die 100-Jahr-Feier des Treffens von 1893 beging, gefolgt von Treffen in Kapstadt (1999), Barcelona (2004) und Melbourne (2009). Diese großen Versammlungen von 7000 bis 8000 Teilnehmern bieten eine großartige Gelegenheit für die Begegnung von Menschen aus unterschiedlichen Glaubensrichtungen, Kulturen und Nationalitäten. Sie führen zu praktischer Zusammenarbeit in vielen Bereichen, fördern aber auch das weitere Wachstum der interreligiösen Spiritualität.

Dialog und Spiritualität auf interreligiöser Ebene spielen auch eine zentrale Rolle in der Organisation der erst im Jahr 2000 gegründeten United Religions Initiative (URI). In Cooperation Circles lokal, regional und global organisiert, hat sie ein effizientes Netzwerk für Kommunikation und Wissen aufgebaut, mittels dessen sie das Ziel verfolgt, »die dauerhafte und ständige Zusammenarbeit zwischen den Religionen zu fördern, religiös motivierte Gewalt zu beenden und eine Kultur des Friedens, der Gerechtigkeit und der Gesundung für die Erde und alle Lebewesen zu schaffen«, wie es in der Eröffnungsformel zur Charta der URI heißt (*www.uri.org*). Die URI selbst sieht sich nicht als Religion, sondern als Brückenbauerin zwischen unterschiedlichen Religionen und als ein Zusammenschluss, der eine Kooperation mit anderen interreligiösen Initiativen anstrebt. Ihre zahlreichen praktischen Zielsetzungen verlangen spirituellen Weitblick und eine ebensolche Orientierung; die Realisierung dieser Ziele wiederum führt zu einer stärker engagierten interreligiösen Spiritualität.

Ein solches Ethos spricht viele Menschen an, die eine Spiritualität suchen, welche sich aus mehr als einer religiösen Tradition speist und die engen Grenzen einer Denomination überwindet, während sich andere von ihr bedroht fühlen, da sie ja auch zum Verlust von Gewissheit und fest etablierter Identität führen kann. Doch unter spirituellem Gesichtspunkt kann genau dies als etwas Gutes Anerkennung finden, da es zur Demut, zum forschenden Fragen, zu neuen Erkenntnissen und zu neuem Wachstum anregt.

Aus diesen interreligiösen Erfahrungen ist eine Fülle spiritueller Einsichten erwachsen. Sie stellen so etwas wie ein im Fluss befindliches Korpus dar, das informell durch Lektüre, Diskussion, Unterricht, Einkehrtage oder Treffen im kleinen Kreis weitergegeben wird. Eine Vielzahl westlicher Christen hat ziemlich eindringlich erfahren, was sie von der Spiritualität fernöstlicher Religionen aus Indien, China oder Japan lernen kann. Die Schriften des Jesuiten Aloysius Pieris aus Sri Lanka, die auf einer christlichen Erfahrung mit dem Buddhismus beruhen, haben einen weitreichenden Einfluss ausgeübt; Gleiches gilt für den spanisch-indischen Theologen Raimon Panikkar (1918-2010), der sich mehr an der Hindu-Spiritualität orientiert hat. Für viele Christen sind die Lehren des Zen-Buddhismus, nicht minder die spirituellen Praktiken des tibetischen Buddhismus attraktiv. Katholische Mönche und Nonnen, insbesondere Mitglieder des Benediktinerordens, aber auch Zisterzienser und Trappisten, sind tief involviert in der west-östlichen intermonastischen Pionierarbeit. So wird die wechselseitige Teilnahme am monastischen Leben gefördert, wenn Benediktinerinnen und Benediktiner in japanischen Zen-Klöstern leben oder sich in tibetischen Klöstern in Indien aufhalten. Umgekehrt sind japanische und tibetische Mönche in den Westen – in die USA, nach England, Schottland, Frankreich und Deutschland – gekommen, um dort ein Zeit lang in Klöstern zu leben und deren Alltagsleben und spirituelle Praktiken zu teilen.

Diese Beispiele deuten den Reichtum und die Vielfalt der interkulturellen und interreligiösen Begegnungen zwischen Ost und West an. Eine eingehendere historische Untersuchung dieser Begegnungen seit dem späten 19. Jahrhundert würde uns noch viel mehr Männer und Frauen aus unterschiedlichen Glaubensrichtungen vor Augen führen, die tief in einen anderen Glauben eingedrungen sind.

Interreligiöse Spiritualität erwächst aus ganz verschiedenen Formen von Begegnung und Dialog: aus einem gemeinsamen Leben, vereintem Handeln, theologischer Reflexion oder religiöser Erfahrung. Einzelne und Gruppen, die im interreligiösen Dialog engagiert sind, teilen die Erfahrung, dass sie sich auf etwas beziehen, das größer ist als sie selbst. Sie lernen, über ihre Unterschiede hinweg Brücken zu bauen dank des Geschenks der Liebe und des Mitleidens, und arbeiten zusammen an einem gemeinsamen Anliegen. Solche vertiefte Begegnung gelingt nur, wenn die an ihr Beteiligten Offenheit und Demut, Bereitschaft zum Hören, zum Lernen und zur Veränderung, Geduld, Aufmerksamkeit und die Achtung vor der Integrität des Anderen besitzen. Es gibt eine geteilte Entdeckungsfreude und ein gemeinsames Gespür für das Feiern, auch wenn die Dialogpartner zuweilen einen Abgrund des Missverständnisses, der Kränkung und des Schmerzes, ein frustrierendes Gefühl des Unfertigen erleben müssen, in dem nur vereinzelt ein schwacher Schein jener größeren Ganzheit aufleuchtet, die so sehr ersehnt wird.

Ein neues interspirituelles Zeitalter

Ein erfrischendes, herausforderndes Verständnis der interreligiösen Spiritualität vertritt der indische Theologe Samuel Rayan. Er beschreibt Spiritualität in ihrer Verbindung mit »Offenheit« und »Ver-Antwortung«. Mit Ver-Antwortung meint er nicht Verantwortlichkeit, sondern vielmehr die Fähigkeit, auf die vielen unterschiedlichen Dimensionen der Wirklichkeit, auf verschiedene Dinge, Ereignisse und Menschen zu *antworten*. Das schließt die Fähigkeit ein, auf die Realitäten fremder Glaubensüberzeugungen, auf ihre spirituellen Horizonte und Erkenntnisse zu antworten. Wir müssen ein tiefinneres Bewusstsein für die Ausbildung einer solchen Offenheit kultivieren. Nur dann können wir die Mysterien, Bedeutungen und Offenbarungsmomente anderer Glaubenshaltungen aufspüren. In ihnen allen bricht die Kraft des Geistes immer wieder durch und transformiert den unaufhörlichen Strom unserer geschichtlichen Vorläufigkeit und unseres Werdens.

In Rayans Sicht sind wir umso spiritueller, je offener wir sind. »Je zahlreicher die Realitäten, für die wir offen sind, umso größer die Spiritualität; je größer die Tiefe und je tiefer die Bedeutung der Realität, für die wir offen sind, desto authentischer ist die Spiritualität.«[8] Der interreligiöse Zugang zur Spiritualität ist selbst weit offen, offen für neue Experimente und Erfahrungen, offen fürs Lernen und Zuhören, offen für die Verheißung der Zukunft und für größeres Wachstum. Rayans Perspektive ist eine überaus fruchtbare Definition von Spiritualität, da sie diese als einen dynamischen Prozess voll größeren Potenzials herausarbeitet.

Begegnen wir Menschen anderer Glaubensverständnisse und lassen wir uns ernsthaft auf den interreligiösen Dialog ein, so eröffnet dies eine großartige Chance, die spirituelle Andersheit wirklich ernst zu nehmen. Der interreligiöse Dialog offenbart nicht nur den Pluralismus der Kulturen und Glaubensüberzeugungen, sondern den Pluralismus der Spiritualitäten selbst. Das kann eine schwierige, aber auch eine bestätigende, tief bereichernde und verändernde Entdeckung sein. Es eröffnet neue Landschaften des Geistes und der Seele und kann auf ganz unerwartete Weise die gnadenhaften Spuren und Berührungen des Heiligen Geistes sichtbar und spürbar werden lassen.

Der amerikanische katholische Laienbruder Wayne Teasdale (1945-2004), der von Bede Griffiths in Indien initiiert worden war und sich lange Jahre aktiv am interreligiösen Dialog beteiligte, sprach von einem »interspirituellen Zeitalter«, da nunmehr eine universale Spiritualität in den Weltreligionen entdeckt werde. Er vertrat diese Idee der »Interspiritualität« seit dem 1993 in Chicago abgehaltenen Parlament der Weltreligionen und verstand darunter das Miteinander-Teilen der höchsten, letzten Erfahrungen quer durch alle Religionen.

8 Samuel Rayan, »The Search for an Asian Spirituality of Liberation«, in; Virginia Fabella/Peter K. H. Lee/David Kwangsun Suh (Hrsg.), *Asian Christian Spirituality: Reclaiming Traditions*, Maryknoll/NY 1992, S. 22.

Spiritualität beschrieb er als »die Assimilation der Erkenntnisse, Werte und spirituellen Praktiken aus verschiedenen Religionen und ihre Anwendung auf das innere Leben und die persönliche Entwicklung«. Dies ist tatsächlich eine echte Begegnung auf der Ebene der religiösen, speziell der mystischen Erfahrung und eine unschätzbare Ressource für die menschliche Bewusstseinsveränderung und für die Läuterung des Willens und der Intention.[9]

Doch sie allein reicht nicht aus, da sie als allzu ausschließlich auf das Individuum konzentriert missverstanden werden kann. Um Spiritualität global zu entwickeln, bedarf es radikal transformierender Veränderungen auf der Ebene des Einzelnen, aber sie muss auch auf strukturellem Niveau stattfinden, indem unsere pädagogischen, ökonomischen, politischen und finanziellen Institutionen verändert werden. Wie Teilhard de Chardin es sieht, brauchen wir nicht nur den interreligiösen Dialog, sondern eine neue Mystik, vor allem eine neue Mystik der Aktion, die die Welt verändern kann. Bei näherer Untersuchung scheint dies auch Teil der »universalen gemeinsamen Spiritualität« zu sein, die Wayne Teasdale in seinem Buch *The Mystic Heart* (dt.: *Das mystische Herz. Spirituelle Brücken bauen*, 2004) beschreibt. Es ist eine Spiritualität, die entstehen kann, wenn Menschen aus unterschiedlichen Glaubenstraditionen zusammen das mystische Herz der Welt entdecken und ihre tiefsten spirituellen Erfahrungen und Anschauungen miteinander teilen.

Die spirituelle Sondierung des religiösen Pluralismus und das Trinken aus dem jeweils anderen Brunnen kann heutzutage ein großes spirituelles Ereignis voller Bedeutung für das menschliche Wohlergehen und für die Zukunft der Menschheit auf der Erde sein. Die weitere Entwicklung von Religion und Spiritualität kann nur dann erfolgen,

9 Wayne Teasdale, »The Interspiritual Age: Global Spirituality in the Third Millennium«, in: Wayne Teasdale/George F. Cairns (Hrsg.), *The Community of Religions: Voices and Images of the Parliament of the World's Religions*, London, New York 1996, S. 209.

wenn mehr dialogisches Denken in die Praxis umgesetzt wird. Wenn die religiösen und spirituellen Führer weniger um Macht und Einfluss bemüht sind und mehr auf das spirituelle Wohlergehen ihrer Gesinnungsgenossen achten und wenn die Gläubigen selbst der zentralen spirituellen Botschaft ihrer Tradition folgen. Dann könnte die Welt anders werden, dann könnte sie ein Ort werden, an dem alle Menschen wirklich aufblühen könnten. Doch wir sind noch weit von einer Realisierung dieser Vision entfernt, und noch viel Arbeit bleibt zu tun, wenn es zu einer genuin interreligiösen Spiritualität kommen soll, die ein harmonisches persönliches und soziales Leben auf der globalen Welt zu inspirieren vermag.

Immer mehr Menschen begreifen allmählich, dass der interreligiöse Dialog die spirituelle Reise unserer Zeit ist, aus der eine neue Spiritualität entstehen wird. Teasdale hat die Charakterzüge einer solchen Spiritualität so beschrieben: kontemplativ, interspirituell und intermystisch, sozial engagiert, ökologisch verantwortungsbewusst, ganzheitlich, in vielfältigen kulturellen Medien wirkend, um Integration des spirituellen Weges und der natürlichen Welt besorgt und offen für das kosmische Ganze. Eine beeindruckende Liste, wie Teasdale selbst zugab. Sie wird den Aufbau von Institutionen und Strukturen erfordern und Ausdruck und tragende Kraft für die Schaffung eines neuen, interspirituellen Zeitalters sein. Er hat die katholische Kirche als eine Matrix der interreligiösen Begegnung benannt, aber auch einen »universellen Orden der Sannyasa« bzw. der Entsagung vorgeschlagen sowie die wichtige Rolle des spirituellen Lehrers oder Führers betont. Der universelle Orden der Sannyasa wird verstanden als eine interspirituelle Gemeinschaft von mönchisch oder kontemplativ Lebenden, die Menschen aus allen Glaubensrichtungen offensteht, die das Verlangen nach einem tieferen, sinnvolleren Leben vereint. Diese spirituell pluralistische Orientierung wird von dem neuen Interreligiösen Seminar mit Sitz in New York und London geteilt. Es ist zu dem Zweck gegründet worden, interreligiöse »Pastoren« und geistliche Berater auszubilden, deren Aufgabe es sein wird, den spirituellen Bedürfnissen von Menschen mit jederlei Hintergrund, ob religiös oder säkular, zu dienen.

Die interreligiösen Perspektiven gewinnen an Kontur. Da wird nicht nur viel über interreligiöse Spiritualität, interreligiöse Wallfahrten und ein interreligiöses Seminar gesprochen und reflektiert, da wurde sogar mithilfe der Abhishiktananda Society 2003 bei Rishikesh im Himalaja ein interreligiöser Ashram gegründet. Der Dialog zwischen Menschen unterschiedlicher Glaubensherkunft kann helfen, religiöse Traditionen zu öffnen und zu verändern. Er kann eine spirituelle Erneuerung in Gang bringen. Es ist aber wichtig anzuerkennen, dass ein kreativer Dialog über Spiritualität nicht Menschen mit einer religiösen Zugehörigkeit allein vorbehalten sein darf. Er muss auch die säkulare Welt einschließen, wenn er wirklich die Völker dieser Welt verändern soll. Es gibt Anzeichen dafür, dass sich dies in manchen Bereichen der zeitgenössischen Kultur bereits anbahnt. Konkret zeigt es sich in den Debatten über menschliche Entwicklung, Psychologie, Bildung, Gesundheit und in vielen anderen Aspekten von Kunst, Human- und Naturwissenschaften. Auf diesen säkularen Feldern suchen und finden viele Menschen heute Trost, Inspiration und Weisheit fürs Leben.

5. Spiritualität im Tanz des Lebens

Die Suche nach Spiritualität wird oft als eine innere Reise oder eine persönliche Suche verstanden. Dieses universale Thema findet sich weltweit in religiösen und mythischen Erzählungen. Doch auch verschiedene andere Metaphern wurden gebraucht. Spiritualität ist nämlich ebenfalls mit den Bildern von Ringen, Kämpfen oder sogar Tanzen verbunden worden. Die Evolution der Materie und des Lebens ermutigt uns, uns das dynamische Moment der Spiritualität auf vielfältig neue Weise vorzustellen. Wir können es als Teil des rhythmischen Musters des kosmischen Tanzes von Energie und Leben und so auch als Tanz des Lebens in uns verstehen. Unser Leben in der Welt ist ein Ausdruck des kosmischen Tanzes, den das lebenspendende Wehen des Geistes in Gang hält. Thomas Merton schrieb über die »Freude des kosmischen Tanzes, die immer währt. In der Tat stehen wir mitten in ihm, und er ist mitten in uns, denn er pocht in unserem Blut, ob wir wollen oder nicht«.[10]

Vergleicht man das Bild von einer Reise mit dem eines Tanzes, so kann man zunächst an eine einsame Reise denken, aber auch an andere Fahrten, die mit einem Gefährten oder Freund oder sogar mit einer größeren Gruppe unternommen werden. Doch viele Reisen werden allein gemacht. Auch ein Tanz kann einsam sein. Es ist allerdings wahrscheinlicher, dass er mit zwei, drei oder mehreren anderen Leuten getanzt wird. Gewöhnlich ist ein Tanz von Musik begleitet, deren wechselnde Rhythmen und Metren ihn dynamischer machen als eine normale Fortbewegung. Wenn wir tanzen, kommen wir in enge Berührung miteinander. Wir erfreuen uns an der reinen Gegenwart ei-

10 *Seeds of Contemplation*, Wheathampstead/UK 1972, S. 230.

ner anderen Person, wachsen physisch und emotional näher zusammen, spüren die Energie, die Lust und das Glück, die den Überschwang des Tanzes begleiten. Daher scheint es eine angemessene Metapher, wenn wir vom Tanz des Lebens sprechen, der Körper, Geist und Seele – unser ganzes Sein – erfasst. Und der Tanz des Lebens ist immer verwoben mit dem Tanz des Geistes.

Der weiteste Schauplatz für den Lebenstanz ist das Gewebe des Lebens, der ununterbrochene Prozess des universalen Werdens. Wir schwingen mit im gewaltigen Rhythmus des Geborenwerdens und Sterbens, in der Entwicklungsgeschichte des Kosmos selbst. In der Regel haben wir die Neigung, diesen Lebensrhythmus rein individualistisch zu sehen, doch unser persönliches Leben kann sehr an Sinn gewinnen, wenn wir es als Teil jenes größeren universalen Musters verstehen.

Der englische Schriftsteller Michael Mayne hat in seinem Buch *Learning to Dance* (2001) für die Spiritualität das Bild vom Tanz gebraucht. Mit großer Sensibilität zeigt er, wie sich spirituelle Analogien vom Tanz der Bienen zum Tanz des Kosmos, von der Natur, der Genetik und der Kunst zu den menschlichen Handlungen der Liebe und des Verzeihens ziehen lassen. Er spricht sogar vom kreativen Tanz der Sprache, von der er meint, sie bezeuge »die Gottebenbildlichkeit des menschlichen Geistes«. Die gleiche Tanzanalogie benutzt Maria Harris, eine amerikanische Autorin, in ihrem Buch *Dance of the Spirit* (1991, S. 65), in dem sie die dynamische Entwicklung der Spiritualität anhand von Tanzschritten erläutert. Spiritualität ist ihr zufolge inklusiv mit dem gesamten Leben verbunden; so schreibt sie etwa: »Am Anfang ist Spiritualität so viel wie sehen. Das heißt nicht einfach hinschauen, sondern *sehen*, was wirklich da ist, hineinsehen und in die Tiefe und das Zentrum der Dinge eindringen […]. Unsere Spiritualität beginnt damit, dass wir das innere Auge pflegen, das jedes Ding als seinsbefähigt, als gottgetränkt ansieht.«

Spiritualität als Teil unserer tiefsten Inwendigkeit und unseres innersten Seins ist eng verwoben mit unserem Bewusstsein, unserer

Sinnlichkeit und unserem Reflexionsvermögen. Menschliches Streben und Wollen sind in ihre Förderung und Erhaltung involviert; hier steht die tiefste Suche nach Identität, Selbstverständnis und Transzendenz des Menschen auf dem Spiel. Doch die belebende, dynamische Präsenz und Kraft des Geistes ist letztlich nicht in unserer Verfügung. Sie wird uns gnadenhaft gewährt, wie zahlreiche Seher, Heilige und Mystiker persönlich bezeugt haben. Deshalb ist Spiritualität zugleich eine Riesenaufgabe und ein Gnadengeschenk.

Es gibt den kosmischen Tanz und den Tanz der Natur, aber auch den eng verschlungenen Tanz des menschlichen und des göttlichen Geistes, der auf gegenseitiger Einwohnung, Ähnlichkeit und liebender Anziehung beruht. Da der menschliche Geist verleiblicht und geerdet ist, muss die Spiritualität zugleich in der Erfahrung des Körpers und im zeitgenössischen Erdbewusstsein gründen. Doch die Spiritualität zieht uns auch hin zu immer größeren Welten jenseits unserer selbst, jenseits der Horizonte des Bekannten. Die Aufforderung, sich dem kosmischen Tanz anzuschließen, ist zutiefst anziehend, aber sie ist nicht ohne Risiken und Schwierigkeiten. Der Tanz des Lebens kann zum Wirbelwind werden, und mit dem Geist zu tanzen kann bedeuten, dass man ein alles veränderndes Feuer durchschreiten muss.

Spiritualität und Körperlichkeit

Wir können uns einen Tanz nicht vorstellen ohne den vollen Einsatz unseres Körpers und unserer Sinne, die Verwendung physischer Gesten und Bewegungen unserer Glieder. Wer jemals einen Tanz der Sufi-Derwische aus der Türkei beobachtet hat, wird tief innen die Hingabe gespürt haben, die sich in den frenetischen Rhythmen ihrer ekstatisch-mystischen, für den göttlichen Geliebten vollzogenen Drehungen äußerte. Ihr Tanzen drückt die vollkommene Einheit von Geist und Körper, von Frömmigkeit und physischer Aktion, eine den Tod transzendierende Feier des Lebens aus. Der sakrale Gebrauch und die spirituelle Bedeutung des Tanzes war unter den Alten auf der ganzen Welt gang und gäbe und wird in einer ganzen Reihe von nichtwestlichen Kulturen, insbesondere in Afrika und Asien, noch immer praktiziert. Auch manche hinduistischen Tempelkulte und Volksreligionen machen extensiven Gebrauch vom sakralen Tanz. Der bekannteste der Tempeltänze ist wohl der südindische *Bharat-Natyam*-Tanz, der jetzt weithin in säkularem Rahmen geübt wird. Ebenso berühmt ist der Sonnentanz der jagenden Völker der nordamerikanischen Prärien oder das religiöse Tanzen der Shakers. Auch heute noch kommunizieren chassidische Juden mit Gott, indem sie ekstatisch tanzen, um so einen mystischen Zustand zu erreichen. Gemeinschaftliches Tanzen beim Gebet wird auch von manchen christlichen Gruppen praktiziert, aber aufs Ganze gesehen wird der religiöse Tanz unter Christen eher restriktiv behandelt. Die Puritaner zum Beispiel waren streng gegen jede Art von Tanz.

Die Freuden und Leiden des Menschseins sind so tief mit unserer physischen Existenz und Körperlichkeit verbunden, dass wir eigens über die Materie-Körper-Fleisch-Realität nachdenken müssen, die wir ja tatsächlich sind. Die religiösen Denker haben diesen Aspekt der menschlichen Natur oft ignoriert, weil sie das abstrakte, entkörperlichte Denken vorzogen, das Verstand, Seele und Geist von den physischen Aspekten des Körpers, insbesondere von der Sexualität, trennt. Viele religiöse und philosophische Lehren scheinen eine radikale Trennung zwischen unserem Körper und unserem Selbstempfinden zu implizieren; viele asketische Praktiken spiegeln eine tiefe Unzufriedenheit mit unserer physischen Verkörperung [embodiment] wider. Doch die spirituelle Energie strömt durch unseren Körper und unsere Glieder. Sie betrifft unser gesamtes In-der-Welt-Sein, da das spirituelle Leben ganz grundlegend relational ist, und genau das schließt eine innere Beziehung zwischen Körper und Geist ein. Wir sind vor allem *verkörpertes Ich* [embodied self]. Manche sprechen lieber von einem »Körper-Ich« [bodied self] als von einem »verkörperten« Ich; der Ausdruck will die fehlerhafte Sicht korrigieren, unser Geist und unsere Psyche existierten in einem separaten körperlichen

Behälter. Wir leben als eine integrale Einheit, gebildet aus Körper und Ichheit, welche zwar unterschieden werden, aber nicht voneinander gelöst und getrennt werden können.

Die Religionen haben den physischen Körper wegen seiner Makel und Schwächen und weil er uns gefangen halte und in die Irre führe, häufig verachtet. Es ist nicht nur die christliche Idee vom menschlichen »Gefallensein« im Rahmen der sogenannten Erbsündenlehre, die uns hier in den Sinn kommt. Abfällige Ansichten über den Körper sind in den meisten Religionen zu finden, vor allem im Zusammenhang asketischer Lehren, die häufig speziell gegenüber dem weiblichen Körper ablehnend eingestellt waren. Das gilt für die Schriften der christlichen Kirchenväter genauso wie für zahlreiche Äußerungen in den Sutren Buddhas. Der menschliche Körper ist ambivalent, da er sowohl Erfahrung als auch Zeichen ist: Er wird zugleich erlebt und vorgestellt. Im religiösen und sozialen Leben dient er als Symbol, denn dort wird er als Metapher für einen größeren sozialen und kosmischen Körper verwendet. Wir leben, denken und erfahren *durch* unsere Körper, und die religiösen Glaubensüberzeugungen werden durch religiöse Praktiken *verkörpert*. In unterschiedlichen religiösen und kulturellen Kontexten kann der Körper sehr unterschiedliche Bedeutungen annehmen, doch unser Verkörpertsein [embodiedness] drückt zugleich unsere individuelle Besonderheit und unsere gemeinsame menschliche Conditio aus.

Das 20. Jahrhundert erlebte eine entschiedene Rückbesinnung auf den Körper, eine klarere Anerkennung seiner Existenz, eine Bejahung seiner Bedürfnisse und seines Verlangens, seine zentrale Rolle in den Erfahrungen der menschlichen Intitimät, Freundschaft und Liebe. Durch unseren Körper entwickeln wir zuerst das Empfinden von einem getrennten Ich und ein Empfinden von der Welt. Durch unseren Körper sind wir in Raum und Zeit lokalisiert. Wir verstehen heute auch viel besser, wie unendlich vielfältig der menschliche Körper in seinen Ausdrucksmöglichkeiten ist und wie kulturell variabel die Bedeutung ist, die ihm zugeschrieben wird. Somit ist der Körper von zentraler Signifikanz für Identität, Selbstverständnis und Selbsttranszendenz des Menschen, aber auch für die Erfahrung menschlicher Verletzlichkeit, Schwachheit und Endlichkeit. Die Würde des menschlichen Körpers wird erhöht, wenn wir ihn mit dem Körper der Erde, dem ganzen Weltkörper in Verbindung bringen, vor allem wenn diese Welt als »Gottes Körper«, als die Schöpfung eines göttlichen Geistes und einer göttlichen Kraft gesehen wird.

Hat die Vergangenheit einst den Körper missachtet, so ist die heutige Gesellschaft vom Körper, von unserem Fleisch und unseren Knochen, von unserem schieren physischen Dasein, seiner Form, seinem Bild und seiner Darstellung geradezu besessen. Nirgends wird das deutlicher als in der verbreiteten Aufmerksamkeit für den Sport mit seinem rastlosen Training und der Spitzenperformance zahlloser Körper. Dazu kommen die Tyrannei der gesellschaftlich vorgeschriebenen physischen Schönheitsnormen, die Besessenheit von dem Bild, das der eigene Körper abgibt, von den Systemen der Diät und der physischen Gesundheit und die exzessive Zurschaustellung des Körpers in weiten Bereichen des öffentlichen Lebens. Aber heißt das, dass wir von der alten Ablehnung und Abwertung des Physischen befreit sind, dass wir den Körper wirklich lieben und schätzen, dass wir eine harmonische Balance zwischen Körper, Verstand und Geist erreicht haben?

Im Gegenteil. Keine dieser heutigen Moden garantiert eine gesunde Einstellung zum menschlichen Körper. Faktisch lassen es viele ihrer Äußerungen an einer integralen, ausgewogenen Haltung fehlen, die den Körper als Ausdruck des Geistes ehrt. Der menschliche Körper ist immer auch ein geschlechtlicher Körper, denn die Sexualität ist konstitutiv für unser Ich. In dem sich wandelnden Klima des modernen Denkens spielen Sexualität und Erotik eine immer größere Rolle; die Menschen sind stolz auf die erfolgte sexuelle Befreiung. Sexualität als integraler menschlicher Wesenszug ist wichtig für spirituelles Wachstum, aber nur wenige Autoren, die über Spiritualität schrieben, haben über den Zusammenhang zwischen Sexualität und Spiritualität näher nachgedacht. Inwieweit sexuelle Aktivitäten zu radikaler Liebe, wahrer Intimität und realem spirituellen Wachstum führen, muss noch gründlich reflektiert werden. Sexuelle Beziehungen und Erotik, die in der modernen westlichen Kultur so hoch gepriesen werden, maskieren oft genug eine egoistische, selbstsüchtige Einstellung. Doch auch die Sexualität kann zum Pfad für eine spirituelle Transformation werden.

Eine gesunde, ausgewogene Spiritualität muss Bezug nehmen auf die verschiedenen Formen menschlicher Verkörperung. Nur eine spirituell bewusste Haltung kann der Körperlichkeit einschließlich der Dimension unserer Sexualität ihre wahre Bedeutung und gebührende Achtung verschaffen. Es ist freilich nicht völlig befriedigend, von »Verkörperung« zu sprechen, da dieses Wort so verstanden werden könnte, als wäre unser Geist von Fleisch und Blut, Muskeln und Nerven und dem übrigen physisch-chemischen und biologischen Apparat unseres Körpers umgeben. Tatsächlich ist es aber so, dass der menschliche Körper ein *beseelter* [ensouled] Körper ist, ein vollständig lebendiges Ding, das von Energie und Geist vibriert. Im Anschluss an den Philosophen Edmund Husserl (1859-1938) sprach die deutsche Mystikern Edith Stein (1891-1942) vom »belebten Leib«, um ihn vom rein materiellen Körper zu unterscheiden.

Dieser belebte, beseelte Körper ist von großen Bedeutung für das Verständnis und die Übung einer ganzheitlichen Spiritualität. Er bleibt freilich ein tiefes Wunder und Mysterium, das wir nicht vollends begreifen, trotz aller wissenschaftlichen Kenntnis einschließlich Röntgenaufnahmen und Magnetresonanzbilder, die man jetzt von ihm anfertigen kann. In der säkularen Welt von heute wird das geheimnisvolle Band zwischen Körper, Verstand und Geist vielleicht nur in gewissen Formen der psychosomatischen Medizin und Ganzheitsmedizin und in manchen Richtungen von Psychotherapie und Psychologie voll anerkannt und in Anschlag gebracht.

Der Katalog eines zeitgenössischen Verlegers enthält die Aussage: »Zu Beginn des 21. Jahrhunderts stehen die Menschen vor einem spirituellen Dilemma, dem anscheinend weder Säkularismus noch Religion gewachsen sind […]. Eine reife Form der Spiritualität wird das Kennzeichen künftiger Jahre sein.«[11] Aber was ist eine wirklich reife Form der Spiritualität? In ihrer Verbindung mit dem Wachstum und der Entwicklung der Person kann sich eine solche Spiritualität nur im Lauf der Zeit ausbilden; sie kann kein statisches, unveränderliches Ideal sein, das für alle Menschen gleich ist und während eines ganzen Lebens identisch bleibt. Eine anthropologische Annäherung an die Spiritualität versteht diese als komplexen Prozess, in dem die psychologischen und spirituellen Entwicklungen einer menschlichen Person eng miteinander verzahnt sind. Es ist nicht überraschend, dass die aktuelle Diskussion um Spiritualität großteils häufiger in der Literatur über Psychologie, Psychotherapie, Gerontologie oder in Publikationen über Heil- und Pflegeberufe erfolgt als in traditionellen Büchern über Religion.

Menschen, die mit den praktischen Problemen des Lebens zu tun haben – Bildung, Gesundheit, Altern, Geburt oder Tod –, erfahren die konkreten spirituellen Bedürfnisse anderer unter sehr speziellen Bedingungen, während traditionelle religiöse Autoren dazu neigen, die Spiritualität eher in generellen, abstrakten Begriffen ohne Bezug zum gelebten Leben zu denken. Häufig ist der hilfreichste Zugang zur Spiritualität eher pragmatisch als präskriptiv: wie und warum Spiritualität »funktioniert«, was sie für die Menschen bewirkt, wie sie ihnen in unterschiedlichen Zusammenhängen und unterschiedlichen Lebensabschnitten helfen kann. Die verschiedenen Berufe akzentuieren die Spiritualität unter Bezug auf den menschlichen Lebenszyklus, wie ihn der Einzelne in den besonderen Momenten seines Lebens erfährt, sehr unterschiedlich.

11 *Routledge Catalogue for Religion*, 2001-2002, zu seiner Publikation von Polly Young-Eisenrath, *The Psychology of Mature Spirituality*, London 2000.

Spiritualität, Geburt und Kindheit

Die menschliche Grunderfahrung des Geborenwerdens wird von jeher in allen Religionen der Welt mit Mythen, Symbolen und Ritualen verknüpft. Die Geburt ist nicht nur ein biologisches Lebensereignis, sondern zeigt eine natürliche Sakralität, eine spirituelle Dimension, die sich in den zahllosen religiösen Feierlichkeiten und Vollzügen spiegelt, von denen sie umrankt wird. Viele Religionen wissen auch von einer symbolischen zweiten Geburt, die oft als die »eigentliche« Geburt angesehen und mit einer Initiation, einer Taufe oder, im späteren Erwachsenenleben, einer Konversion begangen wird. Die Philosophin Hannah Arendt (1906-1975) fasste das Wunder des Geborenseins in ein neu geprägtes Wort: »Gebürtlichkeit« oder »Natalität«. Dieses zeigt einen Perspektivenwechsel im westlichen Denken an, der sich von der Konzentration auf die menschliche Sterblichkeit abwendet, um das Geborensein als existenzielle Grundkategorie zu feiern. Es weist auf Neubeginn, Gelegenheiten, Chancen und Hoffnungen hin, die mit der Ankunft eines jeden Menschenwesens auftreten. Geburt ist ein neues, überschwängliches Ja, ein Zeichen der Hoffnung und der Erneuerung für die Menschheit. Geburt ist die notwendige Bedingung für menschliches Handeln mit dem Potenzial, die Welt zu verändern. Ahrendts neuer Ansatz hat mehrere feministische Philosophinnen und Theologinnen beeinflusst, über die spirituelle Erfahrung und Bedeutung der Geburt nachzudenken (vgl. Hanna Strack, *Die Frau ist Mit-Schöpferin. Eine Theologie der Geburt,* 2006). Dagegen wird in den klassischen Texten zur Spiritualität im Allgemeinen der physische Vorgang der Geburt und des Gebärens nicht als religiös spezifische Aktivität gewertet. Mehr als die Geburt wird die Aktivität des Mutterseins als religiöses Symbol herangezogen. Während die Geburt eines Kindes für eine Mutter eine spirituell bedeutsame Erfahrung sein kann, hat die spirituelle Bewusstheit und Entwicklung des Kindes bis in die jüngste Zeit nicht so viel Beachtung gefunden wie die Spiritualität der Erwachsenen. Faktisch nimmt die Figur des Kindes einen weniger wichtigen Platz in den religiösen Lehren und Praktiken ein, obwohl viele Religionen um spezielle Riten zur Initiation des Neugeborenen oder für Adoleszenten auf ihrem Weg ins Erwachsenenalter wissen. In mythischen Geschichten finden wir die Gestalt des Urkindes in Verbindung mit dem Ursprung des Lebens selbst. Ferner kennen wir das göttliche Kind, auch wenn dieses, verglichen mit den vielen im Lauf der Geschichte verehrten männlichen und weiblichen Gottheiten, doch eher im Verborgenen bleibt. Die bekanntesten Beispiele sind wohl das Kind Jesus und der Hindugott Krishna als Kind. Es gibt überschwängliche, begeisterte Praktiken der Verehrung für das göttliche Kind; wir finden sie im katholischen Italien, Spanien oder Mexiko oder in der nordindischen Hindustadt Vrindaban.

Das kleine, neugeborene Kind verkörpert das Mysterium des Anfangs, der Frische und das Wunder des Lebens, das weder schon von den engen Ambitionen, Konfusionen und Ungewissheiten des Erwachsenen betroffen ist noch unter der Last der Verantwortung des Gewissens oder eines Schuldgefühls ächzt. Ein Kind hat eine einfache, ja naive Vorstellung vom Leben, eine spielerische Einstellung und ein Empfinden für den Genuss, der vielen Erwachsenen verloren gegangen ist. Die kindliche Energie bricht los, das Kind will lernen, entdecken, erforschen und wachsen – eine Vitalität und ein Eintauchen in die Gegenwart, die es im Erwachsenenleben in dieser Form nie wieder geben wird, die aber im Gedächtnis haften bleiben als eine Urerfahrung, die den Erwachsenen als eine Sehnsucht nach verlorener, aber nie vergessener Einheit und Einssein verfolgen kann.

Es ist also nicht überraschend, dass der Oxforder Wissenschaftler Alister Hardy (1896-1985), als er in den 1960er-Jahren Menschen einlud, von ihren signifikanten religiösen Erfahrungen zu berichten, folgendes Ergebnis erhielt: 15 Prozent von mehr als 4000 eingesandten Antworten beschrieben Erfahrungen aus der frühen Kindheit, die für den gesamten Rest des Lebens bestimmend geblieben waren. Die unvergessliche, starke, authentische Eigenart dieser Erfahrungen hing mit dem Gefühl einer Präsenz, von etwas, das größer war als man selbst, mit einem Gefühl von Einheit, von Liebe, von einer sorgenden personalen Gottheit zusammen. Diese frühen Erfahrungen haben, wie den Berichten zu entnehmen ist, eine lebenslange autoritative Qualität behalten, als etwas, das nachfolgende Erlebnisse nicht auslöschen konnten. Diese Erzählungen von frühen spirituellen Erfahrungen wurden von Edward Robinson unter dem Titel *The Original Vision: A Study of the Religious Experiences of Childhood* veröffentlicht; sie stellten prägende Erlebnisse und Erinnerungen dar, die das spirituelle Bewusstsein und die Entwicklung von Menschen ihr ganzes Leben lang unterfingen. Es handelt sich dabei um eine zutiefst persönliche, innere Sicht, zu der ein traditionelles Schulsystem oft wenig beizutragen hat.

Aufbauend auf Hardys Arbeit, haben die britischen Gelehrten David Hay und Rebecca Nye an der Universität von Nottingham weitere Forschungen zum Thema der kindlichen Spiritualität unternommen. Sie untersuchten die Spiritualität von 300 sechs- und zehnjährigen Kindern und publizierten ihre Ergebnisse in *The Spirit of the Child* (1998). Haye vertritt die Auffassung, Spiritualität sei für Kinder ganz natürlich, es gebe sogar eine biologische Basis für spirituelles Bewusstsein, da dieses ein wesentlicher Teil der menschlichen Evolution und nichts durch Kultur und Bildung Implantiertes sei. Er behauptet die vorsprachliche erfahrungsbezogene Grundlegung spiritueller Sensibilität in Menschen. Seine Arbeit zeigt außerdem, dass eine ausdrücklich religiöse Praxis und Sprache die Spiritualität nicht notwendig fördern. Religiöses Wissen, das später durch formale religiöse Bildung erworben wird, kann sich ja sogar als Hindernis für das innere Wissen erweisen, welches durch persönliche Erfahrung in einem früheren kindlichen Stadium gewonnen wird. Wie kann man die Sprache und die Mittel bereitstellen, um die eingeborene Spiritualität eines Kindes zu bewahren? Das ist eine Schlüsselfrage für spirituelle Bildung.

Jeder Erzieher muss zur Kenntnis nehmen, in welcher spirituellen Welt Kinder leben, welche Erfahrungen sie machen, welche Hoffnungen und Träume und welche Schmerzen und Ängste sie haben. Das verlangt Intuition und Empathie, ein genaues Hinhören auf die Geschichten der Kinder, auf ihre realen und imaginierten Welten. Die Visionen von Kindern können sich auf Blumen, Wiesen, Wälder und Bäume in der Natur, auf verschiedene Pflanzen und Tiere beziehen, aber auch auf ihr Spielzeug und heutzutage auch auf elektronische Spiele, auf die Fantasiewelt von Songs, Gedichten, Geschichten, Filmen und auf Familienmitglieder, Geschwister und Freunde. Es ist eine Welt voller Bilder und Farben, voller Vielfalt, Erwartung, Begeisterungsausbrüchen, kleinem Kummer und manchmal auch tiefem Schmerz, eine Welt voller Lachen, Tränen und Ängsten und genauso voller Vertrauen und unschuldiger Selbstvergessenheit.

Man mag darüber streiten, ob es eine Spiritualität ohne Religiosität geben kann, aber es unterliegt keinem Zweifel, dass alle Menschen eine Bildung hin zu tieferem spirituellen Bewusstsein brauchen, wenn sie das spirituelle Potenzial in sich entdecken sollen. Nur sehr wenige gelangen im spirituellen Leben zur Vollendung, ohne etwas darüber von anderen gelernt zu haben oder auf die eine oder andere Weise eingeführt worden zu sein. Die aktive Nutzung unseres spirituellen Potenzials zu einem spirituell aktiven Umgang mit dem Leben ist in der Gesellschaft von heute noch deutlich unterentwickelt. Wir müssen der Erziehung und Bildung des menschlichen Geistes mehr Aufmerksamkeit schenken; wir müssen lernen, eine tiefinnere Freiheit und ein ebensolches Bewusstsein zu entwickeln, damit wir spirituell wacher und lebendiger werden, als wir gegenwärtig meistens sind. Unsere individuelle Entwicklung von der Geburt bis zum Tod kann sich verbinden mit einer fortschreitenden Entfaltung des Potenzials, das wir in uns tragen, aber vieles von alldem aktualisieren wir niemals ganz, und daher bleiben unser Erwachen und unser Fortschritt partiell.

Die Begabung zur Spiritualität liegt in jedem Menschen, aber sie muss aktiviert und realisiert werden. Das heißt, sie muss irgendwie gelehrt werden, und das wiederum verlangt neue Ansätze in der spirituellen Bildung. Wir bringen unseren Kindern bei, zu gehen, zu sprechen, zu tanzen, wir lehren sie all die ungeheuer subtilen und komplexen Aspekte der menschlichen Kultur und zeigen ihnen, wie sie eine ganze Bandbreite von Fertigkeiten beherrschen können. Aber oft genug werden unsere Kinder nicht darin unterwiesen, wie sie ein spirituelles Bewusstsein entwickeln können, es sei denn, dass sie die rechte Art von religiöser oder spiritueller Bildung genießen. In weiten Bereichen der heutigen Gesellschaft geschieht das eben nicht, und auch in einer traditionellen religiösen Umgebung passiert es nicht unbedingt. Das spirituelle Potential jedes Menschen muss erst geweckt, trainiert und verwirklicht werden, genau wie ein Training im Sport, in der Musik, im Gesang oder im Tanz erforderlich ist. Aber auch dann geben noch nicht alle Übenden gute Sänger oder gute Tänzer ab. So ist auch nicht jedermann spirituell gleich begabt.

Spiritualität in der Mitte des Lebens

Die spirituelle Entwicklung ist ein Thema in allen Altersstufen: Kindheit, Adoleszenz, Lebensmitte, Alter. Spirituelle Übungen und Praktiken, einst das Privileg einer geistlichen Elite von Asketen, Mönchen, Nonnen und Mystikern, sind weitgehend demokratisiert und säkularisiert worden, haben sich in zahlreiche Formen der Spiritualität ausdifferenziert, die im Gang eines Lebenslaufs ins Spiel kommen. Im Allgemeinen umfasst eine alltäglich gelebte Spiritualität somit Geburt und Wachstum, den Wohnort und die Nachbarn, die Familie und die Freunde, Arbeit und Freizeit, Freude und Kummer, Träume und Enttäuschungen eines Menschen. All diese Erfahrungen liefern Material für eine spirituelle Durchdringung und Transformation.

Eine Spiritualität auf relationale Weise durch die Verbindung mit anderen zu entwickeln kann das ganze Leben einer Person in Anspruch nehmen, doch seinen Höhepunkt hat dieser Prozess vor allem in der Lebensmitte, wenn wir mittels reifer Beziehungen enge Bande zu den Anderen ausbilden. Dies schließt das Erlebnis tiefer menschlicher Liebe und Lebensteilhabe ein, ob sie nun in der Freundschaft, in der Partnerschaft oder in der Ehe gelebt wird. Menschliche Beziehungen sind so komplex und vielfältig und werden auf so vielen verschiedenen Ebenen wirksam, dass es unmöglich ist, generalisierende Aussagen über eine durch Beziehungen gelebte Spiritualität zu machen. Spirituelle Reflexionen über Freundschaft und Gastlichkeit haben eine lange Geschichte in der christlichen monastischen Tradition, wo ihnen ein hoher Wert beigemessen wird. In der säkularen Gesellschaft von heute scheinen diese Werte nicht mehr so offenkundig anerkannt zu sein, doch sind sie noch immer präsent in den Bemühungen vieler Zeitgenossen, »den anderen«, den Fremden, den Flüchtling, den Asylsuchenden, die ja alle der Freundschaft und der Hilfe bedürfen, an- und aufzunehmen. Wer die Hand ausstreckt, eine Unterkunft auftut, moralische und praktische Hilfe und Unterstützung gewährt, der kann in seiner Innerlichkeit Vertiefung und Verwandlung erfahren.

Das aktive Leben der meisten Menschen wird personale Beziehungen umfassen, die Achtsamkeit und Pflege verlangen, wenn eine Partnerschaft, eine Ehe und ein Familienleben gedeihen sollen. In vielen traditionellen Spiritualitäten ist die Ehe als ein weniger spiritueller Weg betrachtet worden als eine Berufung, die hinter dem Zölibat, dem asketischen Leben – das als höchster Anspruch und direkterer Weg zu Gott galt –, rangierte. Obwohl die christliche Ehe, zumindest bei orthodoxen und katholischen Christen, ein Sakrament ist, ist sie über weite Strecken der Geschichte als eine vornehmlich weltliche, praktische Angelegenheit angesehen worden, mit der sich spirituelle Autoren nicht groß abgaben. Seit den 1960er- und 1970er-Jahren jedoch hat sich ein neues Interesse für das entwickelt, was man eheliche Spiritualität nennt: ein neuer, allmählich wachsender Bereich, der widerspiegelt, wie sich das Verständnis von Spiritualität so erweitert, dass diese nun als alle Erfahrungsbereiche umfassend betrachtet wird.

Am nächsten kommen wir einer früheren Vorstellung von der spirituellen Seite der Ehe in der Brautsymbolik bei jüdischen und christlichen Mystikern. Besonders in der jüdischen Kabbalah dient die menschliche sexuelle Liebe als Symbol für die Liebesbeziehung zwischen dem Heiligen Einen, der Gott ist, und seiner *Schechinah*, seiner einwohnenden Gegenwart, die in der ehelichen Liebe zwischen Mann und Frau fühlbar erfahren wird. Das Zusammensein dieser beiden Partner in ihrer intimen Liebe und Verbundenheit wird von Gottes eigener Gegenwart umfangen.

Auf einer spirituellen Ebene wird das Band gegenseitiger Liebe und Gemeinschaft zwischen zwei Eheleuten zugleich erlebt als eine Gemeinschaft zwischen dem Paar und Gott. Dass die eheliche Spiritualität als eigengesetzlicher Bereich anerkannt wird, zeigt sich nicht nur an der Zunahme der einschlägigen Workshops und Bücher, sondern auch in der Gründung einer internationalen Zeitschrift wie *INTAMS Review*, die ausschließlich der ehelichen Spiritualität gewidmet ist. Mit den Worten einer Mitarbeiterin verweist diese Publikation auf zwei Aspekte: »die Art und Weise, das Eheleben im Licht der spirituellen Dimension oder Gottes zu leben«, und »die Art und Weise, das spirituelle Leben im Licht des Ehebandes zwischen zwei Personen zu leben«.[12] Dieses Verständnis basiert auf einer christlichen Sicht, in der die Erfahrung der Ehe zur Gelegenheit werden kann, der Gnade und dem geistlichen Wachstum zu begegnen. Menschen aus anderen Glaubensrichtungen gebrauchen vielleicht andere theologische und spirituelle Begriffe, um über die Spiritualität der Ehe zu reflektieren, aber diese Ideen zeigen, dass die Ehe heute explizit und mit mehr Emphase als in der Vergangenheit als eine wichtige Chance für die Praxis einer Alltagsspiritualität gesehen wird. In der alltäglichen Erfahrung der Liebe und Treue der Gatten kann sich vor Menschen ein Horizont der Transzendenz auftun, in dem sich das Geheimnis der göttlichen Gegenwart und der Hauch des Geistes auf überraschende Weise offenbaren.

12 Monica Sandor, »The Rise of Marital Spirituality«, in: *INTAMS Review* 10 (2004), Nr. 2, S. 153.

Ein anderes Beispiel für ein aktiv gelebtes Leben und für Alltagsspiritualität in einem solchen Leben ist die Spiritualität der Arbeit. Das kann heißen, dass man über den Sinn seiner Arbeit nachdenkt, aber auch, dass man seine Einstellung gegenüber seiner Arbeit ändert, sodass sie aus einer tieferen spirituellen Perspektive getan und wahrgenommen wird. Doch was ist Arbeit? Sie steht so zentral in unserem Leben und kann doch so unterschiedlich erfahren und ausgeübt werden. Arbeit heißt Aktivität, sie bedeutet konkrete Aufgaben und Ziele, und sie kann eine Berufung sein, der man ein ganzes Leben widmet. Oder sie ist ganz einfach das, womit jemand seinen Lebensunterhalt verdient: ein Job, eine Pflicht, sogar eine stumpfsinnige Plackerei. Viele Menschen finden tiefe innere Erfüllung und Belohnung in der Arbeit, wenn sie sie frei wählen können und wenn diese Verantwortung und Kreativität einschließt. Die große Mehrheit aber muss aus reiner Überlebensnotwendigkeit arbeiten, oft genug unter unterdrückerischen, unfreien und ausbeuterischen Bedingungen.

Ein spiritueller Zugang zur Arbeit fordert zur eingehenden Reflexion über die Einstellung und die praktischen Aussichten des Einzelnen auf. Es kann schon einen großen Unterschied ausmachen, ob jemandes Arbeitsweise gelassener, kontemplativer, geistig offener wird und trotzdem empathisch gegenüber den anderen bleibt. Es gibt physische Arbeit, geistige Arbeit und geistliche Arbeit. Auf den ersten Blick muten sie alle sehr verschieden an und haben allem Anschein nach mit dem Sakralen und Heiligen nichts zu tun. Doch sie hängen alle miteinander zusammen und halten die Welt zusammen. All diese Aktivitäten können durch eine tief spirituelle Einstellung und Intention geheiligt und transformiert werden.

Die Arbeit, die Ehe und die Segnungen und Probleme des Familienlebens gehören im Allgemeinen in den mittleren Abschnitt des menschlichen Lebens. Es ist eine Zeit, in der viele Menschen allzu stark mit ihren sozialen und finanziellen Verpflichtungen, ihren persönlichen Beziehungen und ihrer Arbeitssituation, ihren Ambitionen und Sorgen beschäftigt sind, um noch viel Raum für eine spirituelle Vertiefung ihres Lebens zu haben. Doch im dann folgenden Lebensabschnitt bieten sich Gelegenheiten zu einer vertieften Reflexion; dann wird man sich nämlich des Vorgangs des Alterns deutlicher bewusst und ist aktiver in ihn involviert.

Spiritualität und Altern

Die kindliche Erfahrung steht am einen Ende der Lebensspanne, die des Alterns am anderen. Kinder und ältere Leute haben gewisse gemeinsame Züge: Beide sind besonders verletzlich und oft auf andere angewiesen; beide zusammen repräsentieren die Kontinuität und den Fluss des Lebens. Die amerikanische Autorin Elizabeth Tisdell, die zahlreiche Menschen zum Thema Spiritualität interviewt hat, fand heraus, dass unter den am meisten erwähnten spirituellen Erfahrungen diejenigen waren, die mit Geburt, Tod und Nahtod-Erlebnissen zu tun hatten und »von dem großen Wunder des Lebens und seinem nicht endenden Kreislauf sprechen«.[13]

Spirituelle Entwicklung kann sich in jedem Augenblick und in jedem Stadium eines Lebens ereignen. Es sind nicht immer alte Leute, die weise sind, manche eher jungen Menschen sind genauso tief spirituell. Es ist jedoch allgemein anerkannt, dass man in älteren reifen Jahren mehr Gelegenheit zur persönlichen Reflexion und spirituellen Reifung findet. Viele persönliche Schwierigkeiten haben sich erledigt, die Verantwortung ist weniger drückend. In einer Zeit, in der man es langsamer angehen lassen kann – und es physisch auch muss –, kann man die Reichtümer und Geschenke des Lebens einsammeln und Gelegenheit zur Heilung der Wunden finden, die einem das Leben geschlagen hat.

13 Elizabeth J. Tisdell, *Exploring Spirituality and Culture in Adult and Higher Education*, San Francisco 2003, S. 76.

Integrität, Weisheit und Transzendenz, genauso das Schaffen von Zusammenhängen gelten als die Zeichen einer reifen Spiritualität; sie weben gleichsam einen Teppich, der dem Leben einen tieferen Sinn verleiht. Eine solche reife Spiritualität kann durch den Prozess des Alterns, den die meisten Menschen erleben, gefördert werden.

Wir leben in einer neuen geschichtlichen Zeit, in der Älterwerden nicht nur heißt, länger zu leben als die Generationen vor uns, sondern auch, zu leben ohne die vorgeschriebenen, fixierten Rollen, die den Alten in traditionellen Gesellschaften zugeschrieben wurden. Das schenkt uns eine großartige neue Freiheit, eine herausfordernde Aufgabe, unser Leben neu zu gestalten, indem wir diesen speziellen Zeitabschnitt wirklich nutzen. Es bietet uns die kostbare Chance, über unser Leben nachzudenken, seinen tieferen Sinn und Zweck erspüren.

Es gibt einen wichtigen Unterschied zwischen biologischem Altern und sozialem Altern. Indem wir an Jahren zunehmen, nimmt unser chronologisches Alter zu; wir werden biologisch älter. Aber das chronologische Alter allein sagt wenig über eine Person aus, das bemerken wir, wenn wir verschiedene Menschen desselben Alters miteinander vergleichen. Soziales Altern im Unterschied zum biologischen Altern meint die gesellschaftlich akzeptierten Stereotypen vom Altsein, das heißt die unterschiedlichen Vorstellungen vom Alter, die auf uns angewendet werden oder die wir selbst auf uns und die anderen anwenden.

Welchen Wert schreiben wir dem Alter zu? Welche Weisheit erblicken wir in alten Menschen? In den modernen Gesellschaften des Westens werden alte Leute für das, was sie sind oder was sie zur Gemeinschaft beitragen können, nicht hoch genug geschätzt. Die Jugend und die Jungen gelten im Westen als besonders wertvoll, während die Alten vielleicht bei den Chinesen noch am meisten gewürdigt werden. Demografisch erreichen die Menschen ein höheres Alter als frühere Generationen, und daher ist es von immenser sozialer Bedeutung, kreativ über die Chancen und Grenzen des Alters nachzudenken, ohne in seine Verabsolutierung zu verfallen. Der Prozess des Alterns ist weltweit in seiner universellen Wichtigkeit erkannt worden. Eine der NGOs bei den Vereinten Nationen ist die Global Action on Aging (GAA), die ein globales Forum und eine Pressure-Group für die Anliegen der Senioren in aller Welt bildet.

Sinnvollerweise spricht man besser von einem stetigen »Prozess des Alterns« als von dem »Alter« als einem abgegrenzten Stadium, das einen früher in weit jüngeren Jahren einholte. Altern ist eine fortschreitende organische Erfahrung, da wir ja alle vom Augenblick unserer Geburt an in den Prozess des Älterwerdens involviert sind. Der Prozess des Alterns ist integraler Bestandteil des menschlichen Lebens; er hat biologische und psychologische Aspekte und vollzieht sich in einem Kontinuum. Doch seine verschiedenen Stadien werden von verschiedenen Individuen ganz unterschiedlich bewertet. Das hohe Alter ist als ein Weg zur Einfachheit beschrieben worden, und es bringt eine Veränderung in unserer Wahrnehmung der Zeit mit sich, da wir uns mehr und mehr der uns noch verbleibenden Lebenszeit bewusst werden.

Man hat gesagt, es gebe keine Zeit im menschlichen Lebenszyklus, in der eine größere Variabilität zwischen den verschiedenen Individuen bestehe als während des Älterwerdens. Es bringt eine neue Verantwortung mit sich, die begeisternde Aufgabe, das Leben mit seinem vollem Potenzial zu leben, aber eben auch die Fragen nach Lebenssinn und -bedeutung zu bearbeiten, die aus dem eigenen Inneren emporsteigen.

Der Begriff der »Ermächtigung« ist nützlich beim Umgang mit dem Prozess des Alterns. Wenn man älter wird, muss man ermächtigt werden, immer noch für sich selbst zu denken und zu handeln. Dass jemand älter wurde, ist manchmal als ein Weg in die Demut angesehen worden, als eine Periode, in der der Betreffende in den Prozess involviert war, der ihn einerseits den Sinn seines Lebens wahrnehmen ließ und ihn andererseits mehr und mehr reduzierte. Viel zu wenige Menschen bedenken jedoch, dass das, was bisweilen als dritter Lebensabschnitt bezeichnet wird, eine Chance zum Aufblühen und Gedeihen ist, in der das Altern nicht bloß als negative Minderung, sondern vielmehr als gute Nachricht erscheint.

Die zeitgenössische Forschung hat faszinierende Daten über Menschen erbracht, die in ihren Achtzigern oder Neunzigern stehen und immer noch Neues lernen. Was die physiologische und biologische Ebene angeht, haben Studien gezeigt, dass selbst in diesem Alter synaptische Verbindungen im Gehirn entstehen können, wenn dieses nur hinreichend stimuliert wird, denn das menschliche Gehirn verfügt über eine sogenannte synaptische Plastizität. Bekanntlich entwickeln sich die synaptischen Verbindungen im Gehirn eines Neugeborenen nicht richtig, wenn man das Baby nicht hinreichend hegt und pflegt, mit ihm spricht und es so stimuliert. Die Gehirnmaterie entwickelt sich nicht, wenn dem Gehirn der notwendige mentale, psychologische und spirituelle Input fehlt. Das gilt auch für ältere Menschen. Sie können noch immer Neues lernen, und durch diese Lernerfahrung entstehen auch weiterhin neue Synapsen in ihrem Gehirn. Es ist daher von höchster Wichtigkeit, das Gehirn zu stimulieren und den Menschen besser bewusst zu machen, dass sie durch neue Lernprozesse neues Denken entwickeln können. Genau das ist ein Hauptprinzip im sorgend-pfleglichen Umgang mit alten Menschen.

Eine ganze Reihe älterer Leute hat noch in fortgeschrittenem Alter Außergewöhnliches gelernt. Ein bekanntes Beispiel ist Grandma Moses (1860-1961), die berühmte amerikanische Malerin, die, nachdem sie auf einer Farm im Norden des Staates New York zahlreiche Kinder und Enkel großgezogen hatte, sich als Siebzigjährige entschloss, Malen zu lernen, und dann tatsächlich dreißig Jahre lang malte. Es gibt zwar keine ausdrücklich religiösen Sujets in ihrer Malerei, aber ihr ganzes Werk spiegelt eine spirituelle Qualität wider, die man die Verklärung des Normalen nennen könnte. Manche Musiker begannen erst in relativ hohem Alter zu komponieren, und es gibt erfolgreiche Schriftsteller, die ihre Arbeit ebenfalls recht spät im Leben begannen. Andere Senioren erlernen eine neue Sportart oder erarbeiten sich

Fähigkeiten auf einem Musikinstrument oder in einer Sprache, die sie ihr ganzes Leben lang schon beherrschen wollten.

Eine weitere Erkenntnis bezüglich älterer Menschen betrifft die Entwicklung einer »Spiritualität der Sinne«: die Körpersinne des Sehens, Sprechens, Hörens und Berührens auf neue Art zu kultivieren, und zwar gerade in einer Zeit, in der viele Menschen eine schrittweise Minderung ihrer physischen Fähigkeiten erleben. Wenn wir altern, ist es besonders wichtig, für die Gesundheit des Körpers ebenso Sorge zu tragen wie für eine mentale und emotionale Balance. Alle Sinne kommen ins Spiel, denn sie alle sind ja involviert in den Verlust und die Minderung, die mit dem Altern einhergehen, aber sie können eben auch in Dienst genommen werden, um das Spirituelle zu stärken und zu fördern. Geistliche Fürsorge und Begleitung kann Senioren helfen, die Dinge anders zu sehen, achtsamer zu sein, einen tieferen, verständnisvolleren Blick auf ihre Lebenserfahrungen zu richten. Sehen, speziell inneres Sehen, ist wichtig für die integrale, ganzheitliche Entwicklung des Verhältnisses, das man zu sich selbst, zu Freunden, Familie und Bekannten unterhält.

Sprechen, Hören, Zuhören und Gehörtwerden sind wichtig für uns alle, aber im Alter gewinnen sie eine besondere Bedeutsamkeit. Auf ihrem Weg zum Lebensende brauchen die Menschen die Ermutigung, ihr Leben zu erzählen, ihre Erfahrungen zu artikulieren und für sich selbst und andere in Worte zu fassen. Geschichten mitzuteilen, von ihren Freuden und Schmerzen zu erzählen kann eine sehr positive, Energie spendende Erfahrung sein. Miteinander sprechen heißt miteinander durch das Wort kommunizieren. Das Wort verleiblicht, nährt und trägt das Leben. »Im Anfang war das Wort«, heißt es im Johannesevangelium, und Christen glauben, dass das Wort Fleisch und Geist ist. Daher ist es eine tiefe Wahrheit, dass das rechte Wort eine geistliche Nahrung sein kann. Es kann besänftigen und heilen.

Liebende Aufmerksamkeit gegenüber älteren Menschen in einer persönlichen Unterredung wirkt oft aufrichtend auf ihren Geist und belebt sie neu, sodass sie plötzlich wieder stärker engagiert und lebendiger sind, jünger aussehen und ihrem Bild aus früheren Jahren ähneln. Der faktische Inhalt einer solchen Unterhaltung muss gar nicht besonders wichtig oder spezifisch spirituell sein; was zählt, ist die Teilhabe an der Gegenwart eines anderen und die lebendige Verbindung durch das Miteinander-Sprechen. Jemand, der mit Seelsorge in Altenheimen zu tun hat, hat einmal gesagt, die beste Seelsorge wäre es, wenn man genug Leute zur Verfügung hätte, die regelmäßig und lange mit allen Senioren im Haus sprechen könnten. Und Menschen, deren Sprachvermögen abgenommen hat, könnten sich stattdessen am Schreiben erfreuen oder einfach schweigend die Gegenwart einer lieben Person genießen.

Ein anderer Körpersinn, den es zur Aufrechterhaltung lebendiger Verbindungen braucht, ist das Berühren, ob als schlichtes Berühren eines Körperteils, als Händeschütteln oder als Umarmung. Die persönliche Wärme, die eine solche Geste ausstrahlt, wirkt lebensbejahend und stärkend. Diese Bejahung und Wärme, durchaus als physische Wärme, brauchen wir alle, besonders aber die Älteren, sie finden wir belebend, und darüber hinaus teilt sie uns etwas von der unsichtbaren Dynamik des Geistes mit.

Die Entwicklung der Spiritualität lässt sich auch beschreiben als die Schaffung einer Oase für die Seele. Dabei verbindet sich die Pflege der Spiritualität mit einer Art Ortsgefühl, das dadurch entsteht, dass wir uns sowohl in unserer aktuellen Umgebung als auch in uns selbst auf eine besondere »Geist-Stelle« gründen und Achtsamkeit und neue Sehweisen kultivieren. Viele Senioren, vor allem wenn sie begeisterte Gärtner sind, finden diese Stelle möglicherweise in ihrem Garten. Wenn sie keinen eigenen Garten besitzen, schätzen sie es vielleicht, einen öffentlichen Garten, Park oder sonstigen Ort von natürlicher Schönheit aufzusuchen. Das kann ein Empfinden des Wunderbaren und eine spirituelle Freude auslösen, die ihren Geist von Grund auf erfrischen. So können wir uns selbst wirklich »re-kreieren«. Bei vielen Menschen geschieht dies durch spezielle Formen der Erholung, der »Re-kreation«, oft aber auch durch das Erlebnis der

Naturwelt oder durch unterschiedliche Formen der Kunst oder auch des Sports, die uns aus uns selbst heraus in andere Dimensionen führen. Einige dieser Themen sind in einem Publik-Forum EXTRA (Weber, 2003) unter dem Titel *Wachsen ein Leben lang. Von der Spiritualität des Alterns* sehr anregend behandelt worden.

Die Zeit des Alterns und Reifens kann also eine Zeit großer Chancen sein – wahrhaftig eine Zeit der Gnade, in der man daran arbeiten kann, sein Leben spirituell zu vertiefen. Der Ausdruck »an Alter zunehmen« ist weise, denn wir alle nehmen zu, wir wachsen immer noch, wenn auch anders als in unserer Kindheit und Jugend. Vielleicht mehr als irgendeine andere Zeit bietet uns diese die Gelegenheit zu Kontemplation und Meditation, zur Pflege der Weisheit und zu geistlichem Wachstum.

Der ehemalige geistliche Direktor und Senior Chaplain der (früher unter dem Namen Methodist Homes for the Aged bekannten) British MHA Care Group, der regelmäßig an der seit dem Jahr 2000 tätigen Internationalen Konferenz über Altern, Spiritualität und Wohlbefinden (International Conference on Ageing, Spirituality and Well-being), teilnahm, listet als signifikanteste spirituelle Bedürfnisse von Menschen einschließlich der Senioren die folgenden auf: (1) »das Bedürfnis, *Liebe* zu empfangen und zu geben«; (2) »das Bedürfnis, *Hoffnung* zu hegen: von Tag zu Tag und für längerfristige Vorhaben, Pläne und Träume«; (3) »das Bedürfnis nach etwas, an das man glauben kann«; (4) «das Bedürfnis nach *Kreativität:* Fähigkeiten und Talente zu entwickeln, um etwas aus dem rohen Material der Welt und des eigenen Lebens machen zu können«; und (5) »das Bedürfnis zumindest nach einem vertretbaren Grad an *Frieden*. Dieser Friede ist nicht einer der äußeren Bedingungen (die man ja nie garantieren kann), sondern ein Friede des Herzens und Geistes«.[14]

Wenn diese spirituellen Bedürfnisse befriedigt werden können, kann der Prozess des Alterns zu einer wirklich positiven Erfahrung

14 Albert Jewell (Hrsg.), *Ageing, Spirituality and Well-being*, London, New York 2004.

werden. Zu einer Zeit, in der die physischen und geistigen Kräften langsam abnehmen, kann immer noch eine spirituelle Entwicklung stattfinden. Wenn wir Glauben haben, können wir den verborgenen Tanz des Geistes durch die Landschaft unseres Lebens entdecken und die helfende Hand Gottes in unseren Herzen spüren; es ist ein Tanz mit einem Rhythmus und einer Schrittfolge, die nicht wir gemacht oder ausgesucht haben, doch ein Tanz, zu dem jeder von uns ein paar eigene Takte und Schritte beiträgt. An Alter zunehmen, das kann eine hohe Zeit menschlichen Gedeihens sein, besonders, wenn wir für den beseelenden Geist in uns und um uns offen bleiben.

Die religiöse Welt besitzt einen reichen Schatz an Riten und Glaubensüberzeugungen, die den Lebenszyklus des Menschen betreffen. Sie sind spirituell lehrreich und erhebend. Besonders eindrucksvoll sind die Bande zwischen dem Streben nach Befreiung und den verschiedenen Lebensstadien, wie sie der Hinduismus seit alters lehrt: vom jungen Studenten (*brahmacarin*) bis zu dem des Haushalters (*grhasthin*), vom Stadium des Lebens in der Waldeinsiedelei (*vanaprastha*) bis zu dem des vollständig Entsagenden, allein der Suche nach der letzten, höchsten Realität (*Brahman*) Hingegebenen (*sannyasin*). Jedes Stadium des hinduistischen Lebenszyklus hat seine speziellen spirituellen Orientierungen und Pflichten. Dieses Schema ist zwar aus der psychologischen Sicht der menschlichen Entwicklung durchaus empfehlenswert, hat aber auch seine ganz bestimmten Grenzen, vor allem insofern es ursprünglich nur für die männlichen Mitglieder der höheren Kasten galt. (Es ist ein vorzügliches Beispiel für die Spiritualität der Vergangenheit, die oft das elitäre Anliegen einer religiösen und gesellschaftlichen Minderheit war.) Es reicht nicht aus, wenn es uns um die spirituelle Transformation der gesamten Welt geht. Die Entwicklung einer ganzheitlichen, ausgewogenen Spiritualität für das Leben muss für *alle* Menschen da sein, denn ohne sie gibt es kein individuelles *und* soziales Gedeihen.

Spiritualität, Tod und Sterben

Eine Spiritualität fürs Leben, die alle Schritte im Lebenstanz erfasst, muss auch die Reflexion über die Erfahrung von Tod und Sterben einschließen. Es ist ein tiefes Paradox, dass der Tod ein nicht zu leugnender Fakt des Lebens, allen Lebens in Raum und Zeit ist. Der biologische Tod ist ein universales menschliches Geschehen, aber wie dieses erfahren wird und wie die Reaktionen darauf aussehen, das variiert von Volk zu Volk und von Kultur zu Kultur ganz beträchtlich. Glaubensüberzeugungen und Rituale, die sich um den Tod drehen, sind in allen Religionen zu finden, es gibt sogar die These, die Menschen hätten die Religion speziell zu dem Zweck erfunden, den Tod zu besiegen. Die vergleichende Untersuchung der religiösen Lehren über den Tod zeigt, dass die Menschen den Tod nur selten als eine unausweichliche Conditio ihres Lebens akzeptiert haben. Sie haben zahllose Mythen geschaffen, die behaupten, der Tod sei das Ergebnis eines ersten Unfalls oder Fehlers, der List eines Gottes, Folge eines Tabubruchs oder einer von den Vorfahren begangenen Übertretung. Die biblische Erzählung vom Ungehorsam Adams und Evas und ihrer darauf folgenden Vertreibung aus dem Paradies ist nur einer von diesen Mythen, aber einer, der die westliche Kultur tief beeinflusst und vielen Einstellungen und Überzeugungen einen bleibenden Stempel aufgedrückt hat.

Der Tod ist eine zutiefst persönliche Erfahrung, selbst wenn Menschen in großer Zahl zusammen sterben. Aber der Tod ist auch eine tief soziale Erfahrung, die scharfe Linien in das Leben menschlicher Gruppen und Gemeinschaften schneidet. Menschen haben sich immer stark mit der Bedeutung des Todes beschäftigt und viele unbeantwortbare Fragen um ihn gestellt: Warum müssen Menschen sterben? Was geschieht nach dem Tod? Leben die Verstorbenen in einem anderen Zustand weiter? Und wenn dem so ist, wie geht es dann vor sich?

Wir müssen unterscheiden zwischen dem Tod als einem Geschehen, das das menschliche Leben vollendet, und dem Prozess des Sterbens, den wir durchmachen und der in jenem Ereignis kulminiert, dessen Nachwirkungen auf die anderen anders und vielleicht stärker wirken als auf die Person, die gestorben ist. Die Bedeutung des Todes hat sich im Lauf der Jahrhunderte deutlich gewandelt, selbst innerhalb desselben Kulturraums. In Europa zum Beispiel haben sich die Einstellungen zum und die Darstellungen vom Tod im letzten Jahrtausend enorm verschoben.

Es gibt heute starke säkulare Argumente gegen den Glauben an ein Leben nach dem Tod, die inzwischen sogar von manchen christlichen Gläubigen akzeptiert werden. In der Vergangenheit ist das Nachleben oft als ein persönliches Überleben geglaubt und verstanden worden, doch das kann als ein ziemlich egozentrisches Wunschdenken interpretiert werden, dem es darum gehe, die persönliche Existenz zu perpetuieren. Das christliche Verständnis des »Lebens nach dem Tode« meint nicht mehr so sehr einen Ort, sondern vielmehr die Erfahrung der Gegenwart Gottes, die Freude am Leben in Fülle, die als die in Gemeinschaft mit den anderen erfahrene »visio beatifica« beschrieben wird. Dantes *Göttliche Komödie* spricht darüber höchst poetisch und fantasievoll; sie stützt sich dabei auf die religiöse Bildwelt des christlichen Mittelalters. Die heutige wissenschaftlich geprägte Kultur bezieht sich lieber auf Gene und DNS, die zu einer neuen Form geworden sind, wie man sich die fortdauernde Gegenwart der Verstorbenen unter den Lebenden vorstellt. Gleichzeitig untersuchen einige Wissenschaftler die Berichte von Nahtod-Erfahrungen als möglichen Beweisen für ein Weiterleben nach dem Tod.

Diese und andere Forschungen spiegeln das Interesse an der Befassung mit dem Tod wider, das in den letzten Jahrzehnten beträchtlich zugenommen hat. Studien zum Tod und Pädagogik im Blick auf den Tod sind jetzt in Schulen, Colleges und Universitäten zu finden. In unserer säkularen, medizinisch überversorgten, unpersönlichen Gesellschaft ist der Tod häufig eine außerordentlich einsame, individuelle

Erfahrung. Tod heißt nicht einfach persönliches Leiden und Verlust, er hat eine viel weiter verzweigte Bedeutung für Familienmitglieder und größere soziale Gruppen, die Hilfe und Beratung brauchen, um mit dem Prozess des Sterbens umgehen zu können. Die sich wandelnden Einstellungen zum Tod und zum Sterben haben neue Überlegungen über die spirituelle Bedeutung des Sterbeprozesses und die Todeserfahrung angeregt.

Die Trauer-, Bestattungs- und Gedächtnisriten nach dem Tod eines Menschen antworten auf die psychischen und sozialen Bedürfnisse der Lebenden, helfen ihnen, mit ihrem Verlust und ihrem Schmerz fertig zu werden. Die Religionen haben uns freilich mehr als das geschenkt, indem sie zahlreiche Methoden der Vorbereitung auf den Tod, seiner heiter-gelassenen Erwartung in Frieden und Hoffnung lehrten und Rituale lieferten, die der sterbenden Person beim Übergang vom Leben zum Tod helfen. Der römische Katholizismus kennt das Sakrament der »Letzten Ölung« für den Sterbenden, wenn ein Priester kommt, um die dem Tode nahe Person zu salben, sie zu segnen und mit ihr zu beten. Die Tibeter stützen sich auf das *Totenbuch*, das dem Sterbenden vorgelesen wird, um seinen Übergang und seine Wiedergeburt im nächsten Leben zu erleichtern.

Der Tod ist als schreckliches Geschenk, als Schatten der menschlichen Existenz bezeichnet worden. Man kann ihn aber auch als Erfahrung der Befreiung, ja der Erhöhung und des Neubeginns sehen. Man kann im Tod das Stadium eines künftigen Wachstums, letzter, höchster Verwandlung und Metamorphose, als Schwelle und Scheitelpunkt des Lebens erblicken. Daher ist es wichtig, sich auf einen guten Tod vorzubereiten und das Sterben als die andere Seite des Lebens zu akzeptieren. Wenn der Prozess des Alterns als spirituelle Reise erlebt werden kann, so gilt das auch für den Tod. Eine bewusst entwickelte Spiritualität für das Sterben wird auch das Wissen darum einschließen, dass unsere Lebensspanne endlich ist und dass wir unser ganzes Leben lang mit dem Tod konfrontiert sind. Der Sog des Todes frisst an uns in Form von Unfällen, Krankheiten und anderen Minderungen, aber wenn wir lernen, ihm in vollem Bewusstsein ins Auge zu blicken, können wir noch einmal Staunen, Weisheit und Dankbarkeit für die Geschenke des Lebens entdecken, ob wir an ein Weiterleben nach dem Tod glauben oder nicht, ob wir auf Erleuchtung, Befreiung und Gottes Fülle, auf Wiedergeburt hoffen oder einfach den natürlichen Kreislauf von Leben und Tod akzeptieren, durch den wir in die Energie des Universums eingehen.

Die Sterbenden, die Todkranken und die ganz Alten mit Rat, Tröstung, Unterstützung oder mit schlichter Anwesenheit durch ihren Prozess des schrittweisen Abbaus zu begleiten ist ein hoher spiritueller Dienst. In den westlichen Gesellschaften der Vergangenheit haben die Kirchen viele von diesen Aufgaben übernommen. Sie bieten noch immer ihre Hilfe an, aber in der säkularen Gesellschaft von heute ist auch die moderne Hospiz-Bewegung in der geistlichen Begleitung der Sterbenden wichtig geworden.

Das ersten Hospiz war das St. Christopher's in London, 1967 von Dame Cicely Saunders (1918-2005) gegründet. Seine Initiatorin hat einmal in einem Radiointerview erklärt, ihre Einstellung zu den Kranken sei von Teilhard de Chardins Schriften über die spirituelle Energie des Leidens inspiriert. St. Christopher's begann zwar als christliche Gründung, nahm aber stets auch Patienten anderen Glaubens oder ganz ohne Glauben auf, und so hält es auch die Hospiz-Bewegung insgesamt. Sie basiert auf den Prinzipien der Pflege für den Kranken, der Bemühung um Schmerzkontrolle, der Ausbildung für Ärzte und Pflegepersonal im Umgang mit tödlichen Krankheiten und in der Verbindung von medizinischer mit spiritueller Fürsorge. »Wir müssen uns um die Qualität des Lebens nicht weniger kümmern als um seine Länge«, sagte Dame Cicely einmal. Sie sah das Sterben nicht als etwas Furchterregendes an, sondern als ein spirituelles Geschehen, das Sinn in das Leben von Menschen bringen kann und zudem eine Chance zur Versöhnung bietet. Seit ihrer Gründung ist die Hospiz-Bewegung weltweit gewachsen. Sie umfasst nun auch Hospize für todkranke und sterbende Kinder, die ebenfalls intensive, auch spirituelle

Pflege brauchen. Die International Association for Hospice and Palliative Care hat der Bewegung ein Profil verliehen und Einfluss verschafft, und zu ihren zahlreichen Anliegen gehören auch spirituelle Themen sowie die Anerkennung spiritueller Bedürfnisse bei jungen und alten Menschen, die im Sterben liegen.

Innerhalb des Lebenstanzes gibt es viele Stadien und Gelegenheiten, bei denen der Geist unmerklich wirkt; freilich macht er sich bisweilen durch die Äußerungen und Gesten des menschlichen Lebens kraftvoller bemerkbar. Der Tanz ist ein Symbol des Lebendigseins, aber er muss immer wieder von Neuem erzeugt werden und ist nie abgeschlossen. Wie Michael Mayne in seinen Kommentaren zu *La Danse*, dem berühmten großformatigen Bild von Henri Matisse, zusammenfassend sagt: »Der Tanz wird nie vollkommen sein, denn Vollkommenheit ist immer genau außerhalb der Reichweite. Tatsächlich ist der Tanz viel strapaziöser, als er aussieht, denn im Herzen der Dinge sind Tränen und am Wege viel Kummer« (*Learning to Dance*, 2001, S. 138).

6. Spiritualität, Bildung und Gesundheit

Gesundheit und Bildung sind zwei der Besitztümer, die Menschen am höchsten schätzen und die sie während ihres ganzen Lebens genießen möchten. Sie sind wesentlich für das menschliche Wohlergehen, können aber keineswegs als garantiert gelten. Manche Menschen müssen große Anstrengungen unternehmen, um sie zu erlangen, während andere im Überfluss mit diesen kostbaren, weitgehend immateriellen Gütern gesegnet zu sein scheinen. Sind Bildung und Gesundheit eine wesentliche Bedingung, ein Prozess, eine Aufgabe oder das Ergebnis menschlicher Entscheidungen und Initiativen? Oder sind sie all das zusammen?

Beide, Gesundheit und Bildung, hängen von zahllosen sozialen, kulturellen und wirtschaftlichen Faktoren ab. Beide erfordern einen hohen Einsatz, Investitionen und Risiken, die in der nationalen und internationalen Politik eine prominente Stelle einnehmen. Und wir haben zu fragen, inwieweit ihre Präsenz mit der spirituellen Dimension des Lebens zusammenhängt. Wie weit können wir den günstigen Einfluss von Bildung und Gesundheit für Einzelne und die Gesellschaft steigern, indem wir sie aus einer spirituellen Perspektive angehen?

Gesundheitsfragen stellen einige der wichtigsten Faktoren unserer Gesellschaft dar. Wie erlangt man Gesundheit, und wie erhält man sie? Oder: Wie wird man wieder gesund, wenn man krank gewesen ist? Wie findet man Heilung von Krankheit und Leiden? Diese Fragen sind keineswegs neu, sondern waren immer schon aktuell. Auch wenn sie heute anders erfahren werden, haben sie doch das menschlichen Denken zu allen Zeiten beschäftigt. Das geht ganz klar aus den vielen

Quellen über das Heilen und die indigene Medizin hervor, die in unterschiedlichen Kulturen und Religionen bekannt waren. Die Gestalt des Heilers, des Schamanen und des Medizinmanns ist uralt. So stehen die religiös verwurzelten Praktiken des Heilens mit Ereignisses des Lebenszyklus in Verbindung, als da sind Geburt, Krankheit und Tod. Andere haben zu tun mit Geistbesitz, mit der Heilung von Verstand und Körper, mit dem Gebrauch von Kräutern oder ganz einfacher Chirurgie, wie man sie in der traditionellen afrikanischen, chinesischen, tibetischen oder indianischen Medizin findet.

Was heute anders ist, ist das enorme Anwachsen medizinischen Wissens und medizinischer Fähigkeiten und die erheblich verlängerte Lebenszeit, die uns alle ermutigt, uns ein langes, gesundes Leben und überhaupt eine bessere Lebensqualität zu wünschen. Doch paradoxerweise ist es so, dass wir zwar länger leben als in der Vergangenheit, aber dafür umso längere Jahre unter schlechter Gesundheit leiden. Aus diesem Grund hat die Sorge um Gesundheit in der Gesellschaft von heute ein enormes Gewicht gewonnen. Die moderne wissenschaftliche Medizin hat staunenswerte Forschritte erzielt, aber ihre urteilsfähigsten Köpfe erkennen bereitwillig an, dass der allopathischen Medizin trotz all ihrer Finessen häufig die Kraft der älteren, nichtwissenschaftlichen, traditionellen Medizinsysteme fehlt. Moderne Ärzte sind oft nicht darin geübt, ihren Patienten dabei zu helfen, mit ihrer Krankheit fertig zu werden und ihr einen Sinn zu verleihen. Religiöse und spirituelle Perspektiven können einen wichtigen Beitrag zu Heilung und Gesundheit leisten, was heute selbst in säkularen Kontexten mehr und mehr anerkannt wird.

Bildung, ob formell oder informell, ist einer der bedeutsamsten Faktoren in der Entwicklung des Einzelnen und in der Veränderung der Welt. Sie trägt zum persönlichen Wachstum und zur Reifung der Menschen bei und betrifft ihren Verstand, ihren Körper und ihren Geist. Es gibt immer Raum für mehr geistliches Wachstum einer Person, für die Veränderung von Bewusstsein und Seele, aber es gibt auch die Möglichkeit einer spirituellen Weiterentwicklung des gesamten Menschengeschlechts. Der Prozess der Bildung vollzieht sich auf viele verschiedene Weisen und in unterschiedlichen Kontexten; idealerweise sollte er die Reflexion über die fundamentalen Fragen des menschlichen Daseins einschließen. Dann wird er größere intellektuelle und emotionale Dimensionen eröffnen, die die Bedeutsamkeit der Spiritualität in der menschlichen Erfahrung und Entwicklung sichtbar werden lassen.

Eine globale Sicht der Bildung

Die Bildungslandschaft rund um die Welt – in Schulen, Colleges, Universitäten und Berufsbildung – ist heute ungemein vielfältig. Ihre Konturen und Strömungen sind von globaler Dimension, ihre Aktivitäten haben globalen Einfluss und weltweite Wirkung. In dieser häufig hoch finanzierten Welt gibt es vieles, was kritikwürdig und einer radikalen Änderung bedürftig ist. Wichtig ist jedoch, dass die im Bildungsbereich Tätigen sich der spirituellen Dimension der Bildung bewusst sind. Nur dann können sie eine humanistische Sicht vom inneren Wert und der Würde jedes Menschen, eine Vision vom menschlichen Gedeihen vertreten und fördern, die sich auf die Schaffung von Gemeinschaften auf der Basis von Gegenseitigkeit stützen kann. Der neuere Trend zu immer mehr quantitativer, der Nützlichkeitserwägung verpflichteter, eng verstandener Berufsausbildung in vielen Bildungseinrichtungen hat viel von dem kreativen Potenzial des Lehrens und Lernens verbraucht. Dabei muss doch alles Lernen auch Räume für den leidenschaftlichen Einsatz von Fantasie, echter Kreativität, Originalität und Gemeinsinn einschließen; denn im Zentrum jeder genuinen Bildung, die in ihrem Kern eine spirituelle Dimension besitzt, steht die Pflege von Beziehungen.

Abgesehen von dieser mehr allgemeinen, impliziten spirituellen Dimension des gesamten Bildungsprozesses geschieht viel Arbeit im Blick auf eine explizit so genannte »spirituelle Bildung«. Sie wird als Teil des schulischen Lernprozesses verstanden, und dieser zielt speziell auf die Bildung des menschlichen Geistes ab. Er beinhaltet die Pflege eines Gespürs für Frieden, Staunen, Freude, Liebe, Sensibilität und Kreativität sowie die Entfaltung eines tieferen Identitäts-, Gemeinschafts- und Zugehörigkeitsgefühls.

In den frühen 1980er-Jahren hat Robert Muller, der ehemalige stellvertretende Generalsekretär der Vereinten Nationen und spätere Kanzler der Friedensuniversität von Costa Rica, über die dringliche Notwendigkeit von mehr globaler Bildung geschrieben. Ein solche Bildung »muss über materielle, wissenschaftliche und intellektuelle Leistungen hinausgehen und bewusst nach moralischen und spirituellen Sphären greifen«. Muller vertritt die Auffassung, nachdem wir die Kraft unserer Hände durch sagenhafte Maschinen, unserer Augen durch Teleskope und Mikroskope, unserer Ohren durch Telefon, Radio und Sonar und unserer Gehirne durch Computer und Automation verstärkt hätten, müssten wir nun auch unsere Herzen, unsere Gefühle, unsere Liebe und unsere Seele »auf die ganze Menschheitsfamilie, den Planeten, die Sterne, das Universum, die Ewigkeit und Gott hin erweitern«.

Ähnlich anderen visionären Pionieren nimmt Muller sehr genau das feine, dichte Netzwerk weltweiter, auch spiritueller Interdependenzen wahr. Diese verbinden unterschiedliche Gesellschaften rund um den Globus, die vor Kurzem relativ isoliert voneinander lebten. Muller artikuliert ganz deutlich die dringende Notwendigkeit einer globalen Bildung, die er aus einer religiösen Perspektive betrachtet, in welcher der Mensch »seinen richtigen, wunderbaren Platz in Gottes großartiger Schöpfung wahrnehmen muss«. Daher schließt er seinen Essay mit einem kraftvollen Appell: »Wir müssen mit unserer Erde so umgehen, dass die zahllosen zum Wunder des Lebens gelangten Menschen ihr Leben physisch, mental, moralisch und spirituell leben können, wie es in unserer gesamten Evolution nie zuvor möglich war. Eine globale Bildung muss unsere Kinder auf den Anbruch eines interdependenten, sicheren, blühenden, freundschaftlichen, liebenden, glücklichen Weltzeitalters vorbereiten, wie es von allen großen Propheten angesagt worden ist. Die wirkliche, große Periode der menschlichen Vollendung auf dem Planeten Erde steht erst an ihrem Anfang.«[15]

Dies ist eine weitgespannte spirituelle Vision von der Bildung des gesamten Menschengeschlechts. Nur wenige besitzen die atemberaubende Kraft von Robert Mullers Vorstellungsvermögen. Seine Überlegungen gründen auf mehr als vierzig Jahren weltweiter praktischer Arbeit bei den Vereinten Nationen. Doch seit er vor mehr als zwei Jahrzehnten zum ersten Mal von einer »globalen Spiritualität« durch Bildung träumte, haben sich viele weitere Trends entwickelt, die in dieselbe Richtung weisen. In der Bildungsdiskussion sind neue Ideen entstanden, die zum Teil parallel zu Mullers Denken laufen, Ideen zur spirituellen Bildung von Kindern wie auch zum lebenslangen spirituellen Lernen und Wachsen der Erwachsenen.

Spirituelle Bildung und Kinder

Das Interesse an der Spiritualität scheint sich heute häufig bei Leuten aus der Bildungsarbeit und aus Pflegeberufen deutlicher zu äußern als bei religiösen Denkern. Das ist infolge eines vertieften Verständnisses für die menschliche Entwicklung, für die Entfaltung der Persönlichkeit und für die Ausbildung von Identität als eines komplexen psychodynamischen Prozesses, der eine spirituelle Dimension einschließt, vielleicht unvermeidlich. Es ist allgemein anerkannt, dass die Entwicklung der menschlichen Person und die bildungsmäßige Sorge um diese Entwicklung ein komplexer, sich lange hinziehender, von vielen prägenden Erfahrungen und Ideen beeinflusster Prozess ist. Zwar bleibt das Verständnis von Spiritualität umstritten, aber so viel dürfte feststehen, dass sie mit einer Suche nach dem Sinn des menschlichen Daseins zu tun hat. Und insofern hat sie ihren Ort in der Bildung. Die Ansätze bei einer dynamischen Sicht von Wachstum

15 Robert Muller, »The Need for Global Education«, in: *New Genesis: Shaping a Global Spirituality*, New York 1982, S. 8.

und Transformation erklären auch, weshalb Spiritualität nicht primär mit der Übermittlung von Inhalten, wie etwa spezifischen Glaubensüberzeugungen, Doktrinen und Praktiken oder spirituellen Idealen der Vergangenheit, identifiziert werden darf. Im Gegenteil: Innerhalb eines Bildungszusammenhangs versteht sich von selbst, dass Spiritualität viel mehr mit der Förderung von bestimmten Prozessen und Einstellungen von Menschen zu sich selbst, zu den anderen, zur Welt und zum göttlichen Geist zu tun hat.

Spirituelle Pädagogen und Psychologen haben mit den intellektuellen und spirituellen Fragen zu ringen, die dieser Prozess mit sich bringt. Doch trotz aller Publikationen von Psychologen, Psychotherapeuten und Pflegeprofis zur Bedeutsamkeit der Spiritualität ist das Thema der kindlichen Spiritualität lange relativ unbeachtet geblieben. Eine wunderschöne Dokumentation dieses im Allgemeinen unbekannten Schatzes an Spiritualität findet sich in den lebendigen Gesprächen und farbigen Bildern von Kindern mit unterschiedlichstem religiösen und kulturellen Background, die der Psychiater Robert Coles in seinem Buch *Wird Gott naß, wenn es regnet? Die religiöse Bilderwelt der Kinder* (1992) gesammelt hat.

Dreißig Jahre lang hat er Kinder zu ihrer Spiritualität interviewt und herausgefunden, dass diese eng zusammenhing mit Fragen um Leben und Tod, aber auch mit Fragen, die sich auf die Umwelt und die Erde bezogen. Lebendig beschreibt er »das Kind als Pilger« (ebd., S. 273) und spricht über »kindliche Spiritualität« (ebd., S. 71 u. ö.); dabei kommentiert er scharfsichtig, dass den speziellen Problemen von Kindern mit Behinderungen oder derjenigen, die den Stress des Krieges, der Vertreibung, der Obdachlosigkeit, der religiösen oder rassischen Verfolgung erlebt haben, viel Aufmerksamkeit geschenkt wird, nicht aber den kindlichen spirituellen Bedürfnissen, die nicht weniger Beachtung verdienen: »Natürlich muss keine dieser Betrachtungsweisen eine andere ausschließen. ›Im Haus des Kindes sind viele Wohnungen‹ – einschließlich seines Seelenlebens, das sich ständig entwickelt, verändert, in einer Wechselwirkung mit anderen Gebieten steht, die, alle zusammengenommen, das Individuum ausmachen, das wir bei seinem Namen nennen und dessen Lebensgeschichte wir kennen, eine Geschichte, die ganz allein ihm gehört« (ebd., S. 279).

Die britischen Pädagogen haben jahrelang darüber debattiert, wie spirituelle Bildung, die in Großbritannien ein gesetzlicher Anspruch ist, zu entwickeln sei. Diese Diskussion hat inzwischen national und international derart an Bedeutung zugenommen, dass die spirituelle Bildung als ein eigener akademischer Bereich der Forschung gilt. Neue Fachbücher und -aufsätze spiegeln diese Zunahme ebenso wider wie die Existenz der regelmäßig stattfindenden International Conference on Children's Spirituality, das 1996 gegründete *International Journal of Children's Spirituality* und das nordamerikanische ChildSpirit Institute, ein Netzwerk von Familien, Forschern, Lehrenden, Gesundheitsfunktionären und Führungspersönlichkeiten, die sich dem Verständnis und der Förderung der Spiritualität von Kindern und Erwachsenen widmen. Diese Entwicklungen zeigen, dass die spirituelle Bildung dabei ist, eine eigene Sprache und einen eigenen Ausdruck zu finden. Sie richtet sich an die heutige Gesellschaft, obwohl sie auch manche von deren gängigen Werten radikal infrage stellt.

Vor einigen Jahren versuchte eine britische, von der amerikanischen John Templeton Foundation ins Leben gerufene Forschungsinitiative herauszufinden, wie sich formulieren lässt, was spirituelle Entwicklung ist und wie sie in Schulen gepflegt und gemessen werden kann. Diese Forschung wandte eine breite, inklusive Interpretation von spiritueller Entwicklung an. Sie erklärte, spirituelle Entwicklung hänge mit jenem Aspekt des inneren Lebens zusammen, durch den Schüler Einsichten von bleibendem Wert in ihre persönliche Existenz gewinnen. Sie sei charakterisiert durch Reflexion, die Beurteilung von Erfahrung als sinnhaft, die Wertschätzung für eine nichtmaterielle Dimension des Lebens und die Ahnung von einer überdauernden Realität. Diese Forschung verstand »spirituell« nicht als Synonym für »religiös«; daher können ihr zufolge alle Fächer des Curriculums zur spirituellen Entwicklung eines Schülers beitragen.

Das Spirituelle wird hier gegenüber dem Religiösen als umfassender verstanden. Doch bleibt immer eine gewisse Spannung, da die verschiedenen Pädagogen nicht notwendig mit dieser Definition übereinstimmen. Da gibt es diejenigen, die eine offene, inklusive Sicht vertreten, der zufolge Spiritualität etwas Humanistisches, hauptsächlich Säkulares und für die menschliche Existenz Fundamentales ist, während andere eine mehr exklusive Position einnehmen, indem sie Spiritualität direkter mit einer bestimmten Glaubenstradition, insbesondere mit einem Glauben an Gott verbinden. In der Bildungsdebatte wird Spiritualität jetzt mit einer großen Bandbreite von Charakteristika verknüpft: vom Staunen, von der Suche nach Selbsterkenntnis und Sinn, Kreativität und Beziehungen bis hin zur Erfahrung von Transzendenz und zu explizit religiösen Überzeugungen, die mit dem Glauben an eine letzte, höchste, transindividuelle und überpersonale Realität zusammenhängen.

Spiritualität zu lehren ist und bleibt eine kontroverse Angelegenheit. Die Literatur über die spirituelle Bildung von Kindern, besonders in der Schule, wächst stetig. In Großbritannien wird das Thema zusammen mit der intellektuellen, moralischen und kulturellen Bildung von Kindern diskutiert. Man sorgt sich besonders um die Bildung des »ganzen Kindes«, und dies muss die spirituelle Bildung einschließen, was immer darunter zu verstehen ist. In der Sicht von Rebecca Nye besteht das Zentrum der Spiritualität von Kindern in deren »relationaler Bewusstheit«, die sich in einem »außergewöhnlichen Niveau von Bewusstheit oder Einfühlsamkeit« spiegelt und sich sprachlich danach ausdrückt, »wie das Kind in Beziehung zu den Dingen, zu anderen Menschen, zu sich selbst und zu Gott tritt«.[16]

Für den erwachsenen Pädagogen ist die Frage, wie er das Wachstum des den Kindern eingeborenen spirituellen Empfindens anregen, wie er ihre Wachheit, ihr tiefes Gespür für das Geheimnis, ihr Urvertrauen

16 Rebecca Nye, in: David Hay/Rebecca Nye, *The Spirit of the Child*, London 1998, S. 113.

auf das letztendliche Gut-Sein der Welt und des Lebens stärken kann. Man erzählt sich folgende Geschichte aus einer ersten Grundschulklasse: Der Lehrer versuchte, die lärmende Aktivität ins Spiel vertiefter Kinder zu dämpfen, indem er sie sich auf den Boden setzen ließ, sie einlud, ganz still in das Licht einer Kerze zu schauen, die mitten im Klassenzimmer stand – ein Fokus für ihr Sehen und ein Sammelpunkt für ihre Gedanken. Den Kindern gefiel das so gut, dass sie eine Woche später eifrig baten: »Bitte, können wir das Ding mit der Kerze noch mal machen?« Sie hatten offenbar jenen wunderbaren Augenblick der Stille genossen, einen Raum, in dem sie in Ruhe zu sich kommen konnten, so kostbar und doch so selten in unserer Welt ständiger Bewegung und Aktivität.

Spiritualität und lebenslanges Lernen

Spirituelle Innerlichkeit und Aufmerksamkeit für das zu entwickeln, was man in eigenen Inneren hört und sieht, ist etwas, das nicht nur Kinder, sondern auch Erwachsene lernen müssen.

Menschen lernen ihr ganzes Leben lang. Von der Wiege bis zur Bahre müssen sie sich mit neuen Verhältnissen herumschlagen, offen sein für neue Begegnungen und Beziehungen und sich auf das Unerwartete einstellen. Deshalb verläuft dieser Lernprozess oft recht informell. Doch es gibt auch zahllose formelle Programme lebenslangen Lernens in verschiedenen Instituten, Colleges und Pädagogischen Fakultäten an Universitäten in aller Welt. Früher wurde dies oft als Erwachsenenbildung bezeichnet.

In manchen Institutionen ist »lebenslanges Lernen« einfach ein anderer Name für das Lernen im dritten Lebensalter. Aber lebenslanges Lernen hat auch einen inklusiveren Sinn, insofern es zwar auch die Schulbildung während Kindheit und Jugend, aber mehr noch einen andauernden Prozess des Lernens während aller Jahre des Erwachsenendaseins meint. Programme des lebenslangen Lernens befähigen Menschen jenseits des Schul- und Hochschulalters, neue Fertigkeiten zu erwerben, ihre Interessen zu erweitern, ihre Hobbys zu pflegen oder sich einfach am Erlernen von etwas Neuem zu freuen. Spiritualität ist zwar ein heiß umkämpfter Begriff, der manchem Unbehagen verursacht, aber dennoch hat sie als Dimension des menschlichen Bewusstseins und der reflektierten Praxis innerhalb des lebenslangen Lernens immer mehr an Legitimation gewonnen. Sie kann in unsere Wissensarten, unsere Lebensweise und unsere Sinndeutung für die Welt integriert werden. Daher lassen sich erwachsenes Lernen, Therapie, Beratung, Begleitung und Spiritualität auf vielerlei Weise miteinander verbinden. In Großbritannien hat das Economic and Social Science Research Council, der Rat für Wirtschafts- und Sozialwissenschaften, die Forschung zur »Spiritualität als Dimension lebenslangen Lernens« gefördert, und das Interesse an dieser relativ neuen Fachrichtung ist in Nordamerika und Europa im Wachsen begriffen.

Spirituelle Bildung als Teil eines formellen Programms gehört damit nicht länger nur zur Lehr- und Lernzeit von Kindheit und Jugend, sondern wird ein expliziter Teil des lebenslangen Lernens von Erwachsenen in reifen mittleren Jahren und in späteren Lebensabschnitten. Ein fundamentaler Aspekt der Spiritualität ist die »Sinngebung«, das heißt dem Leben und den Beziehungen Sinn zu geben und sie dankbar anzunehmen. Spirituelle Entwicklung schließt einen Wachstums- und Transformationsprozess ein, der sowohl individuell als auch sozial ist. Manche Leute lehnen vielleicht die Rede von Spiritualität ab, treten aber trotzdem für das ein, was man spirituelle Werte nennen könnte, indem sie Fürsorge und Pflege für andere übernehmen oder sich für Werte wie soziale Gerechtigkeit, für die Gleichheit der Rassen und Geschlechter oder für den Frieden in ihrem Gemeinwesen einsetzen.

Die amerikanische Erwachsenenbildnerin Elizabeth Tisdell vertritt die These, wir müssten das in der Erwachsenenbildung und in der höheren Schulbildung verbreitete Schweigen über Spiritualität durchbrechen, den Zusammenhang zwischen Spiritualität und Kultur erforschen und die Rolle der Spiritualität in der Ausbildung einer positiven kulturellen Identität in Betracht ziehen. Ihr bereits (im vorigen Kapitel) zitiertes Buch *Exploring Spirituality and Culture in Adult and Higher Education* untersucht die Konvergenzen und Divergenzen zwischen Spiritualität, Religion und Kultur. Sie macht deutlich, dass es bei der Erforschung von Spiritualität nicht darum geht, ein religiöses Programm durchzusetzen; vielmehr dürfte hilfreich sein, was sie über das Wesen von Spiritualität notiert: »(1) Spiritualität und Religion sind nicht dasselbe, hängen aber nach Auffassung vieler miteinander zusammen; (2) Spiritualität ist das Bewusstsein und die Wertschätzung der Ganzheit und der Verbundenheit aller Dinge durch das Mysterium, das viele als Lebenskraft, Gott, höhere Macht, höheres Selbst, kosmische Energie, Buddha-Natur oder Großer Geist bezeichnen; (3) in der Spiritualität geht es fundamental um Sinngebung; (4) Spiritualität ist immer schon (wenn auch häufig unerkannt) im Lernmilieu präsent; (5) spirituelle Entwicklung stellt eine Bewegung zur größerer Authentizität oder zu einem authentischeren Ich dar; (6) in der Spiritualität geht es darum, wie Menschen Wissen konstruieren durch weitgehend unbewusste und symbolische, häufig in Kunstformen wie Musik, Bild, Symbol und Ritual konkreter werdende Prozesse, die sämtlich kulturelle Manifestationen sind; (7) spirituelle Erfahrungen stellen sich oft ganz unerwartet ein« (ebd., S. XI).

Diese Liste wird wahrscheinlich nicht bei jedermann auf Zustimmung stoßen, aber sie spiegelt ziemlich genau die vielfältigen Assoziationen, die sich mit dem weiten Feld der Spiritualität verbinden. Einige dieser Thesen werden in anderen Kapiteln diskutiert; in dem hier behandelten Bildungskontext ist besonders wichtig, dass Spiritualität als etwas (an)erkannt wird, was im Lernmilieu immer schon präsent ist, ohne dass es notwendigerweise als solches bemerkt wird. Lerntheorien für Kinder wie für Erwachsene müssen auf einer spirituell grundierten Pädagogik basieren, wenn sie die Welt und uns selbst verändern sollen.

Spirituelles Bewusstsein zu wecken und spirituelle Sensibilität zu entwickeln ist etwas, das allen Menschen nottut. Insoweit ist die Spiritualität von Erwachsenen, Teenagern oder Kindern ein immer noch relativ unerforschtes Feld. Es bedarf einer breiten öffentlichen Debatte darüber, wie sich in einem Geist der Offenheit gemeinsam spirituelle Erkenntnis und spirituelles Verständnis gewinnen lassen. Wir alle müssen mehr über die spirituelle Natur des Menschen und über die Einheit des Lebens lernen. Rund um den Fokus der spirituellen Bildung ist ein ganzes Bündel von Ideen entstanden. Nun braucht es Initiativen zur Entwicklung von Programmen für die spirituelle Bildung aller Altersgruppen, von der Vorschulerziehung bis zur Hochschulausbildung, und zwar für Lernende wie für Lehrende.

Wenn die globalen Ressourcen der Weisheit zur Verbesserung allen Lebens auf Erden von der gesamten Weltgemeinschaft geteilt werden sollen, ist ein globales Netzwerk der spirituellen Bildung erforderlich, das einen wirklichen Einfluss auf unsere Lebensweise hat. Diese Aufgabe geht über die Lehre einer einzelnen Religion oder einer säkularen Spiritualität allein hinaus, sie muss von der heutigen Kultur als Ganzem übernommen werden. Wir brauchen Spiritualität für Alt und Jung, Spiritualität im Zuhause, in Schulen und Hochschulen, in der Arbeitswelt und in der Öffentlichkeit, in Wirtschaft und Politik und nicht bloß in der Erziehung oder an Gebetsstätten. Wir müssen die Spiritualität auf das Ganze des Lebens beziehen, sodass wir einen greifbaren Sinn für das Spirituelle und ein Gespür für die moralische Solidarität innerhalb der einen Erdgemeinschaft pflegen können.

Spiritualität und Gesundheit

Wenn wir an die Gesundheit denken, kommen uns sofort zahllose Vorstellungen in den Sinn, vor allem die Vorstellung von Wohlbefinden – menschlichem Gedeihen – und die Erwartung eines guten, glücklichen Lebens. Letzteres ist ein alter, universaler Begriff, über den Philosophen und religiöse Denker viel nachgesonnen haben. Das traditionelle westliche Verständnis vom »guten Leben« ist stark von dem antiken griechischen Begriff der *eudaimonia* beeinflusst; das Wort wird häufig im Sinn von Glück oder Wohlbefinden übersetzt, obwohl es wörtlich »Besitz eines guten Wächtergeistes« bedeutet. Der Begriff der *eudaimonia* weist auf das Ziel eines objektiv wünschenswerten Lebens hin, das als höchstes menschliches Gut gedacht ist. Die griechischen Philosophen haben sehr ausführlich darüber diskutiert, was denn das gute Leben ausmacht. Ihre Betonung objektiver Kriterien, die als Charakteristika des guten Lebens allseits Zustimmung finden können, macht den Unterschied zum modernen Ansatz, der Glück primär als subjektiv befriedigendes Leben versteht. Diese beiden Perspektiven zeigen, dass Wohlbefinden und Gesundheit in ihrem weitesten Sinn objektive und subjektive Kriterien, äußere und innere Bedingungen umfassen. Biologische, psychologische und spirituelle Faktoren sowie andere Bedingungen haben einen entscheidenden Einfluss auf das menschliche Gedeihen.

Das Verhältnis zwischen Religion, Spiritualität und menschlichem Wohlergehen im Sinne physischer und mentaler Gesundheit und im Zusammenhang mit der menschlichen Entwicklung in den verschiedenen Stadien des Lebens ist heute ein Spitzenthema der Forschung in den Vereinigten Staaten und wird auch in anderen Teilen der Welt immer wichtiger. Dieses Interesse an dem Konnex zwischen Religion und Gesundheit ist erstmals in den 1980er-Jahren hervorgetreten; in der Folgezeit richtete es sich, modifiziert, auf Spiritualität und Gesundheit, manchmal auch auf Religion/Spiritualität und Gesundheit, sofern Spiritualität weiter, inklusiver und persönlicher verstanden wurde als die institutionalisierte Religion mit ihrem organisierten System von Glaubensinhalten und Praktiken.

Die inzwischen unternommenen zahlreichen Studien liefern mehr und mehr Beweise für die positive Beziehung zwischen einer religiösen oder spirituellen Einstellung zum Leben, besserer mentaler und physischer Gesundheit und gesundheitsförderlichem Verhalten. Auch wenn eine solche Sicht durchaus auf Kritik stößt, wird auf diesem Feld immer mehr geforscht.

Eine stetig wachsende Zahl von Websites über Spiritualität und Gesundheit informiert über neue Projekte, Zeitschriften, Forschungszentren und -institute, wie etwa das Center for the Study of Religion/Spirituality and Health an der Duke University oder das Institute for Spirituality and Health an der George Washington University oder weit gespannte Netzwerke und Organisationen wie das der University of Florida angegliederte International Center for the Integration of Health and Spirituality. Die John Templeton Foundation gewährt finanzielle Unterstützung für Forschungsprogramme zu Wissenschaft, Gesundheit und Spiritualität; Gleiches tut auch das ihr angegliederte Metanexus Institute of Religion and Science in Philadelphia.

Relevant ist auch die »Mind/Body Medicine«, wie sie vom Benson-Henry Institute am Massachusetts General Hospital praktiziert wird. Letzteres ist wiederum eng verbunden mit der Arbeit von Dr. Herbert Benson von der Harvard Medical School; er hat sein Leben der Entwicklung einer Form von Medizin gewidmet, die zur Heilung menschlicher Leiden weniger von konventionellen Medikamenten und Chirurgie Gebrauch macht als vielmehr auf die natürlichen Selbstheilungskräfte von Körper und Seele setzt, und zwar speziell bei stressbedingten Beschwerden. Grundlegend für sie ist der Einsatz dessen, was Benson »relaxation response« (Entspannungsreaktion) nennt, eine alte Technik, bei der man dem Rhythmus des Ein- und Ausatmens folgt und gleichzeitig ablenkende Gedanken meidet. Die Entspannungsreaktion verlangt eine Verlangsamung: Man soll jeweils nur eine Aktivität ausüben und sich sowohl seiner Aktivität als auch deren innerer Erfahrung voll bewusst werden. Auf diese Weise kann ein Mensch befähigt werden, die Sorge um sich und die Kontrolle über sein Leben in die eigene Hand zu nehmen und damit seine Gesundheit wiederzugewinnen und zu erhalten. Dieser Mind/Body-Ansatz hat eine implizite spirituelle Dimension, nicht zuletzt in der Anwendung von Atemtechniken. Diese sind nicht unähnlich buddhistischen

Meditationspraktiken, die sich auf den Atem konzentrieren und die Achtsamkeit ins Zentrum stellen.

Die Sorge um das menschliche Wohlergehen im umfassendsten Sinn schließt physisches und spirituelles Wohlbefinden ein. Da die Religionen immer eine gewissen Erklärung für das menschliche Leiden bereit hatten und ihren Rat anboten, wenn es darum ging, Schwäche, Kummer, Schmerz und Fehlverhalten zu überwinden, hat der Begriff von Heilung in sowohl geistigem als auch physischem Sinn immer eine wichtige Rolle in den religiösen und kulturellen Traditionen der Welt gespielt. Es ist kein Zufall, dass westliche Begriffe von Gesundheitsfürsorge und Heilung ursprünglich aus christlichen Lehren und Praktiken stammen und tief im Christentum verwurzelt sind. Nachdem das Christentum im Römischen Reich zur Staatsreligion geworden war, verpflichtete das Konzil von Nizäa (325 n. Chr.) die Christen, für die Armen, Witwen, Kranken und Fremden zu sorgen, und ordnete den Bau eines Hospitals in jeder Bischofsstadt an. Eines der ersten Hospitäler in der abendländischen Welt wurde im späten 4. Jahrhundert in Konstantinopel errichtet. Die ersten Krankenpflegerinnen waren Mitglieder christlicher Orden, und im 20. Jahrhundert wurde das erste moderne Hospiz von Cicely Saunders, einer praktizierenden Christin, gegründet.

Viele Gläubige bezeugen die heilende Wirkkraft Gottes oder des Geistes in ihrem Leben. Sie haben begriffen, dass Gesundheit und Ganzheit zusammengehören, aber nur in der über das Individuum hinaus auf die Gesellschaft gerichteten Erweiterung. Eine kranke Gesellschaft braucht notwendig Heilung, und das geschieht, indem man sich mit den größeren sozialen, ökonomischen und ökologischen Ursachen für einen schlechten Gesundheitszustand in der Welt von heute auseinandersetzt.

Es besteht also eine enge Verbindung zwischen Glauben und Gesundheit, wie auch immer man sie verstehen mag. Das bekannteste Beispiel dafür ist vielleicht die Christian Science, die im späten 19. Jahrhundert von der Neuengländerin Mary Baker Eddy (1821-1910) gegründet wurde. Nachdem sie von einer Krankheit genesen war, erarbeitete sie sich ein neues Verständnis vom Christentum als göttlicher Heilung und stellte es in ihrem Buch *Science and Health with a Key to the Scriptures* (1875; dt.: *Wissenschaft und Gesundheit mit Schlüssel zur Heiligen Schrift*, 1998) dem Publikum vor. Sie institutionalisierte ihre Lehre in der 1879 in Boston gegründeten Church of Christ, Scientist (Kirche Christi, Wissenschafter), die heute aus rund 3000 selbstständigen Gemeinden in fünfzig Ländern besteht. Diese Kirche kennt keine Priester, sondern »practitioners« (Praktizierende), die sich in Vollzeittätigkeit dem Amt der geistlichen Heilung widmen. Die Mutterkirche in Boston hat über die Jahre hin ein beeindruckendes Korpus von Zeugnissen solcher Heilungen gesammelt. Man darf vermuten, dass dieser Einsatz, den eine ganze Kirche mehr als ein Jahrhundert lang für die geistliche Heilung aufgewendet hat, ein wichtiger Faktor bei dem in den 1960er- und 1970er-Jahren in vielen Denominationen neu erwachten Interesse für christliches Heilen war.

Als sich nach der Aufklärung die moderne Medizin entwickelte, löste sich diese mehr und mehr von den früheren religiösen Einflüssen. Mit dem Entstehen der modernen wissenschaftlichen Medizin im späten 19. Jahrhundert wurde diese Trennung dann endgültig. Doch die Kirchen und andere religiöse Gruppen kümmerten sich weiter um die Linderung der Leiden und boten Heilung durch verschiedene Mittel an: durch Gebet, Handauflegung, Salbung, Heildienste oder ein spezielles Heilungsamt und Beratung. Heutige Heiler sind häufig religiöse Fachleute, etwa Krankenhausseelsorger, oder verbinden eine therapeutische und eine religiöse Ausbildung. Patienten, die nach Trost und Heilung verlangen, müssen oft feststellen, dass die Medizinprofis ihnen nicht immer helfen können, Sinn in ihrer Krankheit zu finden, da moderne Ärzte auf diese Rolle zumeist nicht vorbereitet sind. David Kinsley spricht in seinem Buch *Health, Healing and Religion* (1996) davon, wie hilfreich es ist, ein Tagebuch seiner Krankheit zu schreiben, weil man damit einen inneren Heilungsprozess durchlaufe. Er nennt dies eine Pathografie, einen Akt des Schreibens, der die Erfahrung einer ganz bestimmten Krankheit wiedergibt und gleichzeitig Gelegenheit bietet, über deren Sinn nachzudenken, wie es manche Krebspatienten getan haben. So gesehen berichtet diese Art des Schreibens zumeist nicht einfach nur von der Krankheitserfahrung, sondern wird Teil des Heilungsprozesses, insofern sie einem Patienten hilft, in einer Situation des extremen Leidens, des Verlustes und der Not einen Sinn zu finden. Dies ist sicherlich ein tief spiritueller Ansatz, ein außerordentlich sinnvoller, kreativer Akt, der weit über das Potenzial allein medizinischer Fürsorge hinausgeht.

Angesichts der unabgeschlossenen und oft vagen Definitionen von Spiritualität fällt es schwer, sicher zu wissen, ob eine strikt spirituelle Einstellung zum Leben und der regelmäßige Vollzug spiritueller Praktiken einen entscheidenden Unterschied im allgemeinen Gesundheitszustand und in der Lebensdauer einer Person begründen. Die Forschung bringt insoweit zahlreiche heterogene Ergebnisse; diese zeigen, dass es sehr schwierig ist, exakte Messmethoden für die unterschiedlichen Resultate von Spiritualität zu entwickeln. Daher müssen wir, was die konkreten Ergebnisse für Gesundheit oder Heilung angeht, bei der Einschätzung der Wirkung von Gebet, Meditation, Gottesdienst, Wallfahrt und der Pflege positiver Emotionen wie Friedfertigkeit, Mitleiden, Liebe und anderer spiritueller Eigenschaften vorsichtig sein. Es ist allerdings allgemein bekannt, dass positive Emotionen und Einstellungen sowie soziales Engagement und Einsatz für andere für das gesamte Wohlbefinden einer Person wichtig sind und den Heilungsprozess beschleunigen können.

Es scheint daher logisch, Forschungen zu betreiben, die eine engere Korrelation zwischen Religion, Spiritualität und menschlichem Gedeihen im weitesten Sinne aufzuzeigen vermögen. Viele Forscher in Medizin, Psychologie, Psychiatrie, Neurowissenschaften und anderen Disziplinen sind derzeit mit der Erkundung solcher potenziellen Verbindungen befasst. Dies stellt einen neuen, bahnbrechenden Fortschritt in der – durchaus so zu bezeichnenden – »Wissenschaft von der Spiritualität« dar. Das wissenschaftliche Studium der Spiritualität aus einer Gesundheitsperspektive involviert interdisziplinäre Ansätze, die sich recht deutlich von den traditionellen religiösen und philosophischen Reflexionen über Spiritualität unterscheiden.

Das Ganze ist eine faszinierende neue Entwicklung und kann schließlich zu Entdeckungen führen, die einen immensen Einfluss auf die individuelle und gesellschaftliche Transformation ausüben könnten. Neue Forschungsergebnisse würden einen zusätzlichen Antrieb erbringen, klarer formulierte Ziele für die unterschiedlichen Formen der spirituellen Bildung in ihrem Zusammenhang mit den persönlichen und sozialen Aspekten jedes Lebensalters zu erarbeiten.

Ein höchst wichtiger Aspekt im Bereich von Gesundheit und Spiritualität ist der enorme Einfluss von Ideen aus Psychologie, Psychoanalyse und Psychotherapie, von den führenden Köpfen wie Freud und Jung bis hin zu ihren zahlreichen Nachfolgern. Einige Formen der Psychotherapie, die für das moderne Verständnis des Ichs auf der Suche nach Wachstum, Veränderung und Ganzheit von besonderer Bedeutung sind, verleihen einer speziellen spirituellen Suche Ausdruck und sind selbst zu einem Symbol dessen geworden, was heute säkulare Spiritualität heißt.

Psychotherapie als spirituelle Reise

Da es in der Spiritualität um das Ich und die Gemeinschaft in ihrem Bezug zur Transzendenz geht – ob diese nun als letzter Seinsgrund, als immanenter Geist oder als Form des Göttlichen gedacht ist –, haben die traditionellen Religionen vieles über die Entfaltung des geistlichen Lebens zu sagen. Doch vielen Menschen in der postmodernen westlichen Welt ist dieses Wissen schlicht verloren gegangen, da sie sich von den religiösen Institutionen und Überzeugungen weit entfernt haben. Wenn sie Schmerz, Kummer und Leid empfinden, suchen viele nicht mehr Hilfe bei einer traditionellen religiösen Figur, einem

Priester oder geistlichen Berater. Sie gehen vielmehr zu einem Psychotherapeuten, zu jemandem also, der in einer oder mehreren der verschiedenen psychologischen, psychoanalytischen oder psychotherapeutischen Schulen ausgebildet worden ist.

Bis vor Kurzem herrschte ein beträchtlicher »spiritueller Skeptizismus« in der wissenschaftlichen Psychologie und Psychoanalyse, weil sie vor allem von freudianischen, auf einer Instinktbiologie basierenden Anschauungen geprägt war. Eine klare Ausnahme bildet die Jungsche analytische Psychologie, die stets den spirituellen Aspekt des Ichs, das Numinose und Archetypische in der Psyche, betont hat. Jung selbst benutzte den Ausdruck »spirituelle Psychotherapie« und betrachtete die Therapie als eine Art spiritueller Reise. Er ist allerdings dafür kritisiert worden, dass er an der Trennung einer spirituell basierten Psychologie von ihrem Pendant, der säkularen wissenschaftlichen Psychologie, festhielt. Diese Trennung war der künstlichen Aufspaltung des geistigen Lebens durch Jungs Rekurs auf die Theorien vom kollektiven Unbewussten und von den Archetypen geschuldet. Es ist denkbar, dass die lange Verzögerung, mit der die Spiritualität in den Mainstream der Psychologie Eingang gefunden hat, durch den Zwist zwischen Freud und Jung in den frühen Tagen der Psychoanalyse verursacht worden ist.

Dank der Arbeit, die zahlreiche Analytiker und Therapeuten seit damals geleistet haben, hat das Interesse an der spirituellen Dimension von Psychologie, Psychiatrie und Psychotherapie enorm zugenommen. Manche Ausübende finden es höchst hilfreich, sich der spirituellen Dimension ihrer Patienten zuzuwenden, die diese entweder als dunkle Nacht der Seele oder als transformierende Erleuchtung des Geistes erleben. Ein ganz neues Feld einer »spirituellen Psychotherapie« ist entstanden; es umfasst spirituelle Ansätze bei der Beratung, bei psychischer Erkrankung, bei der Familientherapie und bei anderen Themen.

Der Psychotherapeut Victor Schermer erklärt in seinem Buch *Spirit and Psyche* (2003), eine spirituell begründete Psychologie liefere ein neues Paradigma für Psychologie, Psychoanalyse und Psychotherapie. Er spricht von einem »psychospirituellen Ich« und vertritt die Auffassung, es gebe wichtige empirische Beweise dafür, dass die Spiritualität mit der menschlichen Entwicklung verknüpft ist. Drei Bereiche stützten diese Sicht: (1) die Forschung an Kindern, die zeige, dass ihre Entwicklung innerhalb eines lebendigen Systems, einer relationalen Perspektive erfolge; (2) die zunehmende Erforschung höherer Bewusstseinszustände von Traumzuständen über die verlangsamten Hirnwellen von Meditierenden bis zu den differenzierten Links/rechts-Hirnfunktionen und anderen Experimenten; (3) Studien über die erweiterte Fähigkeit zu Wahrnehmung, Heilung, Altruismus, Konzentration und andere Charakteristiken, wie sie durch spirituelle Praktiken entwickelt würden.

Spirituelle Beziehungen und Transformationen gehen gewiss über therapeutische Erfahrungen hinaus, aber zwischen beiden bestehen doch aufschlussreiche Parallelen und Konvergenzen. Schermer hat recht, wenn er darauf hinweist, dass viele spirituelle Praktiken und Konzepte Analogien in der Psychotherapie haben: »Die strukturellen Unterschiede zwischen einem Haus des Gebets und der Praxis eines Therapeuten oder zwischen verschiedenen liturgischen und therapeutischen ›Texten‹ verdunkeln die großen Ähnlichkeiten, die daher rühren, dass Psychotherapie und Religion viele konvergente Quellen in der Geschichte und in den menschlichen Bedürfnissen haben. Wie lässt sich denn ein Jude, der die Thora rezitiert, ein Muslim, der sich nach Mekka richtet, ein Christ, der die Kommunion empfängt, oder ein Buddhist, der im Za-Zen sitzt – was ja allesamt Frömmigkeitsformen sind –, mit einem Therapeuten vergleichen, der in seiner Praxis in einem städtischen Gebäude sitzt, kein sichtbares Objekt der Frömmigkeit hat und nur ein Minimum von Zeremonien vollziehen muss? Wenn wir aber die tieferen Strukturen solcher Praktiken untersuchen, treten die Parallelen deutlich zutage. Gebet, spirituelle Armut und Einfachheit, Bekenntnisse des Glaubens und Riten um Geburt, Konfirmation und Tod zum Beispiel – all das ereignet sich ganz spontan auch in der Psychotherapie.«[17] – Doch es ist genauso wahr, dass die höchsten spirituellen Ideale, das Streben nach einem reinen Herzen, nach Heiligkeit und spiritueller Vollkommenheit, nach Vergebung und Versöhnung, nach der Liebe zu Gott und den Mitmenschen, dass all das die therapeutische Praxis übersteigt, ohne sie deshalb zu negieren. Der große Einfluss und das immense Prestige der Psychotherapie, vor allem in Nordamerika, ist wahrscheinlich ein wichtiger Beitrag zur Entstehung eines so großen Interesses an persönlicher geistlicher Führung.

Die heutige Psychotherapie weist zahlreiche Verbindungen zur Spiritualität auf. Sie kann auch als eine säkulare Form der Spiritualität wirken, und als solche erfreut sie sich hohen Zuspruchs. Doch wir müssen uns daran erinnern, dass Signifikanz, Attraktivität und Einfluss der Spiritualität viel weiter reichen, als eine ausschließlich psychologische Betrachtung sichtbar machen kann. Wenn Spiritualität aus jeder Erfahrung erwachsen kann und mit jedem Aspekt des menschlichen Lebens verwoben ist, dann muss sie auch innerhalb zahlreicher anderer Zusammenhänge der heutigen Kultur existieren, einer Kultur, der so oft vorgehalten wird, sie habe keine tragende spirituelle Vision mehr. Mehr noch: Ein säkularer spiritueller Ansatz findet sich in vielen anderen Bereichen als nur der Psychologie und Psychotherapie. Die säkulare Spiritualität von heute umfasst verschiedene Formen einer New-Age-Spiritualität, ganzheitliche Gesundheitspraktiken, manche Äußerungen feministischer Spiritualität, ökologische Spiritualität, den Kampf um soziale Gerechtigkeit und andere Formen eines individuellen und sozialen Engagements.

Der große Reichtum und die Vielfalt der Spiritualität kommen deutlich in den Blick, wenn man sich ihnen aus unterschiedlichen Perspektiven nähert: vom menschlichen Lebenszyklus, von der Bildung, von der Gesundheit, von der Psychotherapie und von anderen Äuße-

17 Victor L. Schermer, *Spirit and Psyche: A New Paradigm for Psychology, Psychoanalysis*, London, New York 2003, S. 107 f.

rungen der säkularen Kultur her. Dieser Ansatz ermöglicht ein nuancierteres, reicheres Bild, als wenn über Spiritualität lediglich ganz allgemein oder nur aus einer traditionellen religiösen Perspektive gesprochen wird. Ein weiterer differenzierender Aspekt ist der von Spiritualität und Geschlecht, den wir als Nächstes betrachten wollen.

7. Spiritualität und Geschlecht

Spiritualität wird häufig in so allgemeinem Sinn diskutiert, dass Frauen oder Geschlecht dabei keine Beachtung finden. Wenn sich spirituelle Praxis und spirituelles Verständnis auf alles Leben beziehen, so auch auf eines der bedeutsamsten Charakteristika menschlichen Lebens, das Geschlecht, und auf den Unterschied, den es in die Spiritualität einbringt. Aber gerade die »Gender«-Perspektiven bleiben in den Schriften zur Spiritualität oft verborgen und unerkannt. »Geschlecht« ist nicht nur ein anderes Wort, das für »Frauen« steht. Es betrifft Frauen und Männer, betrifft ihr Verhältnis zueinander und die Macht und den Einfluss, die sie über- und aufeinander haben. Doch wie in den meisten anderen Lebensbereichen haben im Allgemeinen Männer definiert, was als Spiritualität zählt, wer sie praktizieren und erlangen kann, wer spirituelle Autorität besitzt und was spirituelles Leben überhaupt ist. Und genau das hatte einen tiefen Einfluss auf das geistliche Leben von Frauen.

Männer, Frauen und Spiritualität

Unser Verständnis von Gott als letzter, höchster Wirklichkeit und unser Selbstverständnis als Personen hängen engstens zusammen. Und wir sind immer verleiblichte, von verschiedenen Geschlechtern geprägte Ichs. Daher sind denn auch die männlichen und weibliche Annäherungen an die Spiritualität zutiefst von ihrer jeweiligen Verkörperung beeinflusst, durch die das Leben des Geistes strömt und sich ausdrückt. Das heutige Bewusstsein von den Geschlechterdifferenzen hat dem spirituellen Leben neuen Ausdruck verliehen und neue Spiritualitäten bei den Frauen aufblühen lassen.

In der abendländischen Theologie ist Gott oft als der »ganz Andere« beschrieben worden. Heute dagegen ist mit »dem Anderen« weit häufiger eine andere Person aus einer von der unseren verschiedenen Kultur, einem fremden Land oder einer anderen Religion gemeint. Doch es gibt auch eine deutliche Gender-Dimension in der Andersheit, denn Frauen waren und sind über weite Strecken der menschlichen Geschichte und in weiten Bereichen der Kultur »das Andere« schlechthin. Sexuell verschieden vom Mann und anders als er, sind die Frauen in der Vergangenheit doch zumeist von Männern definiert worden, häufig ohne dass sie das Recht auf ihre eigene Stimme oder auf eine eigenständige Rolle gehabt hätte. Die Religionen haben die Frauen nicht selten auf eine Position der Inferiorität und Unterordnung verwiesen. Im christlichen Kontext ist die biblische Lehre über Mann und Frau, die beide – von Gott nach seinem Bilde geschaffen – die *imago Dei* repräsentieren, erst in der Moderne in einem wirklich egalitären Sinn von Gleichheit und Partnerschaft interpretiert worden. Diese wichtige Lehre, die an die Anerkennung der vollen Menschheit der Frauen gebunden ist, hat einen beträchtlichen Einfluss auf das Entstehen der ersten Welle der Frauenbewegung um die Mitte des 19. Jahrhunderts gehabt.

Herkömmlicherweise war die Spiritualität das offizielle Vorrecht von Männern. Primär unter Männern wurden spirituelle Disziplinen entwickelt, gelehrt, aufgeschrieben und von einer Generation an die andere weitergegeben. Frauen hatten zwar ihre eigenen spirituellen Praktiken und Devotionsformen, aber diese waren eher häuslich, privat und folkloristisch, als dass sie Teil der offiziellen Religion gewesen wären. Die Suche nach spiritueller Vollkommenheit und Heiligkeit war häufig an die Verachtung der Männer für ihre eigenen Körper, aber auch für die Körper von Frauen und für den Körper der Welt gekoppelt. In den meisten Gesellschaften und Religionen hatten die Frauen einen niederen sozialen Rang und wurden in Abhängigkeit von den Männern gehalten. Frauen wurden vor allem in ihrer primären sozialen Rolle als Gattin und Mutter geschätzt, für die sie ebenso gepriesen wie verunglimpft wurden. Die traditionelle Spiritualität hat häufig die Männer von den Frauen getrennt; das gilt sowohl für die individuellen als auch für die gesellschaftlichen Verhältnisse.

Obwohl letztlich geschlechtstranszendent, sind die spirituellen Ideale doch alles andere als geschlechtsneutral. Sie sind geprägt von tief sitzenden patriarchalen Strukturen und von einem androzentrischen Denken, das alle traditionellen spirituellen Praktiken und Lehren erfasst hat. Auf den ersten Blick scheinen viele spirituelle Ratschläge ganz neutral zu sein. Sie hören sich an, als wären sie einfach an alle spirituell Suchenden gerichtet. Spirituelle Begleitung scheint also oft scheinbar neutralen, asexuellen Wesen ohne bestimmtes Geschlecht zu gelten. Aber wenn man genauer hinsieht, erweist sich ein solcher Rat oft als leib-, frauen- und weltfeindlich.

In der Vergangenheit wurde die spirituelle Praxis hauptsächlich von bestimmten sozialen und religiösen Eliten entwickelt: von Asketen, Mönchen, Yogis, Gurus, heiligen Männern, zuweilen auch heiligen Frauen, die die notwendige Muße und Fähigkeit hatten, die Pfade spiritueller Exzellenz zu beschreiten. Die meisten Heiligkeitsmodelle waren männlich und beruhten auf männlicher Erfahrung. Die Geschichte der Entsagung und des religiösen Asketismus bleibt noch zu schreiben, aber wir wissen schon jetzt genug, um zu erkennen, dass der Asketismus für eine ganze Menge an Misogynie in den Lehren vieler Weltreligionen verantwortlich ist.

Die Spiritualität der Vergangenheit – und eigentlich auch ein Großteil heutiger Spiritualitäten – ist tief dualistisch. Sie spaltet die Welt der Frauen, der Arbeit, des Körpers und der Materie von der des Geistes ab. Die Revision und Erneuerung der Spiritualität, die wir heute verleben, sucht hingegen Heiligkeit durch *Ganzheit*. Durch die Verknüpfung und Integration aller Erfahrungen des menschlichen Lebens werden die traditionellen Einstellungen zu Geschlecht, Arbeit, Umwelt und vielen anderen Aspekten der persönlichen und sozialen Erfahrung radikal verändert.

Nirgends ist das offensichtlicher als bei zeitgenössischen Frauen, in den verschiedenen Form von Feminismus und in der kreativen Umgestaltung, die in der spirituellen Frauenbewegung stattfindet. Hier kommen drei Ansätze einer Suche nach persönlicher, sozialer und planetarischer Veränderung in einer spannenden neuen Weise zusammen. Sie konvergieren und lassen eine neue Erfahrung und eine neue spirituelle Sicht entstehen. Frauenspiritualität verbindet die Suche nach einem verkörperten Ich, einem ausgewogenen Gespür für die Subjektivität mit einem neuen Bewusstsein von der Macht des Geistes. Das findet seinen Ausdruck in einem neuen Ichgefühl, einem neuen Gespür für die Gemeinschaft und einer neuen Beziehung zur gesamten Umwelt aller Lebewesen auf der Erde.

Neben dem weltweiten Wachstum in der »Frauenspiritualität«, speziell der »feministischen Spiritualität«, betrifft eine weitere wichtige Entwicklung die nativen spirituellen Traditionen und das spirituelle Erbe indigener Völker und Kulturen. Diese unterschiedlichen Bewegungen haben eines gemeinsam: eine selbstverständliche Verehrung für das Leben und die Natur, vor allem den Glauben an die Heiligkeit der Erde. In der neuen »ökofeministischen Spiritualität« kommt dieses Moment besonders zum Tragen.

Frauenspiritualität in historischer Sicht

Das Interesse heutiger Frauen an Spiritualität hat echt prophetische und radikale Züge. Das ist offensichtlich bei Frauen unterschiedlichen Glaubens, aber auch bei Frauen im säkularen Bereich. Die neue Spiritualität unter Frauen ist einmal als »womanspirit« bzw. als spiritueller und metaphysischer Feminismus beschrieben worden. Sie ist erstmals während der zweiten Phase der Frauenbewegung im 20. Jahrhundert in Erscheinung getreten. Einige feministische Aktivistinnen mit starkem politischen Engagement lehnen dieses Interesse an der Spiritualität als »soft option«, sozusagen als Ausstieg aus dem aktiven Einsatz für sozialen Wandel ab. Andere betrachten Spiritualität als eine Notwendigkeit jenseits von politischem und sozialem Aktivismus, da auf lange Sicht nur eine letztlich spirituelle Orientierung das praktische Eintreten und das persönliche Engagement tragen könne.

Die ganze moderne Frauenbewegung ist schon als eine spirituelle Revolution bezeichnet worden. Man kann nämlich wirklich sagen, dass der zeitgenössische Feminismus als soziale und politische Bewegung eine implizite spirituelle Dimension besitzt, selbst wenn diese verborgen bleibt oder explizit geleugnet wird. Der feministische Kampf um Befreiung, Gleichheit, Frieden, Gerechtigkeit und das volle Menschsein der Frauen lässt sich als nicht nur auf soziale, politische und ökonomische, sondern ebenso auf spirituelle Ziele gerichtet verstehen. Neben dieser impliziten spirituellen Ausrichtung hat die Entwicklung der Frauenspiritualität in größerem Stil explizit in den letzten Jahrzehnten des 20. Jahrhunderts eingesetzt.

Doch das Interesse von Frauen an Spiritualität reicht viel weiter zurück – bis in die Frühphase der modernen Frauenbewegung im 19. Jahrhundert. Frauen mühten sich damals nicht nur, ihre soziale, rechtliche und politische Stellung zu verändern, sondern kämpften auch darum, die spirituelle Dimension ihres Lebens zu entwickeln und einen aktiveren Part in den Religionen, denen sie angehörten, zu ergreifen. Religiöse Motivation und spirituelle Ziele spielten eine wichtige Rolle im Leben vieler früher Vorkämpferinnen für soziale und rechtliche Reformen. Das zeigt sich sehr deutlich in den Biografien von so bekannten Gestalten wie Mary Wollstonecraft, Florence Nightingale, Elizabeth Cady Stanton und Matilda Joslyn Gage. Die Historikerinnen der modernen Frauenbewegung haben erst kürzlich angefangen, den religiösen Elementen und spirituellen Idealen, die das Denken und Handeln dieser und anderer Reformerinnen bestimmten, mehr Aufmerksamkeit zu widmen.

Ein weiteres interessantes Beispiel liefert uns das erste moderne interreligiöse Ereignis, das bereits erwähnte, 1893 in Chicago veranstaltete Weltparlament der Religionen. In Kreisen, die sich dem interreligiösen Dialog verschrieben haben, wird diese Veranstaltung häufig erwähnt, aber die beachtliche Präsenz von Frauen und ihr Beitrag dazu ist weit weniger bekannt. Es waren vor allem jüdische und christliche Frauen aus liberalen protestantischen Richtungen (nicht jedoch aus den Reihen der Katholiken), die an dieser ersten großökumenischen Versammlung der Neuzeit teilnahmen. Signifikante Führerinnen waren an der Organisation des Parlaments beteiligt und sprachen bei seiner Eröffnungs- und seiner Schlusssitzung. Von den Reden im Plenum wurden 19, das sind etwa 10 Prozent, von Frauen gehalten. Aber noch viel mehr Frauen waren in zahlreichen Komitees und Parallelveranstaltungen aktiv, sodass man das Parlament zu Recht als einen Durchbruch für Frauen in der Religion bezeichnen konnte. Die Teilnehmerinnen hegten hochgespannte Erwartungen, was die gleichberechtigte Beteiligung von Frauen an den religiösen Ämtern und Institutionen betraf. Leider blieb das ein Ziel, das auch in unseren Tagen, mehr als hundert Jahre später, noch nicht erreicht ist.

Reverend Antoinette Brown Blackwell, eine Pastorin der Unitarier, war die erste christliche Frau, die 1853 zur Geistlichen ordiniert wurde. Ihr Leben ist ein besonders faszinierender Fall eines weiblichen Engagements für Religion und Spiritualität. Sie hat ihr Amt lange Jahre ausgeübt und es mit der Ehe und der Erziehung von sechs Töchtern zu vereinen gewusst. Beim Weltparlament der Religionen von 1893 konnte sie auf vierzig Jahre Arbeit als Geistliche zurückblicken. In ihrer Reflexion über diese außergewöhnliche Erfahrung sprach Blackwell über »Frau und Kanzel« und erwähnte »das Widerstreben, das viele hervorragende Leute gegen die Gegenwart und die kluge, hilfreiche Lehrtätigkeit fähiger Frauen auf der christlichen Kanzel noch immer empfinden«.[18] Doch war sie der Ansicht, dass die Argumente gegen predigende Frauen schon längst beantwortet waren und dass

18 Dieses und die folgenden Zitate aus den Reden von Frauen beim ersten Weltparlament der Religionen sind entnommen aus Ursula King, »Rediscovering Women's Voices at the World's Parliament of Religions«, in: Erich J. Ziolkowski, *A Museum of Faiths: Histories and Legacies of the 1893 World's Parliament of Religion*, Atlanta 1993, S. 325-343.

»das Geschlecht des Arbeiters kein Hindernis für eine gute Arbeit ist«. Nachdrücklich erklärte sie, die Welt brauche »mehr Frauen auf der Kanzel«; diese seien »unverzichtbar für die religiöse Entwicklung der Menschheit«.

Das war keineswegs nur Wunschdenken, es war eine prophetische Vision, die seither konkretere Form angenommen hat. Blackwell bezog statistisches Material in ihren Vortrag ein und legte dar, dass bis 1893 bereits über 200 christliche Frauen zu Geistlichen ordiniert worden waren. Im Jahr 1921, als Antoinette Brown Blackwell starb, errechnete man, dass es damals schon mehr als 3000 Pastorinnen in den USA gab; sie gehörten alle zu Freikirchen. Es dauerte noch viele Jahre, bis mehr etablierte Kirchen Frauen ordinierten. Gegenwärtig weigern sich vor allem die römisch-katholische und die orthodoxe Kirche, voll ordinierte geistliche Frauen in ihrer Mitte zuzulassen. Doch in beiden Kirchen nehmen Frauen zahlreiche spirituelle Aufgaben wahr, entweder als Klosterfrauen oder als Laiinnen. Sie wirken als Seelsorgerinnen in Krankenhäusern, Gefängnissen und Erziehungseinrichtungen und leisten viel pastorale Arbeit in Pfarreien und kirchlichen Organisationen.

Heute stellen Frauen quer durch die Denominationen innerhalb und außerhalb der Kirchen und in unterschiedlichen Religionen auf der ganzen Welt viele traditionelle Formen von Spiritualität infrage. Sie lehnen frühere spirituelle Ideale der Unterordnung und des Gehorsams ab, die ihnen wenig attraktiv erscheinen. Stattdessen suchen sie alternative Muster für eine neue, verleiblichte und weltimmanente Spiritualität, die ihrer eigenen Erfahrung angemessener ist, sich stärker aktiv engagiert und sich auf die sozialen und persönlichen Probleme von heute einlässt. Außerdem stützen sie sich auf Frauen aus vergangenen Epochen, die trotz zahlreicher Hindernisse darum rangen, innerhalb der religiösen und kulturellen Grenzen ihrer Zeit ihre eigene spirituelle Suche zu realisieren.

Die neuere Forschung hat reiche Ressourcen weiblicher Bildwelt und Symbolik in den Weltreligionen entdeckt, wie etwa die Fülle von

Göttinnen in den antiken mediterranen Kulturen oder im Hinduismus, die Präsenz von weiblichen Weisheitsgestalten von der antiken *Sophia* in der Hebräischen Bibel und im christlichen Alten Testament bis hin zur Personifikation der Weisheit, *Prajna*, im asiatischen Buddhismus oder zu der huldvollen, unendlich mitleidenden Gestalt des weiblichen Bodhisattva *Kuan Yin*, die in weiten Bereichen Asiens verehrt wird als »Die die Schreie der Welt hört«. Die bewusste Aneignung und fantasievolle Reflexion über dieses reiche symbolische Erbe kann für Frauen von heute spirituell sehr bestärkend sein.

Eine weitere Quelle der Bestätigung und Stärke ist in den zahllosen heiligen Frauen und Mystikerinnen der Vergangenheit zu finden. Ihre Erfahrungen und Lebensgeschichten, ihr spirituelles Suchen und Ringen und dessen Erfüllung können ein starker Appell sowohl für Frauen wie für Männer sein. Zahllose geistbegabte Frauen, die es in den verschiedenen Religionen gab und noch immer gibt, können inspirierend wirken – von der Antike über das Mittelalter bis zur Neuzeit. Um nur einige Beispiele aus dem abendländischen Kulturkreis zu nennen: Hildegard von Bingen, Juliana von Norwich, Teresa von Ávila oder die Beginen. Zeitlich stehen uns näher: Simone Weil, Edith Stein, Mutter Teresa oder die weniger bekannte orthodoxe Mutter Maria Skobzowa. Unter den Frauen aus Fernost sind es Akka Mahadevi und Mira Bai im mittelalterlichen Hinduismus, Sarada Devi und Anandamayee Ma im modernen Hinduismus und die frühen buddhistischen Nonnen, die im *Therigatha*, den »Liedern der Schwestern«, von ihrer Suche nach spiritueller Befreiung und Erleuchtung sangen. Wir haben die spirituellen Biografien von koreanischen und japanischen buddhistischen Nonnen und im frühen Islam die große Mystikerin Rabia, gefolgt von weiteren Sufi-Frauen.

Frauen aus unterschiedlichen Glaubensrichtungen entdecken jetzt ihre in der Vergangenheit so lange vernachlässigten spirituellen Ahninnen. Wir können ein Buch wie *An Anthology of sacred Texts By and About Women* (Serinity Young [Hrsg.], 1994) lesen, wir können etwas über die jüdische weibliche Spiritualität oder über diejenige von

Frauen im Buddhismus, Hinduismus, Islam, Sikhismus, in chinesischen, japanischen und vielen anderen Religionen lernen. Für Christinnen war es ein bestätigendes Erlebnis, als das 1988 zu einer Dekade der »Kirchen in Solidarität mit den Frauen« einberufene Weltkonzil der Kirchen ihnen mehr Sichtbarkeit und Anerkennung verlieh. Viel Reflexionsarbeit, praktisches Handeln, spirituelle Energie und Ermutigung erwuchsen aus dieser Initiative. Sie hat Frauen und Männer in aller Welt inspiriert, und es wäre wünschenswert, dass andere Religionen ihrem Beispiel folgten. Sie alle könnten den Frauen mehr Raum und Anerkennung geben, wenn sie zu einer Dekade der Aktion und Reflexion unter dem Titel »Religionen in Solidarität mit den Frauen« aufriefen. Aber das bleibt bis jetzt leider ein unerfüllter Traum.

Feministische Spiritualität

Die Ziele des modernen Feminismus und das uralte menschliche Streben nach Spiritualität scheinen auf den ersten Blick wenig miteinander zu tun zu haben, zumindest wenn man sie jeweils in einem engen, exklusiven Sinn versteht. Werden beide jedoch aus einer weiteren, mehr inklusiven Perspektive betrachtet, so treten alle möglichen Verbindungen zutage. »Feministische Spiritualität« in ihrem weitesten Sinn bedeutet das spirituelle, kreative Streben heutiger Frauen, das sich entweder auf traditionell-religiöse oder auf nichtreligiöse, säkulare Weise vollzieht. In einem spezielleren Sinn meint »feministische Spiritualität« eine neue spirituelle Bewegung, die aus der zweiten Welle des Feminismus erwachsen ist und außerhalb traditioneller religiöser Bindungen und Institutionen steht. Feministische Spiritualität bedeutet, dass Frauen die mit dem Wort »Geist« bezeichnete Wirklichkeit und Macht zurückfordern. Es heißt aber auch, dass sie die weibliche Macht, die Teilhabe der Frauen am Göttlichen und ihr Recht einklagen, sich uneingeschränkt an Religion und Kultur sowie an der Gestaltung des Reiches des Geistes zu beteiligen.

Feministische Spiritualität wurzelt in der Erfahrung von Frauen und ist auf eine enge Bindung unter Frauen ausgerichtet. Sie geht davon aus, dass die Materie, der Körper und die Welt letztendlich gut sind; es zeichnet sie eine ökologische Sensibilität aus, und sie entwirft ein neues Bild vom Göttlichen. Sie hat aus Wicca- und Volkstraditionen neue Rituale und Liturgien geschaffen, in denen sie insbesondere das Leben und den Kreislauf der Natur feiert, aber sie gründet sich ebenso auf die fantasievolle Neuinterpretation traditioneller Riten und Texte.

Die Spiritualität der Frauen von heute ist ein Gewebe aus vielen Fäden. Besonders auffallend daran ist, dass Frauen ihr eigenes Ich und ihr eigenes Wirken entdecken, Erfahrungen mit Netzwerken und mit der Gemeinsamkeit machen und sich ihrer Ermächtigung von innen heraus bewusst werden, aus der heraus sie dann zusammen am persönlichen, sozialen und politischen Wandel arbeiten können. Es kommt zu einer kreativen Neuverbildlichung und Neubenennung des Heiligen, zu einem Wachstum der Sensibilität für die interdependente Verbundenheit und Heiligkeit aller Lebensformen und zu einer speziellen Erde-Mensch-Beziehung. Viele dieser Themen werden in der heutigen Frauenkultur reflektiert, die durch Poesie und Fiktion, durch Songs, Musik, Film, Kunst und Theater verschiedene Aspekte der spirituellen Suche von Frauen erforscht. Das schließt auch die Erfahrung von Verlust und Schmerz, von Unterdrückung und Freiheit, Intimität und Wechselbeziehungen mit anderen sowie den vielfältigen Zusammenhang von Sexualität und Spiritualität ein.

Die spirituelle Suche von Frauen und die Entdeckung ihres Ichs wird anschaulich beschrieben in den Arbeiten zeitgenössischer Schriftstellerinnen wie etwa Margaret Atwood, Doris Lessing, Adrienne Rich und Ntozake Shange. Carol Christ hat die Stadien dieser Entdeckungsgeschichte nachgezeichnet; sie sieht darin eine Reihe von Schritten von der Initiation zum Erwachen und dann zu Erkenntnis, Transformation und Ganzheit. Grundstürzend und von enormem Einfluss bei Frauen in den Vereinigten Staaten und anderswo war die

Veröffentlichung von Carol Christ unter dem Titel *Womanspirit Rising: A Feminist Reader in Religion* aus den späten 1970er-Jahren (1979, aktualisierte Neuausgabe 1992), der zehn Jahre später ein weiteres Sammelwerk folgte: *Weaving the Visions: New Patterns in Feminist Spirituality* (Hrsg. zusammen mit Judith Plaskow, 1989). Ebenfalls einflussreich war der von Charlene Spretnak herausgegebene Band *The Politics of Women's Spirituality* (1994), der Essays von vielen Gründermüttern der feministischen Spiritualität enthält. Sie alle zeigen deutlich, dass das Verlangen von Frauen nach Ganzheit eine radikale Veränderung der traditionellen patriarchalen Einstellungen zu Geschlecht, Sexualität, Arbeit und Gesellschaft erfordert. Mit anderen Worten: Die tiefinnerlich ermächtigende Spiritualität von Frauen hat wichtige Implikationen für ihr Leben in der Gesellschaft wie auch für ihre Partizipation am religiösen Leben, sofern sie weiter zu einer bestimmten Glaubensgemeinschaft gehören. Spirituelle Gruppen von Frauen innerhalb oder außerhalb der Glaubensgemeinschaften haben neue Symbole, Gebete, Lieder und Feste geschaffen, und sie setzen auch spezielle Segensformen, Schweigen und Meditation ein.

Wo können Frauen die notwendigen spirituellen Ressourcen finden, um ihre je besonderen spirituellen Bedürfnisse zu decken? Viele können aus der eigenen Erfahrung von Frauen kommen, aus ihrer inneren Kraft und Stärke, aber auch aus ihrem Leiden, ihrem Schmerz und ihrer Unterdrückung sowie aus ihrem Gefühl von Ermächtigung und Leistung, von neuer Würde und Respekt, von Verbundenheit mit anderen, von neu gefundener Gegenseitigkeit und neuem Vertrauen. Gläubige Frauen werden viele Ressourcen in ihrer eigenen religiösen Tradition finden, die ihr geistliches Leben inspirieren und nähren kann, auch wenn vieles davon der Adaptation und Neuinterpretation bedarf.

Eine überraschende Quelle der Bereicherung ist die Entdeckung des großen spirituellen Erbes von Frauen quer durch die unterschiedlichen Religionen der Welt. So viele spirituelle »Vorfahrinnen« gibt es, so viele weibliche Heilige und Mystikerinnen aus Jahrhunderten können heute für Frauen und Männer inspirierende Beispiele liefern! Doch zugleich sind wir uns schmerzlich bewusst, dass die meisten Religionen das Leben von Frauen eher im Sinn häuslicher und familiärer Pflichterfüllung bewertet und weniger die Suche von Frauen nach religiöser Erleuchtung und spiritueller Vervollkommnung ermutigt haben. Daher können wir mit Recht fragen, inwieweit Frauen wirklich einen spirituellen Eigenraum besaßen. Wie weit waren sie imstande, dieselben geistlichen Disziplinen zu üben wie Männer?

In der Geschichte haben einzelne Frauen, oft gegen große Widrigkeiten, darum gekämpft, einen spirituellen Weg entgegen den Wünschen ihrer Familien, Freunde und religiösen Autoritäten zu beschreiten. Unter dschainitischen, buddhistischen und christlichen Schwestern und Nonnen lassen sich zahlreiche Beispiele von Frauen finden, die außergewöhnlichen Pfaden spiritueller Hingabe gefolgt sind und hohe Ziele erreicht haben. Frauen mussten darum kämpfen, ihre eigenen religiösen Gemeinschaften zu gründen, und ihr Geschlecht hat stets den Widerstand der Männer gegen den weiblichen Anspruch auf Autonomie, Eigenverantwortlichkeit und geistliche Autorität erregt. Daher blieben die Aktivitäten von Frauen in den meisten Fällen von männlichen religiösen Hierarchien eingeschränkt und kontrolliert, und das ist auch heute noch so. Vielleicht ist dieser Kampf nirgends deutlicher sichtbar als in der reich dokumentierten Geschichte christlicher Ordensfrauen, in deren Klöstern und Konventen jahrhundertelang zahllose weibliche Gelehrte, Mystikerinnen, Künstlerinnen, Aktivistinnen, Heilerinnen und Lehrerinnen lebten. Dies ist ein für die Frauen von heute überaus kostbares Erbe. Ob Christinnen oder nicht – darauf können alle Frauen wirklich genauso stolz sein wie auf die spirituellen Leistungen von Frauen im Buddhismus, Hinduismus, Islam und in anderen Glaubensrichtungen.

Auch in anderer Hinsicht zeigt sich, dass die reiche weibliche Bildwelt und Symbolik in unterschiedlichen Weltreligionen trotz ihrer häufig tief reichenden Ambivalenz viele spirituelle Ressourcen für Frauen liefert. Bei allen können wir fragen: Wo finden wir Symbole und Bilder einer weiblichen Gottheit, weiblicher Weisheitsgestalten und des Geistes? Lesen wir die religiösen Texte aus einem spezifisch weiblichen Gender-Blickwinkel, so kann uns dies zu überraschenden neuen Einblicken in die menschliche Erfahrung des Göttlichen führen, sei es in geschlechtsspezifischen Mustern mystischer Erfahrung mit ihren bisweilen starken Unterschieden zwischen Männern und Frauen, sei es in der intimen Gegenwart des Geistes in unseren Körpern und in der Naturwelt.

Die Diskussionen über die Möglichkeit und Notwendigkeit einer weiblichen Gottheit, begleitet von einer Neubewertung des Körpers und des Mutterseins, nehmen eine zentrale Stellung im philosophischen und theologischen Denken von heute ein. Christliche und jüdische feministische Autorinnen richten ihre Anstrengungen vermehrt darauf, das Göttliche neu zu verbildlichen, indem sie inklusivere, nicht ausschließlich männliche Metaphern für Gott entwickeln. Es ist leider nicht möglich, hier auf die reiche Literatur der feministischen Theologie über Gottesbild und Gottessprache einzugehen. Doch möchte ich kurz auf einen sehr inspirierenden Artikel von Elisabeth Moltmann-Wendel hinweisen: »Die Alte Frau Gott«, der besonders im Zusammenhang mit der Entwicklung einer angemessenen Altersspiritualität wichtig ist (Weber, 2003, S. 26-29).

Im Zentrum vieler feministischer Diskussionen über Spiritualität stehen jedoch die Gestalt der Göttin und die Wiederentdeckung vieler alter Göttin-Traditionen in aller Welt. Doch so mächtig diese Traditionen auch sein mögen – sie üben nicht notwendig einen positiven Einfluss auf die Stellung von Frauen in der Gesellschaft aus.

Göttin-Spiritualität

Der auffallendste Charakterzug der zeitgenössischen feministischen Spiritualität ist wahrscheinlich die (Wieder-)Entdeckung und Verehrung der Göttin in den westlichen Gesellschaften. Aus diesem Grund wird die feministische Spiritualität manchmal schlicht mit einer

»Göttin-Spiritualität« gleichgesetzt. Auch wenn diese beiden Formen von Spiritualität sich beträchtlich überlappen, sind sie nicht einfach identisch. Manche Frauen lehnen alle anthropomorphen Ansätze ab, die die Darstellung des Göttlichen an weibliche oder männliche Formen binden, und bevorzugen stattdessen ein androgynes oder monistisches Verständnis der letzten Wirklichkeit.

Die gängige Göttin-Spiritualität basiert sowohl auf traditionellen als auch auf nichttraditionellen religiösen Ressourcen und hat viele neue religiöse Rituale und Praktiken hervorgebracht. Die Große Göttin, die in zahllosen historischen und kulturellen Formen manifest ist, wird eher als immanent denn als transzendent angesehen und ist eng mit dem Körper und der Erde verbunden. Daher können wir sie in uns selbst, in den anderen Menschen und in der Natur erfahren. Eines der kraftvollsten Symbole für die Göttin ist der Mond, der mit dem weiblichen Monatszyklus, mit der Fruchtbarkeit und dem Gebären in engem Zusammenhang steht.

Systematische Reflexionen über die Göttin werden heute *Thealogie* genannt. Das geschieht im Anschluss an Naomi Goldenberg, die diesen Ausdruck als Erste vorgeschlagen hat, um ihn von der traditionellen, so sehr um die Gottrede in männlichen Begriffen bemühten jüdischen und christlichen *Theologie* zu unterscheiden. Die Wiederentdeckung der Göttin hat eine dynamische Göttin-Thealogie hervorgebracht. Diese benutzt weibliche Bilder und Metaphern, die weitgehend von den Göttinnen der antiken mediterranen Welt herstammen, weniger aber von den Göttinnen anderer Kulturen aus Afrika, Asien, Mittel- und Südamerika.

Zum Beispiel ist der Hinduismus eine der historisch reichsten Traditionen, was weibliche Vorstellungen vom Göttlichen angeht; er besitzt wahrscheinlich die dynamischste lebendige Göttinnenverehrung in der heutigen Welt. Doch nur wenige indische Göttinnen treten in der westlichen Thealogie und in der feministisch-spirituellen Praxis in Erscheinung. Mehr noch: Die Beziehung zwischen der weiblichen Symbolik des Göttlichen und dem realen Leben von Frauen ist höchst ambivalent. Viele Religionen, die Göttinnen verehren, bestätigen nicht notwendig Frauen in ihrer Lebenswirklichkeit, wie sich in zahlreichen Ländern zeigt.

Der wichtigste Beitrag der Thealogie besteht vermutlich darin, dass sie die weibliche Sakralität aufs Neue bekräftigt, weil sie die Leben spendenden Kräfte des weiblichen Körpers in ihrer Verbindung mit der göttlichen Schöpfertätigkeit sieht. Das hat zu einem neuen »spirituellen Feminismus« geführt, der zur heutigen Veränderung der religiösen Praxis beigetragen hat.

Die (Wieder-)Entdeckung der Göttin hängt auch mit der Rückbesinnung auf das Hexenwesen und mit der Praxis der Wicca (ursprünglich »Weisheit«) zusammen. Wicca ist eine um die Göttin kreisende Religion, die wiederum Teil der umfassenderen, die Göttin verehrenden Gemeinschaft ist. Sie ist organisiert in Zirkeln, zu denen Frauen und Männer gehören können. Anhänger des Wicca-Kults haben ihre eigenen Rituale, Tänze und Gesänge geschaffen. Eine der einflussreichsten Praktizierenden und Lehrerinnen der weiblichen Hexenzunft ist die Amerikanerin Starhawk, die manchmal als die Hohepriesterin der modernen Hexenbewegung bezeichnet wird. Ihre Herkunft ist jüdisch, und ihr früherer Name war Miriam Simos. Starhawks Ideen wurden durch ihre Schriften, Vorträge, Workshops und Zirkel weit verbreitet; aus dieser Tätigkeit gingen verschiedene Gemeinschaften hervor, insbesondere das Reclaiming Collective in und um San Francisco. Ihr Buch *The Spiral Dance: A Rebirth of the Ancient Religion of the Great Goddess* (Sonderausgabe 1999) ist ein Klassiker der feministischen Spiritualität. Es enthält zahlreiche Übungen, Anrufungen, Gesänge, Segens- und Zaubersprüche.

Zu einer anderen Art, die letzte, alles bestimmende Wirklichkeit zu benennen, zählt Rosemary Radford Ruethers Vorschlag, das Göttliche als »God/dess« zu bezeichnen, während Carol Christ in jüngerer Zeit dem Ausdruck »Goddess/God« den Vorzug gibt. Diese Begriffe lassen sich nicht ohne Weiteres im Gebet verwenden. Sie sind eher Versuche, inklusiver zu denken, das heißt, sie wollen Frauen in die Lage versetzen, zu verbinden, was traditionell an Wahrem entweder über Göttin oder über Gott gesagt worden ist, und gleichzeitig die patriarchal-exklusiven Aspekte dieser Traditionen zurückweisen. Für einen anderen Weg, diese Zielsetzung zu verfolgen, steht die Bezeichnung des Göttlichen als »Heilige Weisheit«, die sowohl als weiblich als auch als männlich begriffen werden kann.

Die feministische Spiritualität von heute ist in hohem Maß beeinflusst von psychologischen Schriften über die Göttin auf der Basis des Denkens von C. G. Jung. Häufig verwendet sie Jungs Archetypentheorie über das Weibliche und das Männliche, das in jedem Menschen koexistiere. Doch Jungs Ideen über die harmonische Komplementarität des Weiblichen und des Männlichen, von *anima* und *animus* in jeder Person, verstärken leider oft traditionelle sexuelle Archetypen und Geschlechterhierarchien. Selbst in einem androgynen Zugang zum Menschen und zum Göttlichen scheint das Männliche noch immer die Priorität vor dem Weiblichen zu haben.

Zu den Veränderungen in der religiösen Praxis gehören auch die Übernahme einer geschlechterinklusiven Sprache in den religiösen Texten und Gebeten sowie institutionelle Veränderungen, die Frauen den Weg zu offiziellen religiösen Positionen öffnen. Die neuen Chancen von Frauen im Bereich von Religion und Spiritualität schließen ferner ein, dass sie im Hinduismus die traditionellen Pfade der Askese beschreiten oder die volle Ordination für buddhistische Nonnen in Sri Lanka und anderen Theravada-Ländern erlangen. Es wird aber noch großer Anstrengungen und einiger Zeit bedürfen, bis die volle Gleichheit von Frauen und Männern in allen Religionen erreicht ist oder bis neue Gruppierungen der Frauenspiritualität in der säkularen Gesellschaft voll akzeptiert werden.

Ökofeministische Spiritualität

Eine der spannendsten Entwicklungen im spirituellen Feminismus ist die Zunahme der »ökofeministischen Spiritualität«. Diese ist in vieler Hinsicht der feministischen Spiritualität ähnlich, fokussiert aber ausdrücklicher ökologische Fragen. Und sie legt einen deutlicheren Akzent auf die Verbindung von Frauen mit der Erde und allen Formen des Lebens. Ökofeministische Spiritualität ist aus dem Ökofeminismus hervorgegangen; dieses Wort wurde erstmals 1974 geprägt, um eine neue Bewegung zu bezeichnen, die auf dem engen Konnex zwischen Ökologie und Feminismus basierte. Eine der wichtigsten ökofeministischen Einsichten besteht in der Überzeugung, dass die Unterdrückung und Ausbeutung von Frauen und Natur eng miteinander zusammenhängen und beide gleich verheerend für die Gesamtheit des Lebens und den Frieden auf der Erde sind.

Aus ökofeministischer Perspektive gesehen herrscht eine Dissoziation zwischen unserem Ich, der Erde und dem Göttlichen, eine tiefe Spaltung, die geheilt werden muss. Frauen können einen wesentlichen Beitrag zu dieser Erd-Heilung leisten, denn Erde und Frauen sind dadurch miteinander verbunden, dass sie gebärend tätig sind, dass sie unablässig erneuernd das Netz des Lebens knüpfen, dass sie ein vielfädiges Gewebe schaffen, dessen Teil wir alle sind. Es ist eine wirklich schöpfungszentrierte Spiritualität, in der die Natur selbst als hierophan erlebt wird, als Offenbarungsort für die Präsenz und Schönheit des Geistes. Die Welt wird als der Körper Gottes/der Göttin oder einfach als Gaia gesehen, und daher müssen wir die Erde verehren.

Daher hat der Ökofeminismus eine klare Ausrichtung auf das Heilige. Er strebt die Revision der traditionellen Religionen durch die Entwicklung neuer ökofeministischer Spiritualitäten an, stützt sich aber auch auf alternative Religionen und Spiritualitäten sowie auf die Spiritualität des Erdlandes, die sich bei indigenen und nativen Völkern findet. Signifikante Themen der ökofeministischen Spiritualität sind: die Bande zwischen den Körpern von Frauen und der Erde, das Einschwingen in die Gezeiten der Natur, die Dynamik und Energie des Lebens und der komplexe Zusammenhang im Gewebe des Lebens. Diese Spiritualität verlangt nach einer alternativen Kultur, die friedliebender und nicht hierarchisch ist und die Grenzen zwischen Natur und Kultur niederreißt.

Wie der Ökofeminismus selbst ist auch die ökofeministische Spiritualität als Bewegung in einen globalen Aktivismus involviert. Sie engagiert sich für einen globalen planetarischen und gesellschaftlichen Wandel. Der aber ist nicht möglich ohne einen spirituellen Wandel und ohne den unverzichtbaren, ganz wesentlichen Beitrag von Frauen aus allen Erdteilen. *Women Healing Earth. Third World Women on Ecology, Feminism, and Religion* (1996) lautet der Titel eines Buches von Rosemary Radford Ruether und dass Frauen die Erde heilen, ist integraler Teil der Aktivität vieler Frauengruppen in der sogenannten Dritten Welt. Aber nicht nur in den zwei Dritteln der sich entwickelnden Welt, sondern in allen Ländern des Globus sind Frauen und ihre Spiritualität notwendig, wenn es gilt, eine nachhaltige Entwicklung, ökologische Integrität und eine gerechte und friedfertige Welt zu fördern.

Im Gefolge der feministische Neuinterpretation der traditionellen Religionen und infolge des Aufstiegs der feministischen, ökofeministischen und Göttin-Spiritualitäten existiert jetzt auch eine wachsende Bewegung jüngerer, von Männern stammender Neuinterpretationen von Religion und Spiritualität. Sie befasst sich ganz ähnlich mit Fragen der Körperlichkeit, der Sexualität, der Dekonstruktion traditioneller männlicher Rollen und Bilder und mit neuen Annäherungen ans Göttliche. Allerdings gründen diese Letzteren eher in der spezifischen Erfahrung von Männern als in der von Frauen. Neue Formen männlicher Spiritualität reklamieren den männlichen Körper als ein positives Element in der männlichen religiösen Identität. Diese Denklinie hat der amerikanische Theologe James B. Nelson in seinem Buch *The Intimate Connection: Male Sexuality, Masculine Spirituality* (1988) erstmals vorangetrieben, und seither ist sie von anderen Autoren und unterschiedlichen Männergruppen aufgegriffen worden. Soweit ist die viel jüngere männliche Spiritualitätsbewegung ein weitgehend westliches Phänomen geblieben, während die spirituelle Frauenbewegung und die feministische Kritik an der traditionellen Religion sich rund um den Globus verbreitet haben und viele Frauen aus nichtwestlichen Religionen miteinbeziehen.

Geschlecht und Geist

Viele traditionelle Stereotypen üben noch immer einen subtilen Einfluss auf das Denken über Spiritualität aus. Am stärksten wirken die gängigen Zuordnungen zu Männlichkeit und Weiblichkeit, die in der westlichen Kultur immer noch tief verwurzelt sind. Männlichkeit wird häufig als mit Vernunft, Transzendenz und Göttlichkeit verbunden wahrgenommen, während Weiblichkeit mit Körper, Immanenz und Menschlichkeit assoziiert wird. Solche stereotypen Zuordnungen liefern einige, wenn auch nicht alle Erklärungen, warum es von Frauen oft hieß, sie seien unfähig, die erhabenen, transzendenten Höhen des Geistes zu erreichen. Dieser Befund trifft nicht nur für Christentum und Judentum zu, sondern auch für die meisten anderen Religionen. Die verbreitete, für so manche religiöse Lehre charakteristische Auffassung, Frauen seien den Männern unterlegen, hat lange dafür gesorgt, dass Frauen aus dem Bereich spiritueller Autorität und aus den geistlichen Hierarchien der etablierten religiösen Institutionen ausgeschlossen waren.

Für eine gleichberechtigte Beteiligung der Frauen am geistlichen Leben, speziell in geistlicher Unterweisung und Leitung, ist es wesentlich, dass sie voll ausgebildet sind und dieselben intellektuellen und spirituellen Befähigungen wie Männer erlangen. Das wurde schon 1893 vom Weltparlament der Religionen in Chicago anerkannt. Eine der Sprecherinnen interpretierte dort die damalige Frauenbewegung als der göttlichen Vorsehung entsprechend, räumte aber ein, dass »wir noch recht unwissend sind, was die Natur der Frau in den Frauen, ihre wahren Fähigkeiten, Neigungen und Kräfte angeht, und dass wir dieselben auch nicht kennen werden, bevor die Frauen frei sind, sich in Übereinstimmung mit ihren eigenen Gedanken auszudrücken und nicht wie bisher in Übereinstimmung mit den Vorstellungen, die sich der Mann von ihnen macht«.

Diese Worte waren vor allem an westliche Männer und Frauen mit vorherrschend christlichem und jüdischem Hintergrund gerichtet. Es ist wirklich bemerkenswert, wie seit diesem Ereignis vor rund einem Jahrhundert bestens ausgebildete christliche Pastorinnen, jüdische Rabbinerinnen, Theologieprofessorinnen und Religionswissenschaftlerinnen ihren Part bei der Gestaltung heutiger Religion und Spiritualität in der westlichen Welt gespielt haben. Fasziniert sehen wir, wie eine stetig wachsende Zahl von jüdischen und christlichen Frauen eine Ausbildung in den Sprachen und der Interpretation ihrer heiligen Schriften und in der Geschichte ihrer Glaubensgemeinschaften erhalten haben. Damit sind viele Frauen jetzt hervorragend dafür qualifiziert, auf höchstem akademischen Niveau über ihre Glaubenstradition zu lehren. Vergleichbare Entwicklungen bei Frauen im Hinduismus, Buddhismus, Islam, Sikhismus und anderen Religionen Asiens, Afrikas und überall auf der Welt sind zu beobachten. Nicht viele Menschen im Westen sind sich bewusst, dass wir derzeit eine stille Revolution in der Art und Weise miterleben, wie Frauen rasch sowohl wissenschaftliche als auch spirituelle Kompetenz erwerben und dabei eine Autorität gewinnen, die manchmal nur widerstrebend anerkannt wird. Heutige Frauen aus Islam, Buddhismus, Hinduismus und aus vielen anderen Glaubensrichtungen, die ein kritisches feministisches Bewusstsein erworben haben und auf einen Wandel in ihren Gemeinschaften hinwirken, machen sichtbar, was bereits 1893 in den Reden beim Weltparlament der Religionen ausgedrückt worden ist: Damit Frauen gleichberechtigten Zugang zum Reich des Geistes erhalten und Autorität in spirituellen Dingen ausüben können, müssen traditionell spaltende Geschlechtermuster transzendiert werden. Das erfordert eine gewaltige Anstrengung, denn es ist von vitaler Bedeutung, dass Frauen vollen Zugang zu Alphabetisierung und Bildung auf allen Ebenen bekommen. Im Allgemeinen meint Alphabetisierung die Fähigkeit, zu lesen und zu schreiben, aber sie lässt sich auch als »spirituelle Alphabetisierung« verstehen, nämlich als Kompetenz, religiöses Denken zu verstehen und zu interpretieren, als die Fähigkeit, die heiligen Schriften und Traditionen eines Glaubens auszulegen, mit der Gabe der Unterscheidung, mit Autorität und Weisheit geistliche Weisung zu erteilen. Immer mehr Frauen in Judentum, Christentum, Buddhismus, Hinduismus und Islam sind jetzt dabei, solche spirituelle Alphabetisierung zu erwerben. Sie studieren das Erbe ihres Glaubens, suchen Zugang zu professioneller Ausbildung und ebensolchen Positionen in ihren religiösen Institutionen; sie werden Lehrerinnen und religiöse Führerinnen, deren spirituelle Autorität anerkannt und respektiert wird.

Dieses weltweite Phänomen ist eine neue, eine heutige Entwicklung. Zum ersten Mal in der Menschheitsgeschichte artikuliert eine wachsende Zahl von Frauen aus unterschiedlichen Religionen und mit unterschiedlichem kulturellen Background ihre eigenen spirituellen Erfahrungen, Reflexionen und Bestrebungen nicht nur als Individuen, sondern als eine *Gruppe* von möglicherweise globalem Format. Dieser radikal neue Prozess wird einen tiefen Einfluss auf die Zukunft von Religion und Spiritualität wie auch der gesamten Menschheit ausüben. Nicht nur westliche Frauen oder Frauen mit einem jüdischen oder christlichen Hintergrund sind aktiv in der Neuinterpretation ihres religiösen und kulturellen Erbes engagiert, vielmehr sind Frauen aus ganz verschiedenen religiösen und säkularen Kontexten rund um den Erdball in die Transformation ihrer Traditionen involviert.

Die kreativen Spannungen, die im Bereich von Spiritualität und Geschlecht bestehen, und die neuen spirituellen Ideen, Rituale und Praktiken, die aus der Bewegung von Frauen (und Männern) in der Religion hervorgehen, zeugen von großem Elan, von Energie und mutiger Kreativität. Sie können als Zeichen des Geistes in der heutigen Kultur gelesen werden, da sie auf tief reichende Transformationen und vielleicht sogar auf neue Anfänge hindeuten.

Die einzelnen Religionen sind vom zeitgenössischen feministischen Denken und von der entsprechenden Praxis unterschiedlich betroffen und antworten denn auch in unterschiedlicher Weise. Es kann kaum zweifelhaft sein, dass gläubige Frauen und Frauen, die tief in eine verändernde spirituelle Praxis involviert sind, miteinander im Dialog stehen. Dies ist ein interreligiöser Dialog in einem neuen Sinn, seit Frauen ein globales Netzwerk von Kontakten miteinander aufgebaut haben. Solche weltweiten Kontakte unter Frauen wachsen und werden stetig enger, trotz mancher Kritik, trotz Rückschlägen, persönlichen Schwierigkeiten und Enttäuschungen. Sie schließen viele neue Experimente im Dialog mit Händen, Häuptern und Herzen ein: eine mehr ganzheitliche Weise, die dialogische Begegnung durch praktische, intellektuelle und künstlerische Aktivitäten zu erleben. Dies wiederum bringt ein neues Bemühen um die Lösung von Konflikten, das Schaffen von Frieden sowie ökologisch ausgewogene Lebensformen und neue Ausdrucksgestalten spiritueller Praktiken.

Das heutige Denken hat sich von einem exklusiv feministischen und frauenzentrierten Ansatz hin zu einer mehr inklusiven Neubetrachtung der Geschlechterbeziehungen bewegt, die eine tief greifende Auswirkung auf die spirituelle Praxis haben wird. Wir dürfen nicht vergessen, dass wir uns immer noch im Anfangsstadium dieses Prozesses befinden. Was sich weltweit an gegenseitiger Stärkung von Glauben und Feminismus abzeichnet, ist verheißungsvoll und lässt für die Zukunft hoffen. Wenn es uns nicht nur darum geht, das Überleben der Menschheit auf dem Planeten Erde zu sichern, sondern auch um humanes Gedeihen für alle Völker in Ost und West, Süd und Nord – ein Gedeihen, das in hohem Maß von der Verwirklichung von stabilerem Frieden und größerer Gerechtigkeit auf dem Globus abhängt –, dann ist dringend geboten, dass das spirituelle Engagement und der Einsatz von Frauen in diesem Prozess voll zum Zuge kommen.

8. Spiritualität, Natur und Wissenschaft

Die Weltausstellung von 2005, die im japanischen Aichi stattfand, war dem Thema »Weisheit der Natur« (*Shizen no Eichi*) gewidmet. Sie betonte die engen Bande zwischen der Menschheit und der Natur und erforschte die Möglichkeiten, wie wir im 21. Jahrhundert in Harmonie mit der Natur leben können. Zwischen März und September 2005 besuchten mehr als 22 Millionen Menschen die Expo – weit mehr als die 15 Millionen, die die Veranstalter eingeplant hatten. Dieses gewaltige Echo spiegelte die große internationale Anziehungskraft der »Weisheit der Natur«. Die Werbebroschüre der Expo erklärte: »Die Natur, die Quelle allen Lebens, hat die Menschheit von Anfang an mit Subsistenzmitteln versorgt. […] Aus der ursprünglichen Beziehung zwischen den Menschen und der Natur hat sich ein weites Netzwerk von Wissen und Weisheit entwickelt. Forschende Geister und wissenschaftliche Prozesse haben die Weisheit der Natur, ihre Mysterien, ihre Ehrfurcht einflößende Schönheit und Macht erschlossen. Die Menschen sind Herren dieses Wissen geworden und haben unglaubliche Technologien entwickelt, um Energie und andere Ressourcen zu nutzen. In einer zunehmend übervölkerten Welt ist es manchmal schwer, über das Alltagsleben hinaus auf die langfristigen Wirkungen unseres technologischen Fortschritts zu blicken. Die realen Dschungel erinnern nicht mehr an die Schönheit des Waldes. Genau da müssen wir uns an die wahre Weisheit erinnern, die sich in einer nachhaltigen Beziehung zur Natur findet.«

Das Thema »Weisheit der Natur« bringt die drängende globale Sorge um die Umwelt zum Ausdruck, aber auch eine alte, sich durchhaltende spirituelle Einstellung der Menschen zur Natur. Nicht zufällig ist dieses Thema für eine Expo in Japan gewählt worden, da die japanische Kultur so stark von der Verehrung für die Heiligkeit der Natur geprägt ist: Die Natur ist die Behausung der *kami*, der Naturgeister. Japanische Menschen erfreuen sich an der Schönheit der Natur, deren ständiges Sich-Erneuern in so vielen Glaubenstraditionen, Ritualen und Festen gefeiert wird. Denken wir an die harmonischen Farben und Formen des Gartens in einem Zen-Kloster, an das fröhliche Kirschblütenfest im Frühling, an die Ehrfurcht gebietende Majestät des Fujiyama oder an die Beliebtheit von Bergschreinen und Wallfahrten, so können wir uns die lichte Schönheit und Anziehungskraft der Natur vorstellen und spüren ihre tiefe spirituelle Bedeutung.

Spirituelle Einstellungen zur Natur finden in unübersehbarer Vielfalt ihren Ausdruck und begegnen uns in allen Gesellschaften und Kulturen. In den letzten zweihundert Jahren haben diese Einstellungen, bedingt durch die moderne Wissenschaft und Technik, zunächst in der westlichen Welt und inzwischen auf dem gesamten Globus einen tief greifenden Wandel durchgemacht. Der deutsche Soziologe Max Weber (1864-1920) sprach von der »Entzauberung der Welt«; seine Formulierung erfasst prägnant die durch die Entstehung der Industriegesellschaft und die zunehmende Säkularisierung verursachte Entfremdung gegenüber der Natur. Doch gleichzeitig haben sich neue spirituelle Ideen und Einstellungen entwickelt, und zwar gerade dank der Wissenschaft selbst und durch das enorme Detailwissen vom wahren Bau der Natur, über das wir heute verfügen, das Wissen um die ungeheure Fülle von Lebensformen, ihre komplizierten Muster evolutionären Wachstums und die dynamischen Prozesse, die ihnen allen zugrunde liegen und sie miteinander verbinden. Sie liefern den Menschen neue Ressourcen für die spirituelle Betrachtung der Natur.

Einstellungen zur Natur

Aber was ist überhaupt Natur? Und wo ist die Natur zu finden in der überentwickelten, hochgradig urbanisierten und industrialisierten Welt des Westens?

Der eigentliche Begriff der Natur hat eine lange, komplexe Geschichte. Bisweilen wird die Natur stark idealisiert und romantisiert, zum Beispiel in der Literatur oder der Kunst. Viele Leute sind von den romantischen Dichtungen eines Wordsworth oder Blake, von den Transzendentalisten wie Thoreau, Emerson oder Whitman oder von den Schriften Goethes tief beeindruckt.

Wenn die Natur als ein Paradiesgarten, als Elysium oder als friedvolle Pastoralszene vorgestellt wird, erscheint die Idee einer unbeschädigten natürlichen Umwelt von jungfräulicher Beschaffenheit wie ein Traum, der im menschlichen Herzen tiefe Sehnsüchte weckt. Solche Sehnsüchte kommen auch ins Spiel, wenn die Natur, wie es häufig geschieht, visuell in Gestalt einer Frau repräsentiert wird, sodass die Ideen von weiblicher und von natürlicher Schönheit miteinander verschmelzen. Daneben wird die Natur erfahren als Ort von großer Schönheit und Stille, von Ehrfurcht gebietender Großartigkeit und schweigender Kontemplation, als ein Ort der Ruhe und Erholung, innerer Sammlung und ganz einfachen Daseins. Das alles ist für Menschen überaus begehrenswert. Doch unberührte Orte der Natur gibt es heutzutage schwerlich irgendwo im Reinzustand.

Wir werden von der Natur nicht nur aufgrund ihrer Schönheit und der Überfülle ihrer Formen angezogen, sondern auch weil wir die Natur als reine, unbeschmutzte, von menschlichen Eingriffen unberührte Wildnis wahrnehmen. Das ist natürlich eine romantische Projektion auf die Natur. Das Idealbild der »reinen Natur« hängt insbesondere mit tatsächlich existierenden Räumen von Wildnis zusammen, ob es nun hohe Gebirge, Urwälder, weite Wüsten oder arktische Regionen sind. Ein Großteil des zeitgenössischen Ökotourismus ist auf dieses Verlangen eingestellt, die großen natürlichen spirituellen Räume aufzusuchen, die uns vielleicht mehr als anderswo etwas von der Einheit von Natur und Geist offenbaren.

John Muir (1838-1914), Amerikas berühmtester Umweltschützer, war ein Liebhaber des Wilden. Für ihn wurden die Wildnis des Yosemite Valley und die Sierra zum Wallfahrtsort. Hier fand er spirituelle Erfüllung wie nirgends sonst. Er erlebte eine tiefe Einheit mit der Natur und schrieb in seinen *Wilderness Essays* (1980, Nachdr. 1989): »Du badest im Strahl der Natur … du verlierst das Bewusstsein deiner eigenen getrennten Existenz, du verschmilzt mit der Landschaft und wirst Teil und Stück der Natur« (S. 88). Die Wildnis wurde ihm Heimstatt, die Berge waren nicht nur der Ort des Nutzwalds und der Ursprung der bewässernden Flüsse, sondern Quellen des Lebens.

Doch das Erbe der Wildnis birgt auch eine dunklere Seite, da die ungezähmte Natur oft als Gegen-Stück zur menschlichen Zivilisation verstanden wurde. Wie zahlreiche Mythen und Feengeschichten anschaulich erzählen, kann ein zu eng mit der Natur verbundenes Leben einen Menschen zum Wilden, ja geradezu zum Tier machen, das ohne Moral und Selbstbeherrschung lebt und menschliche Gesellschaft scheut. Die Bezwingung und Kultivierung der Natur ist, vor allem in Nordamerika, von Kolonisten und Pionieren oft als »Zähmung der Natur« betrachtet worden. Es war nur ein kurzer Weg von dort bis zur Beherrschung und Ausbeutung der Natur.

Die von Menschenhänden unberührte Natur zu finden – ob als Landschaft, Meer, Tiere oder Pflanzen verstanden –, wird immer schwieriger. In weiten Teilen kann sie sich der Einwirkung der Menschen nicht mehr entziehen, auch wenn diese weit weg von der Wildnis in städtischen Siedlungen leben. Die menschliche Kultur hat die Natur tief greifend umgestaltet und, wie manche sagen, unwiderruflich geschädigt. Daher haben sich die Bedingungen für ihr Bestehen durch bereits seit Jahrtausenden in Gang befindliche, in den beiden letzten Jahrzehnten jedoch ungeheuer beschleunigte Prozesse irreversibel verändert. Aus einer inklusiveren Sicht aber sind die Menschen ja selbst Teil der Natur. Als solcher müssen sie sich selbst und ihr Verständnis der Natur in einer ganzheitlichen Perspektive dringend neu definieren.

Die spirituellen Einstellungen zur Natur werden derzeit stark durch ein auffallendes Interesse an der keltischen Spiritualität beeinflusst. Der Gedanke, die Kelten seien ein altes, spirituell begabtes Volk gewesen, wurde erstmals während des keltischen Revivals in Europa artikuliert, insbesondere im Irland des 19. Jahrhunderts. Danach erweiterte er sich zu einer bestimmten Weise des Keltisch-Seins, die den Völkern von Irland, Wales, Schottland und der Bretagne zugeordnet wird. Die Wurzeln dieser keltischen Spiritualität liegen in der zeitgenössischen Volkskultur samt der New-Age-Religion mit Göttin-Kult und Schamanismus einerseits und in der Suche nach einem mehr ganzheitlichen, ökologisch sensiblen und inklusiven Christentum andererseits.

Das keltische Christentum ist für viele Zeitgenossen hoch attraktiv, da es auf eine ganze Reihe von verbreiteten spirituellen Bedürfnissen antwortet. Mit seinem Sinn für die Heiligkeit der Natur scheint es der Welt näher zu sein und umweltverträglich die Güte von Gottes Schöpfung zu preisen, es wirkt nichthierarchisch, nichtsexistisch und vor allem überaus kreativ in der großartigen Bildwelt seiner Kunst, seiner Gebete und seiner Musik. Weithin bekannt und bewundert werden die Illustrationen des *Book of Kells* aus dem 9. Jahrhundert (heute im Trinity College in Dublin) und des Evangeliars von Lindisfarne (7./8. Jahrhundert, heute in der British Library in London) mit ihren komplizierten, verschlungenen Zeichnungen aus der natürlichen Welt und ihren brillanten Farben. Die Kalligrafie und die Illuminationen dieser berühmten Evangelienbücher gehören zu den kostbarsten Kunstschätzen der Menschheit. Vor allem dank dieser Kunst und ihren Kunstwerken, die eine große Bandbreite aufweisen und rund zwei Jahrtausende umfassen, begannen Menschen, sich für die keltische Spiritualität zu interessieren.

Neben der Rolle der Heiligen Schrift als Brennpunkt keltischer Spiritualität kennen wir öffentliche und private Gebete, die Verehrung von Engeln und Heiligen, das Leben der keltischen Mönche, den ausgeprägten Sinn für Gerechtigkeit und Gastfreundschaft und die Existenz des *anam chara*, des »Seelenfreundes«, aus dem keltischen Mönchtum, der ein frühes Beispiel geistlicher Führung durch Männer oder Frauen darstellt.

Ein Ort von besonderer Bedeutsamkeit in der heutigen internationalen christlich-keltischen Spiritualität ist die Insel Iona vor der Westküste von Schottland mit ihrer mittelalterlichen, im 20. Jahrhundert wiedererrichteten Abtei. Im Zentrum der Insel steht die ökumenische Gemeinschaft von Iona, die 1938 von George MacLeod (1895-1991), einem Pastor der Kirche von Schottland, gegründet wurde. Iona wurde vor allem bekannt, als in den 1980er-Jahren die keltische Bewegung aufkam. Seine Bedeutung hängt mit einem alten Gespür für den Ort und mit einer tiefen Sehnsucht zusammen, und dank MacLeods einfallsreicher Annäherung an das Revival der keltischen Spiritualität gilt Iona heute als das Weltzentrum des keltischen Christentums.

Die Natur der Natur

Der westlich-abendländische Begriff von Natur wurzelt im antiken griechischen Denken. Er besteht nicht nur aus der Idee einer nichtpersonalen, äußeren Umgebung, die den Menschen gegenübersteht und sie zugleich umgreift, sondern schließt auch den Begriff einer *anima mundi*, einer Weltseele, und der Beseelung der Welt ein. Da sich die moderne technologische Krise verschärft und sich abzeichnet, dass die Energiereserven knapper werden, mehr und mehr Tier- und Pflanzenspezies verschwinden und eine ökologische Katastrophe droht, müssen sich die Menschen allen Ernstes fragen: Was ist die Natur der Natur? Was ist die Natur des Menschen? Und was ist die Beziehung zwischen beiden? Diese Fragen sind nicht einfach »natürliche« Fragen, die man auf dem Tatsachenwege beantworten kann, sie gehören vielmehr zu den fundamentalsten Problemen überhaupt. Sie hängen mit tiefen philosophischen Perspektiven und grundlegenden spirituellen Entscheidungen zusammen, die unser Verständnis der Welt und unserer selbst bestimmen.

Die religiösen und philosophischen Traditionen rund um den Globus verfügen über zahllose Mythen und Geschichten, die die Erschaffung der Welt und der Menschen poetisch beschreiben und die Diversität der Formen und die Überfülle des Lebens wie einen einzigen großen, dicht gewebten Bildteppich darstellen. Diese Schöpfungsgeschichten und Kosmogonien der Alten spiegeln die tiefe Erkenntnis wider, dass die Menschen in einer moralischen und kosmischen Ordnung stehen, die weit über die Menschheit hinausreicht. In der Neuzeit ist diese integrale Sicht zwar vielen Menschen abhandengekommen, aber sie konfrontiert uns doch mit einer tiefen spirituellen Intuition, die es neu anzueignen gilt und die ein essenzieller Teil eines neuen ökologischen Bewusstseins werden muss.

Im 19. Jahrhundert haben europäische Philosophen in der sogenannten Naturphilosophie intensiv über die spirituellen Aspekte der Natur nachgedacht. Sie betrachteten die Natur als ein Ganzes und lehrten, es gebe eine tiefe Verwandtschaft zwischen der Natur und den Menschen, sodass diese sich in der Welt zu Hause fühlen könnten. Die geheimnisvolle Anziehungskraft der Natur war auch unter frühneuzeitlichen Wissenschaftlern wie Johannes Kepler (1571-1630), Galileo Galilei (1564-1642) und Isaac Newton (1643-1727) vorherrschend. Sie vereinten eine tief religiöse Einstellung und Ehrfurcht gegenüber der Natur mit streng wissenschaftlicher Forschung. Außer ihrem rigorosen Gebrauch der Mathematik bei der möglichst präzisen Formulierung der Naturgesetze bezogen sie sich, anders als die Wissenschaftler von heute, in einigen ihrer Werke auch auf religiöse Überlegungen und Argumente.

Die frühe und mittelalterliche christliche Theologie pries die Natur als wohlwollend und sah in ihr die Lenkung eines liebenden Schöpfers am Werk. Die christlichen Denker näherten sich der Natur als dem zweiten »Buch« nach der Heiligen Schrift. Wenn sie in ihr lasen, so offenbarte sie ihnen etwas über Gott, und diese Einstellung galt auch noch bei einigen der frühneuzeitlichen Wissenschaftler, die mehr über Gott zu erfahren hofften, wenn sie die Natur studierten und die in ihr herrschenden Gesetze entdeckten. Doch diese Forschungsperspektive wurde bald aufgegeben, und zwar besonders unter dem Einfluss der Evolutionstheorie ab der Mitte des 19. Jahrhunderts. Man sah die Natur jetzt vor allem als durch den Kampf ums Dasein charakterisiert an. Das Überleben des am besten Angepassten und die Selbstbehauptung galten mehr als die Selbstaufopferung um des Gedeihens der anderen willen. Diese Ernüchterung gegenüber der Natur kommt konzentriert in Tennysons oft zitiertem Wort von der »Natur, rot an Zung' und Klau'« zum Ausdruck. Daher führte die im 19. Jahrhundert erfolgte Trennung der Naturwissenschaften von Religion und Theologie in der westlichen Welt zu einer tiefen Entfremdung von der Natur. Neue wissenschaftliche Theorien bekräftigten die Auffassung, wonach die Natur eher feindselig als wohltätig sei und ein Umfeld bilde, in dem der Mensch sich nicht zu Hause fühlen könne.

Doch selbst für die antiken und mittelalterlichen Denker konnte es niemals eine ganz direkte Bewegung vom Denken über die natürliche Welt hin zu einer Einsicht in Gott und den Geist geben. Die Erfahrung der Natur ist für die Menschen immer zutiefst ambivalent gewesen. Nach wie vor versorgt die Natur die Menschen mit dem Lebensnotwendigen, ohne das sie nicht auskommen, aber sie kennt auch brutale, wilde Kräfte, wie sie sich in der Tierwelt oder in den gewaltigen Naturkräften von Feuer, Hochwasser, Unwettern, Erdbeben und Vulkanausbrüche zeigen. Diese zerstörerische Macht erfahren wir heute noch trotz der enorm vermehrten wissenschaftlichen Kenntnisse über die natürliche Welt und trotz der technologischen Fähigkeiten, viele ihrer Aspekte zu kontrollieren. Wir brauchen ja nur an die Tragödien infolge des Tsunamis in Asien, des Hurrikans Katrina in den Vereinigten Staaten, der Erdbeben in Pakistan und China, der Überschwemmungen in Bangladesch, Pakistan und Europa, der Vulkanausbrüche in Island und Indonesien zu erinnern. Sie haben zahllose

Leben ruiniert und vernichtet und der Umwelt großen Schaden zugefügt.

Welche spirituelle Haltung gegenüber der Natur bleibt uns angesichts der Gewalt dieser zerstörerischen Naturereignisse und des damit verbundenen tiefen menschlichen Leids? Nur Demut scheint uns noch möglich, Schweigen und passive Ergebung. Doch das Mitleiden ruft uns auf, beim Wiederaufbau des Lebens unserer Nachbarn zu helfen und die Wechselfälle der Natur zu überwinden, die ja so oft durch menschliches Versagen und mangelnde Vorausschau noch verschlimmert werden.

Solche gewaltigen Entladungen der Natur lehren uns, dass sich trotz aller wissenschaftlichen Daten und des ganzen verfügbaren technologischen Know-hows die immensen Energien der Natur letztlich der menschlichen Kontrolle entziehen. Die Bedeutung der Natur ist keineswegs selbstevident. Das Mysterium des Universums wird nie unzweideutig klar, nicht einmal denen, die seine Phänomene am eingehendsten untersuchen. Die Bewertung der vorliegenden wissenschaftlichen Daten ist Sache von weitgehend variablen Interpretationen. Ihre Bedeutung muss stets durch menschliche Einschätzung und Entscheidung festgelegt werden, die ihrerseits für weitere Fragestellungen offen bleiben. Nirgendwo zeigt sich das deutlicher als in den erbitterten Debatten um den Sinn der Evolution, die unter den verschiedenen Evolutionsbiologen selbst sowie zwischen Naturwissenschaftlern und Theologen geführt werden. Diese hitzigen Kontroversen spiegeln sich in dem, was im naturwissenschaftlichen Unterricht in Schulen auf der ganzen Welt gelehrt wird.

Vollzieht sich die Evolution auf gut Glück? Oder hat sie ein Ziel und eine Richtung, die sich einem göttlichen Schöpfer oder einer höheren Intelligenz verdanken? Manche Wissenschaftler erkennen das Vorhandensein einer unendlichen, ewigen Energie im Kosmos an, andere leugnen sie. Doch ist diese Energie identisch mit dem Geist oder der Existenz Gottes, wie ihn die traditionelle Religion versteht? Die Natur ist heute zwar ein Buch, das weiter aufgeschlagen vor uns liegt, als unsere Vorfahren sich träumen ließen, aber dieses Buch enthält noch immer nicht entzifferte Seiten. Daher streiten Naturwissenschaftler, Theologen und religiöse Denker nach wie vor um die Natur der Materie, des Bewusstseins und des Geistes.

Geist und Materie

Seit der französische Denker René Descartes (1596-1650) Vernunft und Materie scharf unterschied, hat sich bei westlichen Philosophen und Wissenschaftlern ein dualistisches Weltbild durchgesetzt. Doch ihnen stehen andere gegenüber, die eine tiefe Einheit erblicken, wo der Mensch auf den unterschiedlichen Wegen von Wissenschaft und Religion die Frage nach Materie und Geist stellt. Ein mehr ganzheitliches Verständnis von Geist und Materie tritt auf, vor allem aufgrund eines neues Verständnisse der Evolution und neuer Einstellungen zur Natur, die im Gefolge der Umweltbewegung entstanden sind. Eine integralere Annäherung an Geist und Materie war im traditionellen Denken immer schon erkennbar: in der chinesischen Wissenschaft, in Wissenschaft und Kultur des Islams und in Indien, dessen intellektuelles und religiöses Denken so stark durch die Suche nach Einheit geprägt ist. Anders als im Westen wird dort diese religiöse Auffassung auch von Naturwissenschaftlern gestützt.

Einer der Pioniere der experimentellen Wissenschaft in Indien, der Physiker und Pflanzenphysiologe Sir Jagadish Chandra Bose (1858-1937), war »begeistert von der Entdeckung, dass Grenzlinien verschwanden und Berührungspunkte zwischen den Bereichen des Lebenden und des Nichtlebendigen auftauchten«. Er suchte nach einer umfassenderen Synthese zwischen den verschiedenen Wissenschaften in Abgrenzung zu dem, was er als die exzessive Spezialisierung der Wissenschaftler im Westen bezeichnete. In seiner Sicht ist Indien »besonders geeignet, die Idee der Einheit zu realisieren und in der Welt der Phänomene ein geordnetes Universum zu erblicken«. Bei seinen Forschungen über die Grenzen zwischen Physik und Biologie hoffte er, endlich die tragende Einheit aller Dinge durch die Entdeckung des Einen in den Vielen beweisen zu können und dadurch auch ein wenig besser zu verstehen, was seine Vorläufer, die großen Seher, vierzig Jahrhunderte früher an den Ufern des Ganges ausgesprochen hatten. In einer seiner Reden schrieb Bose: »In meiner wissenschaftlichen Forschung [...] war auch eine unbewusste theologische Ebene präsent. [...] Es wird gern vergessen, dass Er, der uns mit diesem unaufhörlich sich entwickelnden Mysterium der Schöpfung umgibt, mit dem unaussprechlichen Wunder, das im Mikrokosmos der Staubpartikel verborgen liegt und in der Feinheit seiner atomaren Form das ganze Geheimnis des Kosmos einschließt, dass Er in uns auch das Verlangen, zu fragen und zu verstehen, eingepflanzt hat.«[19]

Ein englischer Wissenschaftler, der sich intensiv mit dem Verhältnis zwischen Materie und Geist befasst hat, war der Zoologe Sir Alister Hardy (1896-1985) aus Oxford. Er war stark an der spirituellen Natur des Menschen interessiert, den er als Teil der natürlichen Welt ansah. Neben seiner zoologischen Forschung betrieb er die empirische Untersuchung religiöser und spiritueller Erfahrungen, in deren Verlauf er Menschen einlud, solche Erfahrungen schriftlich festzuhalten. Eine der Fragen, die er dabei stellte, lautet: »Haben Sie jemals eine Präsenz oder Macht gefühlt – gleich, ob Sie sie Gott nennen oder nicht –, die sich von Ihrem Alltags-Ich unterscheidet?« Die Antworten der Befragten zeigten, dass eine solche Präsenz oder Macht häufig in der Natur erlebt wurde; sie musste nicht notwendig Gott heißen, sondern ließ sich mit den Worten des deutschen Religionswissenschaftlers Rudolf Otto (1869-1937) als »numinose Erfahrung« beschreiben. Ähnlich schrieb der anglikanische Theologe Austin Farrer (1904-1968), die Materie sei »eine von Gottes Sprachen; sie ist tatsächlich Trägerin des Geistes; das können wir verstehen, wenn wir nur lernen wollten, unsere Augen und Ohren zu öffnen [...].«

19 Zitate aus: David L. Gosling, *Religion and Ecology in India and Southeast Asia*, London und New York 2001, S. 43 bzw. 44.

Ein anderer Wissenschaftler, der seine Augen und seine Seele für die natürliche Welt und ihre Evolutionsgeschichte weit geöffnet hat, war Pierre Teilhard de Chardin. Mit großer Leidenschaft und Sensibilität sang er das Lob der spirituellen Macht der Materie. Seine von der Einheit begeisterte Sicht des Kosmos und der Natur ist zu Recht als »Lobgesang des Alls« bezeichnet worden. Die Materie war für ihn die Matrix des Geistes. Basierend auf einem soliden Fundament in den Naturwissenschaften der ersten Hälfte des 20. Jahrhunderts, speziell in Geologie und Paläontologie, der Wissenschaft vom Ursprung des Menschen, war er der Auffassung, die gewaltigen Forschungsanstrengungen der Menschheit würden letztlich zur Anbetung von etwas führen, das größer ist als wir selbst, trotz der Schattenseiten und der neuen ethischen Probleme, die durch die Wissenschaft aufgeworfen werden. Sein tiefster Wunsch war es, die letzte Essenz der Dinge zu sehen, ihr Herz zu finden und das Mysterium des Lebens, seinen Ursprung und sein Ziel zu erforschen.

Teilhard hat die schöpferische Kraft der Materie, die sich zu Energie, Leben und Denken entwickelt, beschrieben als mit einem spirituellen Zentrum, einer Seele der Welt verbunden. Er sprach davon als von einem lebenden, schlagenden Herzen, das von den feurigen Energien der Liebe und der Mitleidenschaft belebt wird. Das menschliche Herz ist in Wirklichkeit lebendiges Fleisch. Das Bild des Herzens wird in Religion und Literatur weitgehend metaphorisch gebraucht und hat lange als kraftvolles Symbol für das engagierte, fühlende Zentrum des Menschen gedient. Das Herz als eine Konzentration der lebendigen, atmenden Materie wurde für Teilhard zum Symbol des eigentlichen Geisteskerns. Daher konnte er schreiben: »Im Herzen der Materie / Ein Herz der Welt / Das Herz eines Gottes« (*Das Herz der Materie*, 2005, S. 11).

Natur als göttliches Milieu

Der göttliche Geist strahlt aus den Tiefen der brennenden Materie. Teilhard geriet angesichts der Schönheit der Natur oft geradezu in eine magische Trance. Zuweilen überwältigte sie ihn. Aber genau das Fehlen eines kosmischen Empfindens kritisierte er bei den christlichen Mystikern und meinte, die christliche Spiritualität brauche eine kräftige »Bluttransfusion aus der Materie«, um ihre Kraft nicht einzubüßen und sich selbst in den Wolken zu verlieren. Sein Verständnis des Geistes in der Materie war weder monistisch noch pantheistisch, vielmehr wird es charakterisiert als »Panentheismus«, dem zufolge die gesamte Natur und jegliche Realität in Gott gehalten werden und der Geist alles durchhaucht.

Es bekümmerte ihn ungemein, dass zwar die Wissenschaft die ungeheure Größe und Einheit des Kosmos aufgezeigt hat, dass aber die Folgerungen aus diesem neuen Verständnis des Universums, der Erde und des gesamten Lebens noch nicht voll in das zeitgenössische religiöse Denken und die Spiritualität Eingang gefunden haben. Er hat den engen inneren Zusammenhang, die dynamische Interaktion von Materie und Geist als »göttliches Milieu« erfahren; diese neue Wendung erscheint als Titel seines Hauptwerks zur Spiritualität. In dem französischen Wort *milieu* kommen zwei Bedeutungen zusammen: Es kann zum einen den Mittel-Punkt meinen, in dem alle Realitäten konvergieren, und es kann zum anderen eine Umgebung, ein geschlossenes Ambiente bedeuten, wie die Luft, die wir atmen, oder die Atmosphäre, in der wir leben. Die Gegenwart des Geistes ist dieses geheimnisvolle »Milieu«, das durch das Universum strahlt und alles darin durchdringt und alles in ein Zentrum hinein sammelt.

Die Menschen sind in dieses göttliche Milieu getaucht, es kann sie durchtränken und ihr ganzes Sein umgestalten. Teilhard sprach von ihm auch als von einem »mystischen Milieu«, einem »göttlichen Ozean«, in dem die Menschen vergöttlicht werden können. Wie er in *Der Göttliche Bereich* (dt. 1962) ausführlich darlegt, haben alle Realitäten, alle unsere Erfahrungen, unsere Aktivität und Passivität, alle unsere Freuden, Mühen und Leiden dieses Potenzial, vergöttlicht zu werden, sich von der göttlichen Liebe entflammen zu lassen. Als christlicher Gläubiger hat er die gesamte Evolution von Materie, Leben und Geist im Kosmos als gewaltigen Prozess fortschreitender Vergeistigung interpretiert, die schließlich in dem von ihm so genannten Punkt Omega konvergiert und kulminiert. Dies ist das Endziel der Evolution, die Fülle des Lebens in Gott.

Zwar werden manche anderen Wissenschaftler, Philosophen, Mystiker und Theologen die Beziehung zwischen Materie und Geist anders interpretieren, aber ohne jeden Zweifel liefert Teilhard de Chardin ein hervorragendes Beispiel eines heutigen Wissenschaftlers und religiösen Menschen, der sich auf keimhafte Ideen in der modernen Wissenschaft als kraftvolle spirituelle Lebensressource stützt. Nicht nur dass wissenschaftliche Ideen seine Imagination und Leidenschaft als Forscher beflügelt haben, sie haben ihn auch mit vitaler Nahrung für seine Spiritualität versorgt.

Spirituelle Ressourcen der Naturwissenschaft

Die große öffentliche Autorität, die der Wissenschaft in der herrschenden säkularen Kultur der westlichen Welt zugeschrieben wird, lässt gläubige Menschen nach der spirituellen Bedeutung der modernen Wissenschaft fragen. Viele Wissenschaftler sind sich einig, was den Ehrfurcht gebietenden Charakter der Wissenschaft angeht, und preisen die kreative Kraft der wissenschaftlichen Fantasie, ziehen aber nicht notwendig spirituelle Schlussfolgerungen daraus. Im Gegenteil: Sie nehmen unter Umständen sogar eine stramm antireligiöse Haltung ein; ein bekanntes Beispiel sind die vehementen Attacken des britischen Evolutionstheoretikers Richard Dawkins. Der Professor für Wissenschaftstheorie an der Universität Oxford ist ein leidenschaftlicher Fürsprecher des Atheismus, der vom »Gotteswahn« im Menschen spricht. Andere Wissenschaftler jedoch haben eine tiefe spirituelle Ehrfurcht entwickelt und sprechen von der Weisheit der Natur.

Wie hängen nun heutige Wissenschaft und Spiritualität zusammen? Der Wissenschaftshistoriker David Knight, ehemals Präsident der British Society for the History of Science, denkt, sie hätten eine

»volatile Verbindung«. Die Wissenschaft wird die Spiritualität zwar nicht automatisch ankurbeln, aber es ist doch so, dass beide wichtige Bereiche sich gegenseitig stärken und ergänzen können: »Die Erfahrung zeigt, dass keine wissenschaftliche Methode oder Entdeckung einem Zweifler die Existenz, Weisheit und Güte Gottes beweisen kann; die eine oder andere kann sicher die Vorstellungen eines Gläubigen bestätigen (oder erschüttern). Daher kann unsere Wissenschaft uns sagen, was sinnvoll oder plausibel zu glauben ist und was nicht, sie kann uns erlauben, zu unterscheiden zwischen dem, was in unserem Glauben wichtig ist und was lediglich Anlagerung und Ballast ist. [...] Die Wissenschaft braucht nicht kaltherzig zu sein: Es gibt Raum für Fantasie und Enthusiasmus.«[20]

Aus der Perspektive des Buddhismus geht der Dalai Lama in seinem Buch *Die Welt in einem einzigen Atom. Meine Reise durch Wissenschaft und Buddhismus* (2005) von der Konvergenz von Wissenschaft und Spiritualität aus. Er versucht zu zeigen, wie diese beiden wichtigen Quellen des Wissens und Wohlergehens unserer Welt dienen können. In seinem Plädoyer, das dafür eintritt, dass unsere Spiritualität Einfluss auf den Gang der Wissenschaft und die Richtung der Technik nimmt, schreibt er: »Im Wesentlichen haben Wissenschaft und Spiritualität, wenn sie sich auch in ihren Ansätzen unterscheiden, dasselbe Ziel, nämlich die Besserung der Menschheit. Im besten Fall wird die Wissenschaft von dem Streben motiviert zu verstehen, wie wir zu größerem Gedeihen und Glück gelangen können. In buddhistischer Sprache lässt sich diese Art von Wissenschaft als Weisheit beschreiben, die im Mitleiden gründet und von ihm gebändigt wird. Und ähnlich ist die Spiritualität eine Reise zu unseren inneren Ressourcen, in dem Wunsch zu verstehen, wer wir im Tiefsten sind, und zu entdecken, wie wir gemäß der höchstmöglichen Idee leben können. Auch dies ist die Vereinigung von Weisheit und Mitleiden« (ebd., S. 220). Der

20 David Knight, *Science and Spirituality: The Volatile Connection*, London, New York 2004, S. 190.

Dalai Lama bemüht sich um ein besseres Verständnis zwischen Wissenschaft, Religion und Spiritualität; in diesem Sinn hat er das Mind and Life Institute in Boulder, Colorado, gegründet, wo regelmäßig Dialoge zwischen Buddhisten und verschiedenen Wissenschaftlern stattfinden. Nach Aussage seiner Selbstdarstellung auf seiner Website widmet sich dieses Institut dem Aufbau einer dauerhaften Zusammenarbeit und Forschungspartnerschaft zwischen den modernen Wissenschaften und dem Buddhismus, »zwei der weltweit fruchtbarsten Traditionen, wenn es darum geht, das Wesen der Wirklichkeit zu verstehen und das menschliche Wohlergehen zu fördern«.

Wie jemand die Frage nach der Beziehung zwischen Wissenschaft und Spiritualität beantwortet, hängt in hohem Maß davon ab, wie die Beziehung zwischen Wissenschaft und Religion gesehen wird. Beide Felder sind so weit und bestehen aus so vielen Phänomenen, dass es manchmal schwierig ist, sich zu einigen, worüber man gerade spricht. Beide sind zentrale Bereiche menschlicher Erfahrung, beide beanspruchen große Mengen an menschlicher Energie und an Ressourcen. Doch Wissenschaft und Religion sind schwer zu definieren. Mit beiden verbinden sich positive und negative Bilder. Die amerikanischen Gelehrten Ian Barbour und John F. Haught, die beide viel zur Debatte über Religion und Naturwissenschaft publiziert haben, stellen eine Entwicklung fest, die von konfliktiven Einstellungen hin bis zu Kontakt und Gespräch reicht, sodass es schließlich zu einer Konvergenz oder sogar zu einer Synthese zwischen diesen beiden Gebieten kommen könnte. Sie stimmen darin überein, dass es von großem Nutzen für die menschliche Gemeinschaft wäre, wenn die wissenschaftliche Weltanschauung, insbesondere das Verständnis der Naturgeschichte und der staunenswerten Evolution des Lebens, mit der bleibenden Weisheit und dem spirituellen Streben zusammengeführt werden könnte, die einen wesentlichen Teil der religiösen und kulturellen Traditionen der Menschheit bilden.

Vielleicht hat niemand tiefer über die spirituellen Implikationen der neuen Kosmologie und Biologie, der Geschichte von Universum,

Materie und Geist reflektiert als der amerikanische Ökologe Thomas Berry, der sich selbst als *geologian* bezeichnet (vielleicht eine Mischung zwischen einem Theologen [*theologian*] und einem Geologen [*geologist*]). Stark von Teilhard de Chardin beeinflusst, ist Berry in seinen packenden Reflexionen über die Großartigkeit des evolvierenden Universums weit über jenen hinausgegangen. Die immer noch andauernde Entstehung des Alls stelle die Menschen vor die größte Gelegenheit und Herausforderung, das Verständnis des Göttlichen zu erweitern. Nach Berrys Auffassung haben wir es jetzt mit einer neuen Geschichte des Universums zu tun. In seinem Buch *The Dream of the Earth* (1988) besingt er »die wundervolle Zurschaustellung der Schönheit in solch unendlicher Fülle«, wie sie sich auf der Erde finde: »In seinem menschlichen Ausdruck feiern das Universum und das ganze Spektrum irdischer und himmlischer Phänomene sich selbst und das höchste Geheimnis ihrer Existenz in einer ganz besonderen Form von Begeisterung« (ebd., S. 15).

Es wirkt oft überraschend, wenn er über das empirische Wissen, wie es die Naturwissenschaften in den vergangenen dreihundert Jahren pflegten, in explizit religiösen Kategorien spricht, da er meint, das moderne wissenschaftliche Bestreben gehöre »zu den beharrlichsten Meditationen über das Universum, die je eine kulturelle Tradition angestellt hat. Es ist wirklich das Yoga des Westens. Wenn unsere Wissenschaft mit ihren eigenen Schwierigkeiten zu kämpfen hatte, so hat sie sich dank ihrer eigenen Ressourcen selbst geholfen. Die Wissenschaft hat uns eine neue Offenbarungserfahrung geschenkt. Jetzt schenkt sie uns eine neue Vertrautheit mit der Erde« (ebd., S. 18).

Die moderne Naturwissenschaft als das »Yoga des Westens« zu beschreiben ist ein erstaunlicher, kühner Schritt. Er mag vielen westlichen Wissenschaftlern missfallen, doch diese überraschende Aussage feiert in Wahrheit das spirituelle Potenzial des wissenschaftlichen Denkens. Einerseits kritisiert Berry die modernen Wissenschaften wegen ihres Mangels an spiritueller Wahrnehmungsfähigkeit und ihrer instrumentellen Einstellung gegenüber der Natur, andererseits sieht er die wissenschaftliche Erkenntnis als eine neue Art der Offenbarung, die in unserer gegenwärtigen Geschichtsepoche von entscheidender Wichtigkeit sei. Er kritisiert aber auch die westliche Religion, deren Sinn für das Göttliche so weitgehend aus schriftlichen Quellen, meist aus den biblischen Büchern, stamme, dass »wir nur selten noch bemerken, in welchem Maß wir den Kontakt mit der Offenbarung des Göttlichen in der Natur verloren haben« (ebd., S. 80). Für Berry ist die wissenschaftliche Darstellung des Universums, die nicht minder mythisch ist, insofern sie uns unter dem Titel »das Epos der Evolution« eine neue Geschichte liefert, »das größte religiöse, moralische und spirituelle Ereignis, das in diesen Jahrhunderten stattgefunden hat. Es ist sowohl das höchste humanistische und spirituelle als auch das höchste wissenschaftliche Ereignis« (ebd., S. 98). Doch gegenwärtig leben wir noch »zwischen Geschichten«, da noch kein Einheit stiftendes Paradigma gefunden ist, das »die säkulare wissenschaftliche Welt mit der religiösen gläubigen Welt oder mit der humanistischen kulturellen Welt zusammenbringt« (ebd., S. 123).

Berrys kraftvolle spirituelle Sicht weist den Weg zu einer neuen Art von Religiosität und Spiritualität. Sein Werk zeigt stringent auf, wie das Studium des Epos der Evolution – die Geschichte des Planeten Erde und des Auftretens seiner Lebensformen einschließlich des Menschen – zu einem tieferen Gespür für das Wunder, zu einem mystischen Bewusstsein der Einheit und Einzigkeit führen kann, das eine Verbindung zu früheren mystischen Erfahrungen schafft, aber zugleich etwas zutiefst Neues beinhaltet.

Die Biologin Ursula Goodenough von der Washington University hat ihre spirituelle Sicht in *The Sacred Depths of Nature* (1998) dargestellt. In Beantwortung der letzten Fragen, die das Universum stellt, artikuliert sie mit bewegenden Worten »einen Bund mit dem Geheimnis« und bringt ihre tiefe Dankbarkeit dafür zum Ausdruck, dass sie ein Teil des gewaltigen Netzes des Leben ist (ebd., S. 167). Der amerikanische Kosmologe Brian Swimme sieht in seinen Reflexionen über *The Hidden Heart of the Cosmos* (1996), das verborgene Herz des Kosmos (der Ausdruck erinnert an Teilhard de Chardin), ein göttliches »Herz der Welt«. Swimme denkt, die heutige Wissenschaft trete jetzt in ihre »Weisheitsphase« ein, eine Position, die wieder auf die mannigfaltigen spirituellen Ressourcen hinweise, die die Wissenschaft bereitstellen kann. Diese Beispiele zeigen, wie das Gefühl der Präsenz und der Einheit mit der Natur, von dem Mystiker, Visionäre und Dichter in früheren Epochen sprachen, jetzt in dem kreativen Kontext, den das enorme Wissen der modernen Wissenschaft liefert, in einer ganz neuen Weise erfahren wird.

Holmes Rolston III von der Colorado State University behauptet, entgegen dem oberflächlichen Eindruck, die Wissenschaft könnte das Heilige vertrieben haben, entdeckten wir nun, dass die Natur geheimnisvoll beseelt und inspiriert ist. Unter den zahlreichen Phänomenen, die die Wissenschaft untersucht, verlangen seines Erachtens vor allem zwei eine Erklärung: »erstens die Natur, die voller Wunder ist, und zweitens die staunenden Menschen, die Geister, die aus dieser wunder-vollen Natur hervorgegangen sind und sie nun betrachten«.[21] In Rolstons Sicht stellt die säkulare Suche der Wissenschaft ihre eigenen Fragen und Forderungen nach Spiritualität. Das belegt er mit dem Blick auf die Spiritualität aus der Perspektive des heutigen astronomischen, mikrophysikalischen, biomolekularen und ökologischen Wissens. Jeder dieser wissenschaftlichen Ansätze ist für traditionell-religiöse Empfindlichkeiten vielleicht zunächst eine Herausforderung, besonders wenn diese auf festen dogmatischen Positionen basieren. Aber die beeindruckenden Entdeckungen dieser Wissenschaften stellen auch manche empirisch-säkularen Auffassungen infrage. Sie weisen auf neu sich eröffnende Möglichkeiten, die weit über die herkömmlichen empirischen Annahmen hinausgehen. Aber auch wenn man »biochemisch die Geheimnisse des Lebens kennt, kann die Evolution des Lebens doch immer noch ein Geheimnis bleiben«, und

21 Holmes Rolston III, »Scientific Inquiry«, in: Peter H. Van Ness (Hrsg.), *Spirituality and the Secular Quest*, New York 1996, S. 388.

dort lauert die Frage, »ob die wissenschaftliche Darstellung noch Raum für eine spirituelle Antwort auf das Phänomen des Lebens lässt« (ebd., S. 395).

Das in Millionen Jahren aus der trächtigen Erde langsam entstehende Leben führt zur Verfeinerung des Empfindungsvermögens und zur Geburt des Denkens. Daher, so Rolston, »nimmt die Materie, die zuerst das Leben empfing, schließlich den Geist auf, und wir selbst sind der Beweis dafür« (ebd., S. 399). Die Menschen müssen »eine wunderbare Begabung der Materie mit einer Neigung zum Leben (und folglich zum Geist)« (ebd., S. 401) anerkennen. »Verantwortliche, kreative Geschöpfe, die aus einem schöpferischen Prozess hervorgehen und staunend fragen, wo sie sind und wer sie sind – das ist Materie, die sich in einer spirituellen Suche vollendet« (ebd., S. 402). Rolston zitiert einen Biologen mit den Worten: »Virtuell sind alle Biologen religiös im tieferen Sinn dieses Wortes, auch wenn es sich um eine Religion ohne Offenbarung zu handeln scheint. [...] Das Unerkannte und vielleicht Unerkennbare weckt in uns ein Gefühl der Demut und Ehrfurcht« (ebd., S. 406). Vielleicht ist es angemessener, dies nicht so sehr eine »religiöse« als vielmehr eine tief spirituelle, in lebenslangem Studium der Evolution des Lebens entwickelte Einstellung zu nennen.

Wenn sie die Natur studieren, können Wissenschaftler eine überraschende Güte und Anmut entdecken, sie können sich zu einem spirituellen Verständnis der Welt hingezogen fühlen, das sie zunächst selbst kaum erwartet hatten. Unzweifelhaft können heutige Formen der Spiritualität ergiebige Ressourcen in der Naturwissenschaft finden.

Im Allgemeinen jedoch gelangen Menschen leichter durch die Kunst als durch die Wissenschaft zur Spiritualität. Visuelle, darstellende oder literarische Künste werden ja oft als Ausdruck des Geistes und Tor zum Geist gesehen.

9. Die Spiritualität, die Künste und der Planet

Menschen mit einer künstlerischen Neigung, insbesondere ausübenden Künstlerinnen und Künstlern, hat die natürliche Welt schon immer reichhaltige Nahrung für die schöpferische Fantasie bereitgestellt. Das ist heute noch so gültig wie eh und je, aber die heutige künstlerische Praxis spiegelt auch viele neue Arten, die Natur zu interpretieren und durch flüchtige Medien – in Farbe, Klang, Bildern, Linien oder Formen – einen Vorschein des Ewigen zu erhaschen. Natur und Kunst waren für die Menschen immer eng miteinander verbunden, und in vieler Hinsicht hat dieses Band auch tiefe spirituelle Verbindungen in Verstand und Seele der Menschen gestiftet. Heute hat sich das noch ganz besonders gesteigert, da ein neues ökologisches Bewusstsein gewachsen ist, das auf der Einsicht beruht, wie kostbar und gefährdet unsere natürliche Umwelt ist.

Die Umweltbewegung ist vergleichsweise jung, aber sie hat das Verhältnis der Menschen zur Erde verändert. Sie hat ein neues Wissen um den einen Planeten in einem ungeheuren Universum und ein Gespür für die kollektive menschliche Verantwortung für das künftige Wohlergehen dieses Planeten geschaffen. Neue Einstellungen zur Natur haben sich entwickelt, die ihre Stärke aus der Entdeckung unserer Verwurzelung in der Erde und aus dem neu erwachten Sinn für das Kosmische beziehen.

Die Künste als Tor zum Geist

Wenn man auf die ganze lange Geschichte blickt, zeigt, sich, dass alle Künste religiöse Wurzeln haben. Menschen mit religiöser Bindung drücken ihre fromme Hingabe, ihre Anbetung und ihre Feier häufig durch die Künste, durch Musik, Tanz und Gesang aus oder aber durch großzügige Spenden, die die Errichtung von Schreinen, Tempeln, Synagogen, Kirchen, Moscheen und anderen Gebetsstätten ermöglichen. Nicht nur die sakrale Architektur verbindet sich mit vielen künstlerischen Formen von großer Schönheit, auch religiöse Rituale, sakrale Musik, Tanz, Theater, Malerei, Skulptur und Literatur zeichnen sich dadurch aus. Denken wir nur an die Gemälde und Skulpturen in hinduistischen und buddhistischen Tempeln, die Architektur und Kunst von Synagogen und Kathedralen, den Gesang tibetischer Mönche, die Musik der Sufis oder die Ragas, wie sie in den Gurdwaras, den Schulstätten der Sikhs, gesungen werden. Wie exquisit sind die verschlungenen Muster der islamische Kalligrafie, die Miniaturen der Bibel- und Koranhandschriften, die atemberaubende Schönheit großer und kleiner Moscheen, die zierlichen Formen chinesischer und japanischer Pagoden oder lokaler Heiligtümer in Ost und West!

Myriaden von Beispielen existieren in der Welt der Kunst, und indem sie der spirituellen Schönheit und dem Mysterium bewegenden Ausdruck verleihen, spiegeln sie die Spiritualität der Menschen in ihrer numinosen Qualität. Traditionelle religiöse Orte wie Klöster, Konvente und Exerzitienhäuser, die gewöhnlich in einer schönen natürlichen Umgebung liegen, können helfen, durch die Künste, mit denen sie in Verbindung stehen, die spirituelle Entwicklung zu pflegen. Doch der spirituelle Appell, der von den Künsten ausgeht, ist nicht auf Sakralkunst beschränkt. Wie oft hat uns nicht schon die intensive Schönheit einer Musik, die Farbigkeit eines Gemäldes, die lyrische Schwingung eines Gedichts spirituell angerührt, selbst wenn ihr Thema ganz säkular war. In der Vergangenheit war große Kunst oft religiöse Kunst oder hat sich durch religiöse Symbole ausgedrückt; denken wir nur an die Gemälde von Michelangelo oder Georges Rouault, an die Musik von Bach oder Händel, an die Dichtung von Dante oder William Blake. In der heutigen säkularen Gesellschaft ist die Zahl der Künstler, die das Spirituelle in ihrem Werk betonen, relativ klein im Verhältnis zu den Hunderttausenden ausübenden Künstlern. Die intensivste spirituelle Kunst des späten 20. Jahrhunderts ist wahrscheinlich außerhalb des religiösen Kontextes geschaffen worden, während die sogenannte religiöse Kunst häufig eher dem Kitsch verwandt zu sein scheint, als dass sie ein genuiner Ausdruck des Spirituellen ist.

Eine bemerkenswerte Ausnahme bilden die Werke des amerikanischen Bildhauers Frederick Hart (1943-1999), der sich gegen den Mainstream der zeitgenössischen Kunst wandte, indem er eine gegenständliche, figurative Kunst schuf, nicht unähnlich den kraftvollen Skulpturen Rodins. Seine Schöpfungsskulpturen am Eingang der Washington National Cathedral und seine Skulptur *Three Servicemen* am Denkmal für die Vietnamveteranen haben ihn berühmt gemacht. Lob erhielt er, weil er dem Geist Form verleihe und eine Kunst schaffe, die den menschlichen Geist wahrhaft aufrichte und uneingeschränkt das Leben bejahe. Seine Köpfe, Gesichter und Figuren verkörpern eine außergewöhnliche dynamische Energie und Schönheit, seine innovativen, in Acrylharz gegossenen Skulpturen scheinen in ein unirdisches Licht getaucht, das eine mystische Qualität ausstrahlt und eine tiefe Spiritualität vermittelt.

Nach zahlreichen Interviews, in denen er der kreativen Spiritualität heutiger nordamerikanischer Künstler nachging, hat Robert Wuthnow (2001) »Kunst als spirituelle Praxis« beschrieben. Er meint, es sei »nur leicht übertrieben, wenn man sagt, Künstler seien mehr und mehr zu den spirituellen Leifiguren unserer Zeit geworden«, denn es seien insbesondere Künstler, die eingehend über persönliche und spirituelle Belange nachdächten. Dies gelte für viele volkstümliche Kunstproduktionen ebenso wie für die Gedichte und Lieder bekannter Popstars in der zeitgenössischen Musik. Heute wendeten sich ja viele Zeitgenossen an die Künstler verschiedener Medienbereiche auf der Suche nach spiritueller Anregung, ja sogar nach geistlicher Führung.

Wuthnow war daran interessiert herauszufinden, wie die heutigen Künstler ihre Kunst und Kreativität mit der Spiritualität in Verbindung bringen. Obwohl nur wenige Künstler etwas mit traditionellen religiösen Institutionen zu tun haben, haben doch viele ihre eigene eklektische Wahl unter spirituellen Praktiken getroffen; sie entscheiden sich für Meditationen, Singen, Wallfahren oder den Gang zu einem spirituellen Meister, Guru oder Berater.

In der Spiritualität geht es zwar im Besonderen um Transzendenz, um Ganzheit und um das Letzte, Höchste, aber sie trägt auch andere Konnotationen. Laut Wuthnow wird Spiritualität häufig gebraucht, »um Bereiche persönlicher Erfahrung oder persönlichen Seins anzudeuten, die sich anderen nicht leicht mitteilen lassen. [...] Viele Menschen scheinen zu glauben, dem Wesen der Spiritualität fehle es an Definition. Doch gerade Künstler sind häufig imstande, ihr Verständnis und ihre Erfahrung von Spiritualität sehr beredet zu beschreiben«.

Während Wuthnow das spirituelle Werk von Künstlern mehr mit persönlichen als mit sozialen Fragen befasst sieht, sind einige Künstler ganz offen soziale Aktivisten, die sich in aktuellen sozialen und politischen Fragen engagieren. Viele Künstler versuchen jedoch, soziale Veränderung eher durch eine Beeinflussung von Individuen zu erreichen als durch den Anschluss an breite soziale Bewegungen. Ein Großteil ihrer Arbeit ist der Darstellung des Mysteriums des Lebens gewidmet, was wiederum ein Wissen um die Unsicherheit des Lebens und die Präsenz des Bösen einschließt. Aufs Ganze gesehen scheint aber bei den Künstlern ein gewisser Optimismus vorzuherrschen, dass das Leben sinnvoll und letztlich gut sei. Laut Wuthnows abschließender Betrachtung sind »diese Schriftsteller, Musiker, Bildhauer und Maler weniger darum besorgt, jene Aspekte der sozialen Welt zu identifizieren, die zum Optimismus oder Pessimismus Anlass geben, als vielmehr darum, begrenzte Transzendenzerfahrungen weiterzugeben, die als solche Grund zur Hoffnung werden. Der kreative Prozess selbst transzendiert für einen Moment und vorläufig die Zeit und stiftet ein Bewusstsein davon, dass etwas anderes als das bloß Normale existieren kann und durch diese seine Existenz die erschlafften Zielsetzungen der normalen Menschen neu belebt.«[22]

Es ist inspirierend, von solcher Hoffnung zu hören, die aus den im künstlerischen Werk ausgedrückten kreativen Momenten erwachsen kann. Sie verkörpern die Spiritualität des Künstlers und werden wiederum zum Kanal für andere, nunmehr auch ihre kreative Spiritualität zu entwickeln, indem sie durch das Werk des Künstlers Momente von Transzendenz auffangen. Diese enge Beziehung zwischen der Inspiration der Künstler, den Kunstwerken und den anderen Menschen, die diese künstlerischen Hervorbringungen betrachten und genießen, bietet ein markantes Beispiel für den dynamischen Prozess der Spiritualität, der in und durch Menschen gleich unsichtbaren Wogen des Geistes wirkt.

Die Spiritualität, die Künste und die Natur

Die spirituelle Dimension in der Kunst findet kreative Anwendung zur Heilung und Förderung des Wohlbefindens in der Kunsttherapie und in anderen Techniken. Einiges von dieser Arbeit spiegelt sich in den Aktivitäten der Society for the Arts in Healthcare in den Vereinigten Staaten und ähnlichen Organisationen in anderen Ländern. Evelyn Underhill hat vom Mystiker als einem »kreativen Künstler« gesprochen; ihr zufolge existiert »eine andere Art von Mystiker mit einer natürlichen Neigung zur Visualisierung, der dazu tendiert, seine übersinnliche Erfahrung in konkrete, malerische Bilder, in Farbe und Form umzusetzen. Er verwendet in der Tat die Methoden des Malers,

22 Robert Wuthnow, *Creative Spirituality: The Way of the Artist*, Berkeley 2001, Zitate S. 107, 266, 23, 262.

des beschreibenden Schriftstellers, manchmal auch des Dramatikers eher als die des Musikers oder lyrischen Dichters«. In geradezu prophetischer Weise hat Underhill das Aufkommen einer »ganz neuen Ordnung von Erfahrung« vorausgesehen, die durch die Lehre der höher entwickelten, eng mit dem Phänomen von Inspiration und künstlerischer Schöpfung verbundenen Religionen und Philosophien in der Menschheit auftrete. Sie sprach vom »kollektiven spirituellen Bewusstsein«, das sich vor allem bei Mystikern und Sehern bilde, aber auch »bei Malern, Musikern, Philosophen und den Experten der Physik«. Jeder von ihnen »baut aus Material, das sich dem Zugriff anderer Seelen entzieht, eine Welt, in der diese anderen Seelen leben und träumen können: eine Welt zudem, die die gewohnte Welt des Alltagslebens in neuen Proportionen zeigt und mit neuen Bedeutungen versieht«.[23]

Schon um die Mitte des 20. Jahrhunderts meinte der französische Schriftsteller André Malraux, die modernen Kunstgalerien seien die Kathedralen von heute. Die sakrale Natur dieser Ausstellungsräume wird von den modernen Künstlern durchaus erkannt: Entweder nutzen sie diese Aura, oder sie revoltieren dagegen, indem sie so eigenwillige »Kunst«-Werke produzieren, dass viele Betrachter, die eher traditionelle künstlerische Formen erwarten, sich abgestoßen fühlen.

Der Prozess des Ausschauens nach dem »Überweltlichen« und nach sublimen, ja mystischen Zügen in der Kunst begann im 18. Jahrhundert, als die romantischen Maler Naturszenen – Flüsse und Felsen, Gebirge und Wasser, einsame Orte in der Wildnis – mit einem nahezu religiösen Charakter ausstatteten. Der Zusammenhang zwischen Natur und Spiritualität hat in der Vergangenheit zahlreiche künstlerische Arbeiten inspiriert und tut dies auch heute noch. Manche zeitgenössischen Künstler spüren die Fragilität unserer natürlichen Umwelt sehr stark und drücken dies in ihren umweltbezogenen

23 Evelyn Underhill, »The Mystic as Creative Artist«, in: R. Woods (Hrsg.), *Understanding Mysticism,* London 1981, S. 400-414.

Installationen und Bauten aus. Traditionell wurden sowohl Natur als auch Kunst in enger Verbindung mit der Schönheit gesehen, aber heute ist das tief problematisch geworden. In den traditionellen westlich-abendländischen philosophischen Diskussionen fand man die Schönheit *par excellence* in Naturphänomenen: in Bergen und Flüssen, in einer Landschaft, einer Blume, einem Baum, einer Wolke, im nächtlichen Sternenhimmel oder in der Vielfalt des Pflanzen- und Tierreichs. Der Philosoph Immanuel Kant (1724-1804) zum Beispiel dachte, Gegenstände seien nur in dem Maße schön, wie sie dem Naturschönen entsprächen. Die schiere Fülle und Vielfalt der Formen und Farben in Myriaden von Naturphänomenen vermag alle unsere Sinne anzusprechen und uns so intensive Lust zu gewähren. Dieser wahrhaft sinnliche Genuss kann wiederum ein Tor zu spirituellem Bewusstsein und ebensolcher Erfahrung öffnen. William Blake (1757-1827), Künstler, Mystiker und Dichter, hat diese Erfahrung ausgedrückt, indem er von den »Pforten der Wahrnehmung« sprach und in seinen *Liedern der Unschuld und Erfahrung* (1975) die fünf Sinne »den Einlass des Geistes« nannte.

Im Gegensatz zu diesem Ruf der Natur scheinen so manche Phänomene der heutigen Kultur von dem oft besprochenen »Exil« der Schönheit zu künden. Dies ist häufig auch ein Hinweis auf die Abwesenheit von Geist, auf einen Verlust und einen Mangel im Verständnis unserer eigenen wahren Natur. Es kann auch ein Zeichen für einen Missbrauch unserer natürlichen Umwelt sein, für eine Vergesslichkeit gegenüber unserer spirituellen Berufung zu einer volleren Menschlichkeit. Diese müssen wir in uns selbst als Personen und in der gesamten menschlichen Gemeinschaft realisieren. Wie John Muir es ausgedrückt hat: »Jeder braucht Schönheit so nötig wie Brot, Orte zum Spielen und zum Beten, an denen die Natur heilen, an denen sie Körper und Seele kräftigen kann.«

Ist das nur ein flüchtiges poetisches Gefühl? Oder kann die Schönheit durch eine neue Beziehung zur Natur, einen neuen Bund mit dem Planeten zu unseren Sinnen und unserem Geist zurückkehren? Ergibt sich diese Möglichkeit jetzt innerhalb der Umweltbewegung durch das Erwachen der »Ökospiritualität«? Eine solche Spiritualität umgreift das Ganze der Erde, fragt nach der Gesamtheit der menschlichen Gemeinschaft und arbeitet für ein ausgewogeneres Leben des Friedens und der Gerechtigkeit im Einklang mit der Natur. Sie gilt dem ganzen Planeten und seinen Völkern und feiert das Wunder des Lebens.

Die ökologische Dimension der Spiritualität bildet dank ihres engen Zusammenhangs mit Natur, Wissenschaft und Kunst das Einfallstor, durch das der Geist auf wundersamen Wegen einen besonders wichtigen Zugang zu den Sinnen und zur Seele des Menschen finden kann.

Ökologische Spiritualität

In vielen archaischen, ursprünglichen und indigenen Religionen ist die Erde lange als die Mutter allen Lebens verehrt worden, zu der alle Menschen eine sehr intime und unveräußerliche Beziehung haben, die jeder Einzelne zu achten und zu pflegen hat. Ein Beispiel für diese Verehrung der Erde findet sich in einer Aussage aus dem Volk der Navajo: »Diese Erde, auf der du stehst, ist deine Mutter, ob du rot, weiß, schwarz, braun, gelb oder blau bist. Wir müssen uns zusammentun und einander helfen, unsere kostbare Mutter zu retten, denn wenn sich Mutter Erde nicht um uns sorgt und uns schützt, sind wir ein totes Geschlecht.«

Eine ehrfurchtsvolle Haltung gegenüber der Heiligkeit der Erde hat heutige Christen und viele andere dazu angeregt, die gesamte Schöpfung durch die Entwicklung einer neuen »Schöpfungsspiritualität« zu preisen und zu feiern. Diese Bewegung ist stark durch die Schriften von Matthew Fox beeinflusst, insbesondere durch sein Buch *Der große Segen: umarmt von der Schöpfung. Eine spirituelle Reise auf vier Pfaden durch sechsundzwanzig Themen mit zwei Fragen* (1991). Fox vertritt die These, das Menschengeschlecht brauche ein neues religiöses

Paradigma, das in der Schöpfungsspiritualität gründe. Um dieses Paradigma zu fördern, gründete er 1996 in Oakland, Kalifornien, die University of Creation Spirituality, die im Jahr 2005 in Wisdom University umbenannt wurde.

Zusätzlich zur Schöpfungsspiritualität ist eine neue »ökologische Spiritualität« entstanden. Diese impliziert die explizite Pflege einer neuen Verantwortung für das Schicksal des Planeten, eine Einstellung, die der kritischen ökologischen Situation der Welt aufrichtig und mit ernsthafter Sorge zu entsprechen sucht.

Die amerikanische Autorin Carolyn Merchant spricht weniger von »ökologischer Spiritualität« denn von »spiritueller Ökologie« als einer der verschiedenen Spielarten von Ökologie. Das Hauptprojekt einer solchen spirituellen Ökologie ist es, eine Wertetransformation zu bewirken, die dann wieder zu einem Handeln führt, das den Planeten heilt. Welche Form von Spiritualität oder Religion jemand auch praktiziert – es ist immer möglich, eine Verbindung mit der Erde und mit der politischen Arbeit zu finden, die getan werden muss, wenn der heute übliche Umgang mit den natürlichen Ressourcen des Planeten geändert werden soll. Einige Religionen sind in dieser Hinsicht radikaler als andere, und manche Menschen zielen eine tiefer greifende politische Transformation an als andere.

Das Nachdenken über die Ökologie hat einen tiefen Einfluss auf alle Formen heutiger Spiritualität, es bewirkt aber auch ein Wiederaufleben alter religiöser Überzeugungen und Praktiken und das Entstehen neuer religiöser Bewegungen. Heute ist viel die Rede von einer neuen »Ökotheologie« und einer »Ökospiritualität«, die sich der Entwicklung der Erde im Licht zeitgenössischer ökologischer Sorgen enger verbunden weiß als die Schöpfungsspiritualität. Der Ökofeminismus ist Teil dieser Versuche, eine klarere ökologische Spiritualität zu entwickeln, in der das Anliegen der Frauenbewegung mit dem der ökologischen Bewegung zusammentrifft. Ökologische Fragen stehen ebenfalls zentral auf der Agenda des Ökumenischen Rats der Kirchen (ÖRK) bei dessen andauernder theologischer Reflexion über »Gerechtigkeit, Frieden und Bewahrung der Schöpfung«, die 1983 einsetzte und mit 350 Mitgliedskirchen des ÖRK durchgeführt wird.

Durch diese Entwicklungen sind Theologie und Ökologie auf ganz neue Weise zusammengekommen. Ihre Zusammenarbeit kann wiederum dazu beitragen, die Spiritualität ökologisch neu zu denken. Das Wachstum der ökologischen Bewegung mit ihrem Bewusstsein von der Verantwortung für die Bewahrung des Lebens auf dem Planeten und für die gerechte Entwicklung der Welt, die die Umwelt den zukünftigen Generationen nicht zerstört hinterlassen darf, ist von großer sozialer, politischer und spiritueller Bedeutsamkeit angesichts der drängendsten und herausforderndsten Frage unserer Tage.

Das Schlüsselproblem ist die globale Nachhaltigkeit, die vielleicht gar nicht realisierbar ist. Nachdem die Menschheit im 20. Jahrhundert von zwei auf sechs Milliarden angewachsen ist, sind die Menschen dabei, in alarmierendem Tempo das lebenserhaltende System des Planeten zu zerstören. Die Bevölkerungsexplosion führt sehr schnell zu einem Verzehr der Ressourcen, der in diametralem Gegensatz zu einer nachhaltigen Entwicklung steht. Heute schon wird die Welt geplagt von der globalen Erwärmung mit ihren katastrophalen Folgen und dem rasch zunehmenden Artensterben. Es bedarf aller säkularen und religiösen Ressourcen, um die Richtung des menschlichen Handelns zu ändern, das aber ist eine *Eine unbequeme Wahrheit*, um den Titel von Al Gores kritischem Dokumentarfilm über die Erderwärmung zu zitieren.

Angesichts der globalen ökologischen Krise fragen sich viele religiöse Menschen, wie Ökologie und Religion miteinander zusammenhängen. Welche Ressourcen besitzen die unterschiedlichen Religionen, mittels deren sie nicht nur menschliches Leiden, sondern auch das Leiden des Planeten Erde lindern können? Die ökologische Spiritualität unserer Tage ist entstanden als eine aktuelle Antwort auf die Umweltkrise, aber viele ökologische Fragen wurden schon viel früher von verschiedenen Religionen implizit angesprochen, so zum Beispiel von Stammesreligionen, von asiatischen und christlichen Glaubensrichtungen. Sie gilt es wieder hervorzuholen und weiterzuentwickeln, damit sie uns helfen können, die heutigen Umweltprobleme anzugehen. Das Studium der traditionellen religiösen Einstellungen zur Natur ist in diesem Zusammenhang einschlägig, allerdings kann es auch die Fratze der menschlichen Arroganz und der spirituellen Überheblichkeit sichtbar werden lassen, wenn wir entdecken, dass die Menschen der Natur häufig primär mit dem Ziel ihres egoistischen, ausbeuterischen Gebrauchs gegenübergetreten sind.

Der nordamerikanische Wissenschaftler David Kinsley hat in seinem Buch *Ecology and Religion: Ecological Spirituality in Cross-Cultural Perspective* (1995) eine Reihe von Religionen daraufhin untersucht, welche Einstellung sie zur Natur haben; seine Arbeit widmet sich der »ökologischen Spiritualität in kulturübergreifender Perspektive« (ebd., S. 134). Er vertritt die Auffassung, dass der »Herrschaftsblick« des Menschen auf die Natur, dessen insbesondere das Christentum oft bezichtigt wird, in Wirklichkeit nicht in der Bibel zu finden ist. Die entsakralisierte Sicht der Natur im Verein mit rücksichtsloser Ausbeutung stammt seiner Meinung nach vielmehr aus der Moderne, »als die Wälder als Bauholz für Behausungen angesehen, die Berge zu Steinbrüchen für Hausteine oder Kiesel, die Flüsse zur Quelle von Wasserkraft wurden und die Pflanzen nicht mehr die Blumen am Wegrain oder die Lilien auf dem Felde waren. Sie wurden zur Ressource für Nahrung oder Medizin« (ebd.).

Das Interesse an den religiösen Einstellungen zur Natur und an den Beziehungen zwischen Religion und Ökologie hat in den letzten Jahren stark zugenommen. Jetzt gibt es eine International Society for the Study of Religion, Nature and Culture, gegründet 2005, im selben Jahr, in dem auch *The Encyclopedia of Religion and Nature* (2 Bde., hrsg. von E. Bron Taylor) herauskam. Schon früher hatten die amerikanischen Professoren Mary Evelyn Tucker und John Grim das internationale Forum on Religion and Ecology (FORE) gegründet, das dem Harvard University Center for the Environment angegliedert war und jetzt an der Yale University zu Hause ist (www.yale.edu/religionandecology).

Dieses Forum ging ursprünglich aus einer Reihe von Konferenzen zum Thema »Religions of the World and Ecology« hervor, die zwischen 1996 und 1998 am Center for the Study of World Religions an der Harvard Divinity School veranstaltet wurden. Mehr als 800 Religionswissenschaftler trafen sich mit Naturwissenschaftlern, Ökologen und führenden Persönlichkeiten der Graswurzelbewegung, um die verschiedenen Weisen zu untersuchen, wie die Mensch-Erde-Beziehungen in den Weltreligionen konzipiert worden sind. Sie kamen zu dem Schluss, dass keine einzelne religiöse Tradition eine privilegierte ökologische Perspektive besitzt, dass vielmehr eine Vielfalt von Perspektiven am hilfreichsten ist. (Die Konferenzen mündeten in einer zehnbändigen Buchreihe zu den ökologischen Perspektiven verschiedener religiöser Traditionen.) In England gibt es die *Alliance of Religions and Conservation* (ARC), die ebenfalls auf dem Gebiet Religion und Ökologie durch Konferenzen und Publikationen aktiv ist.

Die religiösen Antworten auf Umweltfragen sind wesentlich und höchst notwendig, aber sie sind für sich allein nicht zureichend. Ökologische Herausforderungen und Aufgaben verlangen nach interdisziplinärer Zusammenarbeit zwischen Naturwissenschaftlern, Ökonomen, Pädagogen und religiösen Menschen.

Tucker und Grim (2007) zufolge sind die Religionen in ihrer Haltung zur Umwelt freilich nicht weit genug gegangen. Sie stellen die Frage: »Wenn die Religionen tatenlos zusehen, wie die Erde verdorrt, ist dann nicht etwas von ihrer religiösen Sensibilität abgestorben oder bestenfalls geschrumpft? Warum haben die Religionen so spät eine Antwort auf Umweltfragen gesucht, und was sind die Hindernisse für ihre volle Beteiligung?« Doch wie viele andere bemerken Tucker und Grim, dass die Religionen wichtige Beiträge liefern können, wenn es darum geht, Ideen zu suchen, die aus der gegenwärtigen Sackgasse in der Umweltproblematik herausführen. Nachdem sie bereits Ethiken für den Umgang mit Homizid, Suizid und Genozid entwickelt haben, sind sie nun herausgefordert, neu über Biozid und Ökozid nachzudenken. Wenn religiöse Menschen aus unterschiedlichen Glaubensrichtungen die Probleme der Umweltethik erkunden und in einem interreligiösen Dialog zusammenarbeiten, dann entsteht ein neues, weltweites Bündnis zwischen Religion und Ökologie. »Die gemeinsame Grundlage ist die Erde selbst neben einem von allen Weltreligionen geteilten Gespür für die Interdependenz allen Lebens. Diese Sensibilität und der Umfang der Umweltkrise erweisen sich als eine Riesenchance für die Zusammenarbeit in einer gemeinsamen Sache: der Mobilisierung eines gedeihlichen Mensch-Erde-Verhältnisses.«[24]

Wir können sicher viele Keime und Ressourcen in den Lehren der Weltreligionen finden, aus denen sich eine ökologische Spiritualität und Ethik entwickeln ließe, aber keine von diesen Glaubensüberzeugungen besitzt bereits eine voll ausgebildete ökologische Spiritualität. Wir brauchen sehr viel mehr interreligiösen Dialog über diese Themen, viel mehr kritische Sichtung und radikale Revision und eine tief greifende Transformation traditioneller Weltbilder. Christen zitieren oft die Schöpfungsverwaltung als Antwort auf heutige ökologische Probleme, aber wie John F. Haught bemerkt hat, ist der Ansatz bei der Verwaltung rein apologetisch, »da er die biblische Religion und die traditionelle Theologie vorbehaltlos verteidigt, ohne ihre Transformation zu fordern«.[25] Er stellt die traditionelle christliche Theologie nicht infrage; in dieser erscheint nämlich das Universum als Hintergrund für das Drama der Erlösung des Menschengeschlechts – eine wesentlich hierarchische Sicht, die niemals die notwendige radikale Veränderung erbringen kann, mit der sich die Ausbeutung des Nichtmenschlichen durch den Menschen beenden lässt.

Eine planetarische, ökologische Sicht unterfängt dagegen die Grundsätze der Erdcharta. Sie wurde in einem internationalen Konsultationsprozess entwickelt, im Jahr 2000 vom UNESCO-Haupt-

24 John Grim und Mary E. Tucker, »The Greening of the World's Religions«, in: *The Chronicle Review* 53, Ausgabe 23, 9. Februar 2007, S. B9.

25 John F. Haught, *The Promise of Nature: Ecology and Cosmic Purpose*, Mahwah/NJ 1993, S. 92.

quartier in Paris approbiert und ist bis zur Drucklegung dieses Buches in mehr als vierzig Sprachen übersetzt worden. Sie stellt die Grundsätze für den Aufbau einer gerechten, nachhaltigen und friedlichen Weltgemeinschaft im 21. Jahrhundert auf. Ihre Inspiration bezieht sie unter anderem aus der Weisheit der großen Weltreligionen und philosophischen Traditionen. Verschiedene religiöse Organisationen waren am Konsultationsprozess beteiligt, und einige religiöse Gruppierungen haben bereits eigene Stellungnahmen zur Erdcharta herausgebracht. Deren Appell zum Handeln unterstreicht die Notwendigkeit »nachhaltiger Entwicklung« (Erdcharta 14a) und die » Bedeutung der moralischen und spirituellen Bildung für einen nachhaltigen Lebensstil« (ebd. 14d). Die Erdcharta fordert die Menschen auf anzuerkennen, »dass Frieden die Gesamtheit dessen ist, was geschaffen wird durch rechte Beziehungen zu sich selbst, zu anderen Personen, anderen Kulturen, anderen Lebewesen, der Erde und dem größeren Ganzen, zu dem alles gehört« (ebd. 16f). Dies ist eine tief spirituelle Position, die sich auf religiöse und säkulare Quellen stützt, um der größten Herausforderung zu begegnen, vor der die Menschheit jemals stand: eine neue Friedenskultur auf der Erde zu schaffen.

Thomas Berry hat darauf hingewiesen, dass Christen oft einen erstaunlichen Mangel an Sensibilität für ökologische Probleme zeigen. Und doch sind diese Probleme die drängendsten, vor denen die Menschheit heute steht. In Berrys Augen »hängt die Erneuerung der Religion in der Zukunft davon ab, ob sie die natürliche Welt als den Ort für die Begegnung von Göttlichem und Menschlichem wertschätzt. Das Universum selbst ist die primäre göttliche Offenbarung. Der Glanz und die Schönheit der Naturwelt in all ihrer Vielfalt muss bewahrt werden, wenn eine würdige Idee vom Göttlichen in der menschlichen Gemeinschaft soll überleben können«.[26] Um die Erde

26 Thomas Berry, »Ecology and the Future of Catholicism«, in: Albert J. Lachance und John E. Carroll (Hrsg.), *Embracing Earth: Catholic Approaches to Ecology*, Maryknoll/NY 2004, S. xii.

als »biospirituellen Planeten« zu erneuern, muss die menschliche Gemeinschaft schöpferisch auf alle verfügbaren spirituellen Disziplinen zurückgreifen und alle Bildungsressourcen und -energien nutzen – in einer einzigen großen Anstrengung, die traditionellen Grenzen zwischen den verschiedenen Religionen, Spiritualitäten und Kulturen zu überschreiten.

Nachdenken über ökologische Spiritualität heißt auch, dass Spiritualität in einem evolutionären Sinn verstanden wird. Spiritualität selbst entwickelt und entfaltet sich, indem sie die Situation des Menschen so artikuliert, dass sie einer bestimmten Zeit und Epoche gerecht wird. Im Gegensatz zu einer früheren instrumentellen Einstellung, die die Natur ausgeforscht und ausgebeutet hat, nähert sich die ökologische Einstellung der natürlichen Welt als unserer Heimstatt, als einem Heiligtum, mit dem man verantwortlich, sorgsam und ehrfürchtig umgehen muss. Wie die Erdcharta in ihrer Präambel so treffend feststellt: »Die Lebensfähigkeit, Vielfalt und Schönheit der Erde zu schützen ist eine heilige Pflicht.«

In ihrer Reflexion über »The Greening of the World's Religions« (2007) kommen Mary Evelyn Tucker und John Grim zu dem Schluss, dass die Religionen in Sachen Umwelt allmählich zu einer eigenen Stimme finden. »Die monotheistischen Traditionen von Judentum, Christentum und Islam formulieren originelle ökotheologische und ökojuridische Praktiken, die mit der Sachwaltung und Sorge für die Schöpfung zu tun haben. Hinduismus und Dschainismus in Südasien und der Buddhismus in ganz Asien und im Westen haben Projekte ökologischer Restauration unternommen. Indigene Völker bringen alternative Methoden des Wissens um und des Einsatzes für die natürliche Welt in die Diskussion. Alle diese religiösen Traditionen bemühen sich, eine Sprache, Symbole, Rituale und eine Ethik zu finden, die zum Schutz von Bioregionen und Arten anspornen.« Dies ist wirklich ein neuer Kairos für die Weltreligionen, da sie eine lebenswichtige Rolle bei der Entwicklung einer umfassenden globalen Ethik und einer ökologischen Spiritualität unter ihren Mitgliedern spielen. Das

Wohlergehen des Menschen und des Planeten, der gesamten Erdgemeinschaft wird in hohem Maß von diesen praktischen und spirituellen Bemühungen abhängen, das Leben auf eine neue Stufe zu bringen.

Eine planetarische Spiritualität für die Erdgemeinschaft

Wir bestaunen das Weltall. Seine Ausdehnung, die schiere Überfülle seiner Formen, der Reichtum seines Potenzials – all das spricht zu unserer religiösen Empfindsamkeit. Für uns Menschen ist es vor allem die Erde, die unsere Ehrfurcht weckt, unser Staunen hervorruft und unsere liebende Aufmerksamkeit auf sich zieht. Als er unseren Planeten aus möglichst großem Abstand, das heißt aus dem All, betrachtete, drückte der amerikanische Astronaut Edgar Mitchell seine Begeisterung beim Anblick des »Erdaufgangs« aus: »Plötzlich taucht hinter dem Rand des Mondes in langsamen Zeitlupenbildern von gewaltiger Majestät ein funkelnder blau-weißer Edelstein auf, eine feine, himmelblaue Scheibe, umschnürt von sacht kreisenden Schleiern von Weiß, und schiebt sich langsam empor wie eine Perle in einem ozeantiefen dunklen Geheimnis. Es dauert eine Weile, bis man vollends realisiert, dass das die Erde, unsere Heimat, ist.«[27] Und er nannte diesen Anblick unseres Planeten sogar »einen Schimmer der Göttlichkeit«.

Ist damit zu viel behauptet? Erde und Natur sind nicht göttlich. Aber ihre Wunder können uns zur Sphäre des Geistes führen. Erleben das auch die Menschen von heute? Vielleicht wäre es wahrhaftiger, zu sagen, dass die Menschen ihrem Planeten häufiger entfremdet sind, als dass sie sich zu ihm hingezogen fühlen, vergleichbar vielleicht der Art, wie sich frühere Generationen immer wieder Gott entfremdet fühlten. Es ist freilich keine ganz junge Entwicklung. In Thomas Berrys Sicht sind wir seit Jahrhunderten quasi autistisch in unserem Ver-

27 Zitiert nach Holmes Rolston III, in: Peter H. Van Ness (Hrsg.), *Spirituality and the Secular Quest*, New York 1996, S. 407.

hältnis zur Erde. Seiner Auffassung nach ist eine wirklich ökologische Einstellung radikal verschieden von der derzeit vorherrschenden industriellen Perspektive auf die natürliche Welt. Wir müssen unseren industriellen Zugriff auf den Planeten aufgeben und »unsere Teilnahme an der großen Liturgie des Universums« erneuern (*The Dream of the Earth*, 1988, S. 215). Wie andere Ökologen betont Berry die Notwendigkeit einer radikalen Wende weg vom herrschenden Paradigma der Anthropozentrik, hin zu einer inklusiven Biozentrik, die die Bedürfnisse aller Lebewesen und nicht nur die Bedürfnisse und die Gier der Menschen in Anschlag bringt.

Die amerikanische Ethikerin Lois K. Daly sieht die Umweltschützer von heute, die sich in ökologischen Aktivitäten engagieren, um einen radikalen Paradigmenwechsel in den menschlichen Einstellungen zur Umwelt und zur Erde voranzutreiben, in säkularen Formen von Spiritualität verwurzelt. Diese neue Art von Spiritualität kann am Ende eine größere Bedrohung für die zeitgenössischen gesellschaftlichen und politischen Mächte darstellen als religiöse Formen von Spiritualität oder religiös inspirierte Umweltbewegungen, die sich leichter marginalisieren, kontrollieren oder ignorieren lassen. Die Menschen finden spirituelle Quellen in der Natur, die ihre Aktivität nähren und sie die herrschenden politischen, sozialen und ökonomischen Mächte herausfordern lassen. Umweltaktivisten erkennen, dass das Gleichgewicht der Natur ein unverzichtbarer Faktor für das Überleben der Menschen auf dem Planeten und für die Schaffung einer gedeihenden Erdgemeinschaft ist. Die Menschen haben eine moralische Verantwortung für die Erhaltung der natürlichen Räume, die es als heilig zu verehren gilt, wie es so häufig in der Vergangenheit geschah. Damit ist nicht eine Rückkehr zu archaischen, auf einer falschen Ökoromantik basierenden Einstellungen gegenüber der Natur gemeint, wie sie der ökologischen Spiritualität zulasten gelegt worden ist. Im Gegenteil: Gefragt ist eine neue Art von Bewusstsein für die tiefe und intime Beziehung zwischen Geist, Natur und Menschheit.

Wie können wir eine nicht nur globale, sondern planetarische Spiritualität entwickeln, die den Geist der Erdgemeinschaft zu inspirieren vermag?

Thomas Berry, der stark von seiner tiefen Kenntnis der nativen Traditionen Amerikas, von fernöstlichen Religionen und vom Werk Teilhard de Chardins geprägt ist, spricht in seinem wichtigen Buch *The Great Work: Our Way into the Future* (1999) von dieser Aufgabe. Die große Arbeit, die alle Menschen einbeziehen muss, besteht darin, »eine Methode gegenseitiger Verbesserung des menschlichen Wohnens auf der Erde zu schaffen« (ebd., S. IV). Die Menschen müssen den spirituellen Sinn des Universums wiederentdecken und »das Humanum neu erfinden«.

Das sind starke Worte. Berry ist überzeugt, dass es für die Schaffung einer echten Erdgemeinschaft und die Entwicklung einer neuen Vision von einer lebbaren Zukunft für alle Menschen erforderlich ist, der Weltpolitik, den Regierungsformen, der Bildung und der Finanzordnung eine neue Struktur zu geben. Diese Aufgaben sind nicht zu bewältigen, wenn die Menschheit sich nicht kreativ auf die vorhandenen Ressourcen der von Berry so genannten »vier Weisheiten« stützt, die uns in die Zukunft führen können: Es ist die Weisheit der indigenen Völker, die bis zur Altsteinzeit zurückreicht und in der Gegenwart weiterwirkt, in der noch 200 Millionen Indigene überall auf der Welt leben. Es ist die – ebenfalls sehr alte – Weisheit der Frauen, die sich heute in neuer Form behauptet und die westliche und andere Zivilisationen grundlegend verändert hat. Es ist die Weisheit der klassischen philosophischen und religiösen Traditionen der Welt. Und es ist die neue Weisheitstradition der Wissenschaft, die noch in ihren Anfängen steckt, aber mit staunenswerter Geschwindigkeit und verblüffendem Erfolg voranschreitet.

Für Berry repräsentieren diese vier Weisheitsressourcen ein gewaltiges Erbe und versprechen auch die Zukunft der Menschheit und des Planeten zu speisen, denn alle vier »stimmen darin überein, dass der Mensch aufs Engste mit der natürlichen Welt in einer einzigen Gemeinschaft der Existenz verbunden ist« (ebd., S. 193). Dieser ganzheitliche, prophetische Ansatz bei der großen Gemeinschaft des Lebens kombiniert die zentralen Einsichten der religiösen und säkularen Formen der Spiritualität. Er stellt eine integrale Sicht dar, die die entstehende Erdgemeinschaft beseelen, tragen und in ihrem Entschluss stützen kann, eine tief greifende Transformation zustande zu bringen und das Gedeihen aller Menschen zu pflegen. Es ist eine Sicht, die schon auf viele andere anziehend gewirkt hat, weil sie zu einer wirklich planetarischen Spiritualität aufruft, die hilft, jedes Element in dem großen kosmischen Gewebe des Lebens mit den je anderen zu verknüpfen, zu respektieren, zu hegen und zu pflegen.

10. Spiritualitäten fürs Leben

Alle Menschen wollen ein gutes Leben, ein Leben, das glücklich, voll Freude und Befriedigung ist, ein Leben, das es wirklich wert ist, gelebt und gefeiert zu werden. Wenn doch nur mehr Menschen ein solches Leben genießen könnten! Die menschliche Existenz scheint freilich häufiger von Leiden, Versagen und Gebrochenheit gezeichnet als von einer überschäumenden Feier der Fülle des Lebens. Wie groß auch menschliches Vollbringen und Versagen sein mag – das Leben in seinem tiefsten Sinn ist letztlich ein Geschenk des Geistes, mit dem Mensch und Erde geheimnisvoll und ungeschuldet beschenkt werden. Die Realisierung dieses letzten Geheimnisses aber muss durch ganzheitliche, integrale Formen von Spiritualität ermöglicht und bewirkt werden. Nur dann können Menschen die Fülle des Lebens suchen und finden, jenes »Leben in Fülle«, von dem das Neue Testament spricht, jenes volle und *wirkliche* Leben, für das, wie Evelyn Underhill sagt, die Menschheit geschaffen ist.

Wenn wir den Puls der heutigen Kultur fühlen, wird uns deutlich, dass die prophetische Vision von innerer und äußerer Transformation in Richtung einer größeren Güte, einer friedlicheren und liebevolleren Welt, sich tausendfach in den vielfältigen Erfahrungen und Äußerungen religiöser *und* säkularer Spiritualitäten bricht. Ein spirituelles Leben ist letztlich ein Leben, das Weisheit, Mitleiden und Liebe um des Lebens der anderen und unserer selbst willen ist.

Man hat gesagt, die westliche Gesellschaft habe sich heute derart entschieden dem Leben zugewandt – von der Billigung unterschiedlicher Lebensweisen bis zur Bejahung des je individuellen Lebensstils –, dass das Leben selbst die religiöse Bedeutung angenommen habe, die früher Gott zukam. Daher beobachteten wir den Kult einer

»neuen Religion des Lebens«, den konservative und hierarchische religiöse Institutionen herb kritisieren und scharf ablehnen. Dass die Zeitgenossen vom Leben fasziniert sind, mag zwar zuweilen geradezu wie Besessenheit anmuten, es dürfte aber doch ein Missverständnis sein, dies als eine neue Religion oder Quasireligion zu interpretieren, wie es manche getan haben. Die Polarisierung zwischen Gott und Leben ist so künstlich und wenig hilfreich wie die zwischen Religion und Spiritualität. Im theistischen Verständnis ist Gott immer ein Gott des Lebens, ein lebendiger Gott, der Leben schenkt und erhält, der für das Ganze des Lebens Sorge trägt: für das Leben der Erde, das Leben der Natur und jedes menschliche Leben, sei es vergangen, gegenwärtig oder zukünftig.

Das Leben im weitesten Sinn ist das, was Menschen erfahren und wofür sie leben. Aber was ist ein wirklich *menschliches* Leben? Jedes Leben braucht Zuwendung, Nahrung, Fürsorge, und speziell das menschliche Leben erfordert physische, mentale und moralische Fürsorge für Körper, Verstand, Geist und Seele. Das heißt, menschliches Leben braucht Spiritualität, so wie der Körper Atemluft und Blut braucht, um zu gedeihen.

Die asketischen, exklusiven elitären Spiritualitäten der Vergangenheit waren oft lebensverneinend und lebensschädlich. Aber der heutige Geist der säkularen Welt kann genauso oder in noch stärkerem Maße lebenszerstörerisch sein. Die ökonomischen, sozialen und militärischen Eliten vieler Gesellschaften von heute scheinen mehr mit Tod und Zerstörung zu tun zu haben als mit dem Leben. Zahllose Menschenleben werden verstümmelt und vernichtet, und so geschieht es auch dem Leben von Pflanzen und Tieren. Wir haben jetzt eine derart kritische Schwelle in der Geschichte der Menschheit und in der Geschichte der Erde erreicht, dass wir entschiedene Schritte unternehmen müssen, um uns Spiritualitäten zu eigen zu machen, die das Leben in seinem gefährdeten, fragilen Wachstum unterstützen und stärken. Wir müssen sicherstellen, dass mehr und mehr Menschen ein unbeschädigtes Leben voll Würde und Wert nicht nur vor

Augen haben, sondern auch führen können – mit all der Energie, Reife und wachen Bewusstheit, die dazugehört. Solche Spiritualitäten zu entwickeln verlangt große Anstrengungen, ja sogar Kämpfe, damit die Mächte des Unwissens, der Gleichgültigkeit und des Widerstands überwunden werden können.

Spiritualität als Kampf für das Leben

Die spirituelle Dimension des Ringens um das Leben und mit dem Leben kommt sehr schön zum Ausdruck in einer Äußerung hispanischer christlicher Frauen in den USA, die sich selbst als *Mujerista*-Theologinnen bezeichnen. Sie sprechen von der Spiritualität als einem *Kampf* für das Leben und einem »Schrei nach Leben«. Unter den lateinamerikanischen Frauen und den Frauen aus Minderheiten in den Vereinigten Staaten hilft gerade eine Spiritualität für das Leben, häusliche, militärische und andere Formen der Gewalt zu überwinden. Die Anwendung dieses gedanklich anregenden Ausdrucks lässt sich aber auch erweitern, indem wir Spiritualität mit allen Lebenserfahrungen verknüpfen.

Wird Spiritualität als ein Kampf für das Leben verstanden, so ist damit schon die Transformationskraft angesprochen, die die Spiritualität im menschlichen Leben entfalten kann und muss. Sie kann als Kraft zum Überleben, aber auch als eine Kraft zur Veränderung wirken. Der Ausdruck verweist aber auch darauf, dass sich Spiritualität oft durch Erfahrungen von Leid und Schmerz entwickelt. Sie entsteht aus dem Ringen mit den materiellen Bedingungen einer Existenz, aber auch aus dem Ringen mit dem eigenen Ich und mit der stärkeren Macht des Geistes.

Zudem lässt sich Spiritualität als Kampf für das Leben ganz wörtlich verstehen als die gewaltige Anstrengung, Mühe und Pein, Leben zur Welt zu bringen, wie es Frauen immer getan haben. Sie bedeutet auch, für das Wachstum dieses neuen Lebens zu sorgen, es mit Liebe und Fürsorge zu umgeben, es zur Fülle und Reife großzuziehen. Für so viele arme, hart arbeitende Frauen ist Spiritualität ein Kampf darum, zu leben und gegen alle Widrigkeiten zu überleben, sich über Wasser zu halten, Essen für viele hungrige Münder zu beschaffen, Kämpfe und Streitigkeiten in ihren Familien und ihren Gemeinden zu schlichten.

Doch die spirituelle Suche ist mehr als der Kampf ums Überleben; sie schließt auch die ungeheure Anstrengung ein, ein erfülltes, gelingendes, sinnvolles Leben zu leben. Der anglikanische Geistliche und Arzt Martin Israel hat 1974 von der Suche nach Identität durch das Spirituelle als einer »Aufforderung zum Leben« gesprochen. Er schreibt: »Die Aufforderung zum Leben führt uns von einer um uns selbst kreisenden Existenz zur Begegnung mit Gott. Aber den spirituellen Pfad müssen *wir* entdecken« (*Summons to Life: The Search for Identity Through the Spiritual*, 1974, S. 123).

Spiritualität kann auch verstanden werden als der Hauch und Segen des Lebens, als das wahre »Lebensbrot«. Da Frauen rund um die Erde vielfach in die Zubereitung des Essens involviert sind, ist dieser Vergleich durchaus angemessen. Wir entwickeln unsere Spiritualität, wenn wir den Teig unserer Alltagserfahrungen zu einer spirituellen Nahrung anrühren, mischen und kneten, die wirklich nahrhaft und stärkend ist, zu einer Nahrung, die in dem Sinne spirituell ist, dass sie uns mit der ganzen Welt und miteinander in Berührung bringt und alle zugleich nährt.

Diese Beispiele zeigen, dass Spiritualität als ein existenzielles Engagement verstanden werden kann, eine Einstellung, die als transformierendes Agens auf die Erfahrungen des Alltags einwirkt, sodass Menschen diese als sinnvoll bejahen können. Spiritualität ist also wie ein Treibmittel, das unser Leben mit seinen Leiden und Schmerzen, seinen zahllosen Aktivitäten und Einschränkungen neu erstehen lässt und umgestaltet. Dies ist eine reale Alchimie der Transformation, ein Prozess, der sowohl Nahrung und neue Stärke gibt als auch neue Freiheit und Identität schenkt.

Soziale Dimensionen der Spiritualität

Unsere heutige Welt wird häufig als geistlos angeprangert. Die tiefsten Werte und Sinnquellen scheinen unter seichter Unterhaltung und oberflächlichem Konsum begraben. Dass manche Individuen nach innen fliehen und die Verbindung zum Leben der Außenwelt abbrechen möchten, ist eine Reaktion auf die exzessive Entgeistigung der zeitgenössischen Gesellschaft. Wenn aber Spiritualität primär auf der Ebene der Innerlichkeit angesiedelt wird, wird sie rasch zu einer eskapistischen Form. Der russiche Religionsphilosoph Nikolaj Berdjajew (1874-1948) nannte das eine »bourgeoise Spiritualität«. Er hielt die starre Trennung zwischen spirituellem und sozialem Leben für völlig abwegig, da er diese beiden Bereiche des menschlichen Daseins als eng verbunden ansah. In der Tat argumentierte er, das Wiedererwachen der Innerlichkeit könne sich durchaus als ein revolutionärer Akt gegenüber der zu Objekten gemachten Welt, als eine Revolte gegen deren Determinismus erweisen, denn sie könne zu einer spirituellen Durchdringung der Welt führen, die diese inspirieren und umgestalten werde. Schon in den 1930er-Jahren wies er darauf hin, dass eine neue Spiritualität verlangt sei, wenn man mit den fundamentalsten Problemen der Gesellschaft, den Fragen um Arbeit und Arbeitskraft, fertigwerden wolle.

Viele Jahrzehnte später haben wir noch immer keine Lösung für diese Probleme gefunden, weder auf globaler noch auf nationaler Ebene. Aber die Spiritualität hat jetzt das Kloster verlassen, sie ist aus den religiösen Institutionen ins Freie getreten. Die spirituellen Klassiker zu lesen, geistliche Führung zu suchen und eine spirituelle Disziplin zu befolgen ist nicht mehr genug. All das mag notwendig sein, ist aber nicht zureichend für die umgestaltende Spiritualität, die die Welt braucht, eine Spiritualität, die aus Weisheit, Mitleiden und Liebe geformt ist, die mehr Gleichheit und ein besseres Gleichgewicht zwischen den spirituellen und den materiellen Bedürfnissen der Menschen erstrebt. Spiritualität kann nicht länger das Privileg einiger weniger, der religiösen und der gebildeten Eliten, bleiben. Damit ist eine breitere Entwicklung des spirituellen Bewusstseins und der spirituellen Sensibilität bei allen Individuen und gesellschaftlichen Gruppen gefordert. Der Ruf nach dem umgestaltenden Wirken des Geistes in unserer Kultur – von Satish Kumar 2004 als »spiritueller Imperativ« bezeichnet – verlangt eine kreative, dynamische Antwort. Wir müssen das Verlangen der Menschen nach Leben unterstützen, ihren Einsatz für das ungehinderte Wachstum und die freie Entwicklung des Lebens, für die Entfaltung der Möglichkeiten des Lebens, für die Erforschung neuer Wege. Nur eine transformative, lebensbejahende, handlungsorientierte Spiritualität kann auf die Hoffnungen und Kämpfe unserer leidenden Welt antworten. Nur eine Spiritualität, die lebendig ist, kann das Gedeihen allen Lebens, der gesamten Erdgemeinschaft und der Mensch-Erde-Beziehung feiern. Dies verlangt ein Ende der Ausbeutung des Nichtmenschlichen und der Natur durch den Menschen und, in den Worten von Thomas Berry, die Neuentdeckung der Erde als biospirituellen Planeten.

Der irische Theologe und Missionar Donal Dorr sagt, es sei »Zeit für einen Wechsel«, und erklärt, eine integrale Spiritualität könne die schädlichen Wirkungen der Globalisierung neutralisieren, indem sie uns dem Nutzen dieses globalen Prozesses näherbringe. Die Globalisierung werde derzeit von multinationalen Wirtschaftsunternehmen und Finanzinstituten beherrscht, aber sie erstrecke sich eben auch auf kulturelle, politische und religiöse Aspekte. Spiritualität könne die neue Energie liefern, die notwendig sei, um die Menschen dazu zu motivieren, die erforderlichen Strategien für einen Wandel auf allen Ebenen der Gesellschaft – von der lokalen bis zur globalen – auszuarbeiten.

Das klingt erst einmal absonderlich, da die meisten Menschen spontan dazu neigen, »Spiritualität eher als ein Beruhigungsmittel für den menschlichen Geist denn als eine Quelle feuriger Energie« zu betrachten, »die Menschen dazu antreibt, die Gesellschaftsstrukturen zu verändern«. Und doch ist eine der vielen Ingredienzen einer integralen Spiritualität der Kampf für Gerechtigkeit und Frieden in allen Teilen der Welt.

Dorr stützt sich auf den brasilianischen Bildungstheoretiker Paulo Freire und seine Idee eines »generativen Themas«, das die tiefsten Gefühle der Menschen: Zorn, Schmerz oder Begeisterung, anrühre und sie so auf eine Weise zum Handeln bringe, wie es Ideen allein niemals könnten. Laut Dorr ist Spiritualität genau ein solches »generatives Thema« in der Welt von heute, das Menschen zur Arbeit für einen Wandel bewegen kann. Das schließt die Ermächtigung ein, für die vielen notwendigen Veränderungen in religiösen Institutionen und Praktiken einzutreten, aber sich auch in allen anderen Aktivitäten der Gesellschaft zu engagieren. Nach Dorrs Ansicht ist die einzige Spiritualität, die den schädlichen Wirkungen der Globalisierung Einhalt gebieten kann, eine solche, die wirklich integral ist und den spirituellen und moralischen Zielen der arbeitenden Bevölkerung auf drei verschiedenen Ebenen entspricht. »Dies sind (1) das Bedürfnis nach Frieden, Integrität und Lebenssinn für den Einzelnen; (2) das Verlangen nach Respekt, Harmonie, Kooperation und Partizipation im Management und in den Entscheidungen am Arbeitsplatz; und (3) das Bedürfnis, sicherzustellen, dass das Unternehmen als Ganzes einen positiven Beitrag für die Eine Welt leistet, zumindest dass es nicht in die Ausbeutung von Menschen oder Umwelt verwickelt ist.«[28] Spiritualität kann sich folglich in lokalen und globalen Aktionen, in Bürgeranliegen und Weltbürgerschaft, in der Aktivität von Organisationen, Unternehmen, Politik, in sozialer und politischer Veränderung, kurz: in jeder Facette des sozialen Lebens überall auf dem Planeten, verwirklichen.

Es gibt viele neue Initiativen, die ein klareres Verständnis von Spiritualität in einem größeren sozialen Kontext fördern wollen. So ist

28 Donal Dorr, *Time for a Change: A Fresh Look at Spirituality, Sexuality, Globalisation and the Church*, Dublin 2004, S. 154 und 168.

zum Beispiel das von der Templeton Foundation gegründete Metanexus Institute in Philadelphia in einem interdisziplinären Programm zur Erforschung des spirituellen Kapitals engagiert. Der Terminus »spirituelles Kapital«, gebildet in Analogie zu »soziales Kapital«, klingt zunächst ökonomistisch und irreführend. Die Definition, die das Institut gibt, stellt jedoch klar, dass dieser vielversprechende neue Forschungsbereich sich mit den »Wirkungen spiritueller und religiöser Praktiken, Glaubensüberzeugungen, Netzwerke und Institutionen« befasst, »die einen messbaren Einfluss auf Individuen, Gemeinschaften und Gesellschaften haben«. Je mehr wir über diese Wirkungen herausfinden, desto mehr Anstrengungen können unternommen werden, persönliches und soziales Wohlergehen in allen Lebensbereichen zu fördern.

Ein anderes interessantes Beispiel kommt von der International Conference on Organizational Spirituality (ICOS), der Internationalen Konferenz für organisationsbezogene Spiritualität, die seit 2002 in der Universität von Surrey, England, tagt. Eines der erklärten Ziele dieser Konferenz ist es, »Brücken zu bauen zwischen der persönlichen Welt individueller Spiritualität und den spirituellen Aspekten von Arbeit, Gesellschaft und Kultur«. Themen der Konferenz waren unter anderem »Lebendiger Geist im Ich und in der Gesellschaft«, »Spiritualität in Organisationen«, »Lebendiger Geist in Führungspositionen«. Diese Initiative geht nicht von einer religiösen Institution aus, sondern von der School of Management, die auch ein Postgraduiertenstudium in spiritueller Entwicklung und Befähigung anbietet.

Den sozialen Aspekt der Spiritualität in einem säkularen Kontext zu entwickeln heißt nicht notwendig, einen Ausverkauf ihrer eigentlichen Sache zu betreiben. Im Gegenteil: Richtig verstanden, kann die Pflege der spirituellen Erkenntnisse, Motivationen und Orientierungen zur Veränderung von Menschen, des Arbeitsplatzes und der Weltgesellschaft beitragen. Spiritualität beginnt zwar im häuslich-vertrauten Bereich bei der Einzelperson und einem kleinen Netz von Beziehungen, muss sich aber letztlich auf die gesamte Welt erstrecken.

In der Vergangenheit waren die persönlichen Aspekte der Spiritualität weiter entwickelt als andere, obwohl Spiritualität in ihren verschiedenen Formen immer auch soziale Wirkungen und Implikationen hatte. Die Einzelnen gehörten zu größeren Gruppen, und zwar in weit höherem Maß, als dies heute der Fall ist, wo Individualismus und Diversität einen größeren Raum beanspruchen, aber diese Zugehörigkeit war durch klar markierte Grenzen eng definiert und funktionierte ganz anders als unsere Gesellschaften heute.

Die traditionelle Spiritualität wurde in der Regel in kleinen Gruppen gepflegt, sei es in Ordensgemeinschaften oder in religiösen Institutionen, in die man durch Geburt oder Initiation hineinkam. Die persönliche und die soziale Dimension der Spiritualität haben einander daher nicht ausgeschlossen, sie waren vielmehr eng verbunden und aufeinander bezogen. Somit hat der soziale Aspekt in allen religiösen Traditionen immer eine wichtige Rolle gespielt, allerdings nicht so, wie wir heute das gesellschaftliche Leben und das Wesen von Gesellschaft im globalen Zusammenhang verstehen. Die traditionellen spirituellen Ideale haben einen weitreichenden Einfluss ausgeübt, indem sie den Lebensrhythmus in Dörfern, Städten, Nationen und ganzen Zivilisationen bestimmten. Beispiele sind die indische Zivilisation oder die des Islams und des mittelalterlichen Christentums. Die heutige postindustrielle Gesellschaft jedoch mit ihrem fortgeschrittenen wissenschaftlichen und technischen Entwicklungsstand sowie ihrem globalen Netz von Interdependenzen in allen Bereichen der menschlichen Aktivität schafft komplexere sozialen Dimensionen, als man sich in der Vergangenheit je hätte träumen lassen. Aufgrund dieses neuen, komplexeren und dynamischeren Verständnisses des menschlichen Soziallebens ist die soziale Dimension der Spiritualität mehr in den Vordergrund getreten und stellt uns jetzt vor neue Fragen, bietet uns aber auch neue Chancen, Spiritualitäten nicht nur für die persönliche, sondern auch für eine tief greifende soziale Transformation zu entwickeln. In einem modernen säkularen Kontext wird es zwingend notwendig, die soziale Dimension der Spiritualität zu entfalten – in einem Prozess, der gerade erst begonnen hat und den es jetzt klarer zu fassen und weiterzutreiben gilt.

Globale Verantwortung, Ethik und Meditation

Menschen, die im interreligiösen Dialog aktiv sind, denken oft, die Lösung für die globalen Probleme von heute lasse sich in religiösen Handlungen und Praktiken und mittels der Zusammenarbeit von gläubigen Menschen finden. Diese leisten in der Tat einen wichtigen und notwendigen Beitrag, aber ihre Zahl ist nicht groß genug, um eine wirklich globale Spiritualität zu schaffen, denn die Religionen selbst müssen ja eine radikale Transformation durchmachen.

Im aktuellen Kontext von religiösem, ethnischem und kulturellem Pluralismus, der stark vom Prozess der Globalisierung betroffen ist, sehen sich die unterschiedlichen Weltreligionen mit ähnlichen Herausforderungen durch die Moderne konfrontiert. Diesen kann man nur begegnen, wenn man wirklich durchgreifende Reformen einführt und eine echte Offenheit für neue Entwicklungen fördert. Doch in vielen Fällen geschieht genau das Gegenteil. Eine nostalgische Rückkehr zu den »Fundamentals« eines Glaubens lässt konservative und traditionsverhaftete Positionen entstehen, die sich zum Teil in militantem Fundamentalismus äußern. Solche Rückwendungen zur »Tradition« sind oft von engherzigen, restriktiven Spiritualitäten begleitet, die das menschliche Wachstum nicht fördern, sondern behindern. Sie machen den Dialog und die Zusammenarbeit mit Andersgläubigen unmöglich. Was die Welt stattdessen braucht, sind transformative Ansätze, neue Visionen für eine bessere Zukunft, für eine Welt, die mehr mit sich selbst in Frieden lebt, offener die Unterschiedlichkeit ihrer Menschen, Kulturen und Religionen annimmt. Damit spirituelle Werte in der globalen Gesellschaft wirksam werden, braucht die Welt ferner hoch befähigte Übersetzer, die über die religiösen Grenzen unterschiedlicher Gesellschaften und Kulturen hinweggreifen, so wie die Übersetzer von Texten daran arbeiten, die Sprachgrenzen zu überwinden. Solche Übersetzung ist unabdingbar für den Inhalt, die Ideale und die Praktiken der Spiritualität, da der Begriff »Spiritualität« selbst zahlreiche Neudefinitionen und Neufassungen erfährt.

Man hat schon alle möglichen neuen Ausdrücke vorgeschlagen: von der schlichten Formulierung »neue Spiritualität« bis zu »integrale Spiritualität«, »globale Spiritualität«, »Schöpfungsspiritualität«, »ökologische Spiritualität« und vielen anderen. Sie alle drücken einen intensiven Wunsch aus, eine Alternative zu dem zu finden, was früher, in den institutionellen religiösen Traditionen der Vergangenheit, galt. Die verschiedenen Termini beziehen sich auf unterschiedliche Formen von Spiritualität – manche säkular, manche religiös, manche etwas von beidem –, die einander überlappen und viele ähnlich Charakteristika gemeinsam haben, aber auch jeweils ein gewisses spezifisches Etwas besitzen.

Reflexionen über unser Bedürfnis nach Spiritualität, über die Mannigfaltigkeit der Spiritualitäten und über eine partizipative Spiritualität liegen in großer Menge vor. Sie sind ein Ausdruck des tiefen spirituellen Hungers und Durstes unserer Welt. Die Leiden auf der Welt sind so zahlreich, dass, mit den Worten des amerikanischen Theologen Paul Knitter gesagt, die gläubigen Menschen sich ihrer globalen Verantwortung bewusst werden müssen. Sie können einander eher im Dialog durch »mitleidende Verbundenheit« begegnen als allein durch gemeinsame Rituale, Gebete, Meditation oder Mystik. Mit anderen Worten: Wir brauchen nicht nur eine globale Ethik und globale Meditation, sondern auch globales Handeln, um zusammen die Welt zu verändern. Die Menschen sind nicht nur verantwortlich für sich selbst oder für das, was ihren nächsten Nachbarn zustößt, sondern wir tragen als moralisch und spirituell sich entwickelnde Spezies eine gemeinsame Verantwortung für alle Menschen auf dem Globus. Das gilt für den säkularen wie für den religiösen Bereich.

Insofern hat die interreligiöse Begegnung eine ganze Reihe von Anregungen zu unserer globalen Situation hervorgebracht. Am bekanntesten darunter ist der Entwurf für eine globale Ethik, ein Weltethos.

Die gemeinsame Suche nach größerem Konsens und nach einer gemeinsamen Basis für eine konzertierte Aktion mündete 1993 in die *Declaration Toward a Global Ethic* (*Weltethos-Erklärung*), herausgebracht vom Parlament der Weltreligionen. Dieses in großem Stil verbreitete Dokument fand weltweites Interesse; es ist ursprünglich von Hans Küng konzipiert. Vor und bei dem Treffen des Parlaments in Chicago wurde die Erklärung heiß debattiert und nach längerer Diskussion von den im Parlament vertretenen Religionsführern angenommen. Unabhängig von den Kontroversen, die die Erklärung anschließend ausgelöst hat, belegt ihre Veröffentlichung ganz klar, dass es keine neue Weltordnung ohne ein neues Weltethos geben kann. Dieses aber kann nur gemeinsam von Menschen aus unterschiedlichen Religionen und Glaubensüberzeugungen erarbeitet werden. Es verlangt eine Konversion des Herzens und eine Transformation des Bewusstseins.

Die in dieser Erklärung vorgelegten ethischen Leitlinien sind an vier vorrangige Verpflichtungen geknüpft: (1) Verpflichtung auf eine Kultur der Gewaltlosigkeit und der Ehrfurcht vor allem Leben; (2) Verpflichtung auf eine Kultur der Solidarität und eine gerechte Wirtschaftsordnung; (3) Verpflichtung auf eine Kultur der Toleranz und ein Leben in Wahrhaftigkeit; (4) Verpflichtung auf eine Kultur der Gleichberechtigung und die Partnerschaft von Mann und Frau. Dies ist mit Sicherheit ein vorzüglicher Ausgangspunkt für eine weiter gespannte praktische Zusammenarbeit zwischen Menschen verschiedener Religionen und Religionslosen und stellt außerdem einen Entwurf für die Erziehung und Bildung junger Menschen dar.

Neben der Entwicklung eines Weltethos, die noch weitere Anreicherung aus zahlreichen säkularen Quellen verlangt, besteht ein wachsendes Interesse an Weltmeditation. Nicht nur in dem Sinn, dass unterschiedliche religiöse Gruppierungen – etwa Buddhisten, Hindus, Dschainisten oder Christen – Meditationspraktiken pflegen, es gibt vielmehr auch neue, konvergente Formen der Entwicklung von Meditation. William Johnston (*1925), ein irischer Jesuit, der einen Großteil seines Lebens lehrend in Japan verbracht hat, schlägt die globale Meditation als eine Hilfe für kleine interreligiöse Gruppen vor, die lernen wollen, miteinander für den Frieden zu arbeiten. Er ist nachhaltig von seinen Kontakten mit dem Buddhismus, insbesondere verschiedenen Formen des Zen, beeinflusst. Andere Christen lassen sich anregen von der Weltgemeinschaft für Christliche Meditation (WCCM), die der englische Benediktiner John Main (1926-1982) gegründet hat. Diese weltweite Bewegung mit Hauptsitz in London wird heute von dem Benediktiner Laurence Freeman geleitet. Sie unterhält ein großes Netz von Meditationsgruppen rund um die Welt (www.wccm.org).

Eine ganz andere Organisation ist das Spirit in Education Movement (SEM), von dem bekannten buddhistischen Aktivisten Sulak Sivaraksa in Thailand initiiert und auch in den Nachbarländern in Südostasien verbreitet. Als Teil des wachsenden internationalen Netzwerks engagierter Buddhisten bietet diese – 1995 zur Ausbildung von Führern der Graswurzelrevolution gegründete – Bewegung für die ärmeren Gesellschaftsschichten eine spirituell basierte, ökologische und ganzheitliche Alternative zur Mainstream-Bildung. Der Unterricht in Führungsfertigkeiten und in nachhaltiger Landwirtschaft wird hier mit Meditation und sozialer Aktion, Konfliktlösung, Ökologie und Fragen der Gerechtigkeit kombiniert (www.sulak.sivaraksa.org).

Ein weiteres buddhistisches Beispiel ist der »Buddhismus für das humane Reich« oder »humanistische Buddhismus«. Entwickelt hat ihn die Foguangshan, eine einflussreiche, streng auf sozialen Dienst ausgerichtete Reformbewegung in Taiwan, die ihre Aufgabe in der Hilfe für die Bedürftigen und in der Veränderung der Gesellschaft zum Besseren sieht.[29]

29 Zum »humanistischen Buddhismus« siehe: Wei-Yi Cheng, *Buddhist Nuns in Taiwan and Sri Lanka: A Critique of the Feminist Perspective*, London und New York 2007, S. 48; ebd., S. 47-51 zur Foguangshan, die weltweit über 200 Tempel verfügt und Mitglieder aus Asien, Afrika, Amerika und Europa hat.

Ein weiterer, ganz anderer Fall von kreativem globalen Ansatz in der Spiritualität kommt aus dem Edinburgh International Centre for World Spiritualities (EICWS). Diese schottische karitative Organisation (gegründet im Jahr 2000) arbeitet mittels einer Reihe von Bildungsinitiativen, Konferenzen, Publikationen und anderen Aktivitäten mit den spirituellen und religiösen Traditionen der Welt. Alle ihre Unternehmungen ermutigen zum kritischen Umgang mit der Spiritualität und schließen unterschiedliche spirituelle Praktiken ein. Die Organisatoren haben Spiritualität bewusst nicht definiert, sondern arbeiten mit der Vielfalt und dem Erfahrungsreichtum der Spiritualitäten. Sie betonen deren Formenvielfalt, wenn sie von »Interspiritualität« und »Intraspiritualität« innerhalb und zwischen unterschiedlichen Gruppen und Traditionen in ihren Wirkungsbereichen sprechen. Ausdrücklich stellen sie fest, dass »Spiritualität und Interspiritualität sowie Intraspiritualität signifikante Beiträge zu schwierigen Fragen in der heutigen Kultur und Gesellschaft zu leisten haben. Diese umfassen Regierung, Führungsformen, Bildung, Gesundheit und Wohlbefinden, Kunst und Kultur, Naturwissenschaft und Medizin, Umwelt und Nachhaltigkeit, Medien, Arbeit, Gemeinschaft und Dienstleistung. Die Spiritualität hat ein kritisches Vermögen, Qualitäten zu wecken, die kritisch nachgefragt werden, und Situationen zu ändern, die kritisch-heikel sind. Und sie kann helfen, solche Situationen gar nicht erst entstehen zu lassen« (www.eicws.org).

Dass es so viele verschieden Trends und Bewegungen gibt, ist ein Beweis für die überaus lebendige Suche nach Spiritualität und das wachsende Bewusstsein von der enormen Bedeutsamkeit der spirituellen Dimension im individuellen und sozialen Leben von heute. Immer mehr Menschen werden sich bewusst, dass es einer Spiritualität bedarf, die den tiefsten Sehnsüchten unserer Welt gerecht wird.

Die Begeisterung für das Leben und die Macht der Liebe

Um eine harmonischere Weltgesellschaft aufzubauen, die lokalen Gemeinschaften zu stärken und unser eigenes Leben zu bereichern, müssen wir das Leben lieben, es voll und ganz leben und zu seinem Wachstum beitragen. Das ist ohne Begeisterung für das Leben nicht möglich. Ohne sie können wir die Welt und das Gedeihen des Lebens nicht voranbringen.

Aber wie kann das geschehen? Und wo finden wir die notwendigen Ressourcen für dieses Gefühl und für die Lebensbegeisterung in der Weltgemeinschaft von heute? Individuen und Gesellschaften haben es mit so vielen unterschiedlichen Gruppen und Nationen, mit gegensätzlichen politischen Interessen und Kräften, mit aufeinanderprallenden Überzeugungen und einander ausschließenden Identitäten zu tun, dass es schwer ist, diese Verantwortung zu übernehmen. Die Sensibilität und Urteilskraft zu entwickeln, die für den Aufbau einer gemeinsamen Zukunft der Menschheit aus unserer globalen Verschiedenheit notwendig ist, stellt uns vor gewaltige Aufgaben. Diese können aber nicht bewältigt werden, wenn wir nicht den spirituellen Werten ihren gebührenden Platz einräumen. Teilhard de Chardin hat die Schaffung einer Weltgesellschaft die Aufgabe, »die Erde zu bauen«, genannt, aber das könnte eine allzu äußerliche und positivistische Beschreibung sein. Aufgrund der biologischen, organischen Textur des Lebens und des herrschenden Interesses an dem neuen Wissenschaftsfeld der Emergenz dürfte es passender ein, von einer »wachsenden« als von einer »zu erbauenden« Zukunft zu sprechen. Das Verb »wachsend« drückt das emergente, dynamische Wesen kreativer Arbeit für die Zukunft der Menschheit besser aus; es bezeichnet einen Prozess, der nicht vollständig unter menschlicher Kontrolle ist, sondern Elemente des Überraschenden, der Chance und der Ungewissheit enthält.

Der Hinweis auf das Wachstum stellt auch eine Verbindung zu der Sicht des amerikanischen Theologen, Pädagogen und Bürgerrechtlers Howard Thurman (1900-1981) her, der in seinen *Meditations of the Heart* (1981) die Menschen ermutigt, auf den »wachsenden Grenzbereich« [*growing edge*] zu schauen; »um uns her sterben Welten und neue Welten werden geboren«. Der wachsende Grenzbereich ist »der zusätzliche Atemstoß aus der erschöpften Lunge, das einzige, was wir versuchen können, wenn alles andere gescheitert ist, das Sich-Aufbäumen des Lebens, wenn Müdigkeit sich über alle Anstrengung senkt. Es ist der Grund der Hoffnung in Augenblicken der Verzweiflung, der Anstoß weiterzumachen, wenn die Zeit aus den Fugen ist. [...] Die Geburt eines Kindes – des Lebens dramatischste Antwort auf den Tod – ist der verkörperte wachsende Grenzbereich. Achten Sie auf den wachsenden Grenzbereich« (ebd., S. 134).

Dieser »wachsende Grenzbereich« scheint eine angemessenere Metapher für das Leben, die Gesellschaft und die Welt in Bewegung zu sein als die mehr instrumentelle »Kante« oder »scharfe Grenze« [*cutting edge*], von der man gewöhnlich spricht. Es ist eine organischere, potenziell reichere Art des Denkens, die kreativer auf unsere heutige ökologische Sensibilität Bezug nimmt.

Donal Dorr sieht in den gängigen praktischen und spirituellen Bemühungen rund um den Globus eine Spaltung zwischen den Einstellungen der Menschen auf der Nordhalbkugel, denen es vor allem um Frieden und Ökologie geht, und den Menschen aus dem Süden, die Gerechtigkeit für die Entwicklung ihrer Gesellschaften einfordern. Beide Seiten müssen ihre Perspektiven erweitern, um zu Nutz und Frommen der verschiedenen Gemeinwesen und der Erde eine integralere Spiritualität zu erreichen. Dorr zufolge schließt die Bedeutung von Spiritualität »fast jede Aktivität, auf die wir uns einlassen, bzw. alle unsere Einstellungen, Engagements und Gefühle ein«. Somit hängt die Spiritualität mit »der Entfaltung der tieferen Dimensionen aller Dinge« zusammen. Das Wort »Entfaltung« drückt die Tatsache aus, »dass die tiefere Bedeutung bereits auf latente Weise vorhanden, wenn auch noch nicht deutlich artikuliert ist«. Dorr ist sich voll bewusst, dass Spiritualität Elemente des Religiösen und des Nichtreligiösen integriert, wenn er unterscheidet zwischen »Spiritualität als einer religiösen Tradition«, in der die Menschen geformt oder geprägt werden können, und Spiritualität als »einem Set von persönlichen Einstellungen und Engagements«, das eine große Vielfalt von säkularen Aktivitäten und Orientierungen umfassen kann.[30]

Um das Wohl aller Menschen zu fördern, ihr Gedeihen und das der ganzen Erdgemeinschaft zu sichern, müssen säkulare, religiöse und spirituelle Bestrebungen sich vereinen. Unseren Planeten zu transformieren aus einer Welt voll Zwietracht und Unordnung, Krieg, Gewalt und Streit in eine Welt der friedlichen Koexistenz, die der ökologischen Katastrophe entgeht, das bedeutet einen Wandel in den Köpfen und Herzen. Es wird eine ungeheure Anstrengung, viel Koordination, Kooperation und echte Offenheit für einen Dialog über alle ethnischen, religiösen, kulturellen und politischen Spaltungen hinweg erfordern. Das alles verlangt spirituelle Arbeit, die entweder in säkularen oder religiösen Zusammenhängen oder aber in einer Mischung aus beidem geleistet werden kann, da das Spirituelle ja immer vom Materiellen geprägt wird.

Es ist auffallend, wie viele ähnlich kreative Ideen über Spiritualität und spirituelle Energiequellen von unterschiedlichen Einzelpersonen und Gruppierungen rund um den Globus parallel geäußert werden, ohne dass sie miteinander direkten Kontakt haben. Was heute in Wissenschaft und Kunst, in Religion und Psychologie, in menschlicher Entwicklung und sozialem Denken vorgeht, belegt diese Konvergenz in den Idealen und Zielen für die menschliche Gemeinschaft. Unter diesen Ansätzen ragt das in vielerlei Hinsicht ähnliche Denken von zwei an sich völlig eigenständigen Autoren heraus: von Pierre Teilhard de Chardin und dem russisch-amerikanischen Soziologen Pitirim A. Sorokin (1889-1968). Beide sprechen von der für die Entwicklung einer planetarischen menschlichen Gemeinschaft unbe-

30 Donal Dorr, *Integral Spirituality: Resources for Community, Justice, Peace, and the Earth*, Maryknoll/NY 1990, S. 268 und 272.

dingt notwendigen, transformativen Kraft der Liebe. Beide betrachten die altruistische Liebe als die höchste menschliche Energiequelle für die Transformation der menschlichen Gesellschaft. Und beide stimmen darin überein, dass die Menschen derzeit weniger über die »Liebesenergie« wissen als über Licht, Wärme, Elektrizität und andere Formen von physikalischer Energie, sodass die transformative Kraft der Liebe in all ihren unterschiedlichen Dimensionen – der kosmischen, physischen, biologischen, psychologischen, sozialen, religiösen oder ethischen – erst noch untersucht werden muss. Teilhard de Chardins Gedanken über die Liebesenergie, die die Beziehung zur Familie, zu Freunden, zur Nation, zur Religion, zur Menschheit und zum ganzen Universum stiftet, sind über sein ganzes Werk verstreut, während Sorokins Vorstellungen in seiner faszinierenden, meisterlichen Studie *The Ways and Power of Love* (erschienen zuerst 1954) gesammelt sind.

Sorokin, Gründungsprofessor für Soziologie an der Harvard University, spricht von der Liebe als einer der höchsten Energiearten überhaupt, aber wie Teilhard denkt er, Produktion und Distribution von Liebe seien bisher in praktisch allen Gesellschaften noch nicht systematisch bedacht worden. Das zeige einen erstaunlichen Mangel an organisiertem Bemühen seitens der Menschheit, der nun deren Zukunft bedrohe. In der ganzen Menschheitsgeschichte habe sich die Familie als eines der wirksamsten Agentien in der Produktion von altruistischer Liebe erwiesen; das gelte übrigens auch für kleine religiöse Gemeinschaften. Doch die altruistische Liebe müsse nunmehr über diese Kleingruppen hinaus auf den »humanen Weltmarkt« ausgedehnt werden.[31] Sorokin malt ein dichtes Bild von der transformativen Kraft der Liebe und von der systematischen Möglichkeit, ihre Energie zum Nutzen von Einzelnen und Gemeinschaften zu entwickeln, zu vermehren und zu speichern. Die größten Genies, Helden

31 Pitirim A. Sorokin, *The Ways and Power of Love*, Philadelphia und London 2002, (Erstausgabe 1954), S. 39.

oder Apostel der Liebe im Lauf der Geschichte seien wie »große Kraftstationen, die Liebe für Generationen von Menschen produzieren« (ebd.., S. 40). Aber ihr Beispiel allein genüge nicht, Was gebraucht werde, sei eine Zunahme der Liebesproduktion durch ganz normale Menschen und Gruppen, also durch die ganze Kultur, sodass »Liebe, die von der Kultur und den sozialen Institutionen ausstrahlt, eine permanente Atmosphäre bildet, die alle Menschen von der Wiege bis zu Bahre durchtränkt« (ebd., S. 45).

Ist das ein utopischer Traum, oder ist es möglich, auf einen solchen Wandel hinzuarbeiten? Wer sind diese »herausragenden Apostel der Liebe«, die eine Ethik höchster Liebe praktizieren und so uns allen ein inspirierendes Beispiel geben? Sorokin listet Gestalten »von Buddha und Jesus Christus bis Gandhi und Schweitzer« auf, aber auch Al Halladj, den »großen muslimischen Altruisten und Mystiker« (ebd., S. 127), Teresa von Ávila, Simone Weil, Dorothy Day (die Gründerin des Catholic Worker Movement), Franz von Assisi, Sri Ramakrishna, Swami Vivekananda und viele andere Reformer, Heilige und Mystiker.

Sie sind kraftvolle Beispiele, die Licht in unsere Welt bringen und zahllose andere inspirieren können. Im Rahmen seiner Erörterung der »Techniken altruistischer Transformation von Personen und Gruppen« plädiert Sorokin für die Ausdehnung der Liebe auf die gesamte Menschheit, eine Sicht, die sich implizit auch in Teilhards Erntwurf der Noosphäre und des göttlichen Milieus findet. Teilhard sagte treffend, der Tag werde kommen, an dem die Menschheit die Energien der Liebe nutzen werde, nachdem sie schon die Energien von Raum, Wind, Wasser und Schwerkraft genutzt habe, und an jenem Tag würden die Menschen zum zweiten Mal das Feuer entdecken. Sorokin schließt seine Studie über die Macht der Liebe mit der Aussage: »Die geheimnisvollen Kräfte des Geschicks konfrontieren die Menschheit mit einem harten Dilemma: entweder ihre räuberische Politik des individuellen oder tribalen Egoismus fortzusetzen und damit ins unausweichliche Verhängnis zu stürzen oder auf die Politik der universalen

Solidarität zu setzen, die die Menschheit zum erstrebten Himmel auf Erden bringt. Es ist Sache eines jeden von uns, welchen der beiden Wege wir wählen« (ebd., S. 489).

Ist dieses Streben nach dem »Himmel auf Erden« ein nostalgischer Traum, der aus der Tiefe als Erinnerung an eine längst vergangene Erfahrung von ursprünglicher Freude und Unschuld aufsteigt, wie sie die Religionen in ihren Geschichten vom Paradies erzählen? Die Welt, die wir täglich auf unseren Fernsehbildschirmen sehen, scheint so viel mehr der Hölle zu ähneln als einem Himmel, dass jedes denkende Wesen zweifeln muss, ob die menschliche Gemeinschaft wirklich den Willen, die Kraft, die Energie, die Liebe und die lebendige Verbindung mit dem Geist besitzt, deren sie bedarf, um diese Welt in eine ausgeglichenere, allem Leben gegenüber freundlichere zu verwandeln. Gibt es noch Hoffnung in der schweren Stunde der Not?

Eine Vision der Hoffnung und des Gedeihens

Menschen träumen überall von einer anderen Welt als jener, in der wir leben. Ihre Hoffnung, ihre Arbeit und ihr Gebet gelten einer besseren Welt, einer gerechteren und friedlicheren Welt, frei von Kriegen und Spannungen, in der alle Menschen in Harmonie miteinander und mit der Natur leben können. Gegenwärtig haben wir eine Welt, die davon weiter entfernt ist als je zuvor. Aber es ist doch auch eine Welt, die sich danach sehnt, eins und ganz zu sein.

Spiritualität muss den persönlich-individuellen Bereich transzendieren und ins öffentliche Leben hineingehen. Ihre sozialen Dimensionen müssen in kleinen Gemeinschaften und religiösen Institutionen bewusstere Aufmerksamkeit finden, aber das allein ist noch nicht genug. Heute wird Spiritualität in der großen Öffentlichkeit dringend gebraucht und muss planetarische Dimensionen annehmen. Spiritualität innerhalb einzelner Glaubenstraditionen und innerhalb eines interreligiösen Kontexts ist wichtig, aber nicht mehr ausreichend. Sie muss auch in der säkularen Kultur wirksam werden. Nur dann können Menschen eine Welt, der es an Geist fehlt, umformen in eine solche, die geistzentriert wachsen will. Wessen bedarf es, um dies zu erreichen?

Es muss zu einem globalen spirituellen Erwachen kommen – in höherem Maß, als dies heute geschieht. Dazu brauchen wir mehr spirituelle Bildung auf allen Ebenen. Nur dann können wir eine breite »spirituelle Alphabetisierung« bekommen, eine Fähigkeit, die über das reine Erlernen von Lesen und Schreiben und über den Erwerb beruflicher Fertigkeiten hinausgeht. Sie reicht aber auch über emotionale und ethische Alphabetisierung hinaus in eine tiefere Dimension der Erkenntnis und der Weisheit, die aus dem Herzen kommt und das Mitleiden und die Liebe pflegt. Diese beiden sind die tiefsten Energiequellen, die die Menschen besitzen; die Weltgemeinschaft ist freilich noch weit davon entfernt, sich in allen Notsituationen auf die transformative Kraft dieser Ressourcen zu verlassen.

Wenn wir die unterschiedlichen Formen von Spiritualität in der Welt von heute – säkulare, humanistische, wissenschaftliche und künstlerische – erforschen und ihr gemeinsames Potenzial untersuchen, das Leben in seiner Fülle zu fördern, kann uns das zum Anlass für neue Hoffnung werden.

Wir brauchen Ideen, mit denen wir denken und handeln können, die uns zu inspirieren und zu verändern vermögen. Eine solche Idee ist die spirituelle Alphabetisierung durch spirituelle Bildung und die Förderung spirituellen Erwachens.

Eine andere Idee ist die eines Pneumatophors, es ist dies, eine ökologisch aufgeladene Vorstellung aus dem Pflanzenreich. Die Botaniker verwenden dieses Wort für die Luftwurzeln von Pflanzen, die im Wasser wachsen. Diese in die Luft ragenden Wurzeln sind – in buchstäblicher Übersetzung des Wortes – Träger von *pneuma*, von Luft und Geist. Gebrauchen wir den Ausdruck jedoch metaphorisch, dann können wir an Gedankenknoten, an transformative, ermächtigende Ideen und Inspirationen denken, die als Träger von Geist und neuem Leben für die Menschengemeinschaft zu dienen vermögen.

In der modernen säkularen Gesellschaft brauchen wir viele solche Pneumatophoren, Ideen, die Träger des Geistes sind und Spiritualität entzünden können – ganz gleich, ob sie nun aus den traditionellen Religionen, aus der säkularen Gesellschaft, aus den Wissenschaften oder der Kunst, aus nationalen, transnationalen oder globalen Zusammenhängen stammen, wenn sie nur dazu beitragen, erhöhte Wachheit und Sensibilität, ein Gefühl für globale Verantwortung und eine neue Art von spiritueller Bildung zu schaffen, die den Menschen helfen können, auf dem Planeten zu leben, ohne sein lebenserhaltendes System zu zerstören oder ohne einander umzubringen. Spirituelle Arbeit ist eine anspruchsvolle Aufgabe, keine leichte Beschäftigung, deren Nutzeffekt sich durch eine lockere Geste einheimsen lässt. Menschen zum spirituellen Erwachen zu führen, zu einem tieferen Bewusstsein, in dem die Energiewellen des Universums in uns nachschwingen, ist die große Berufung unserer Zeit. Sie verlangt Integrität, Redlichkeit und Wahrheitsliebe und einen leidenschaftlichen Einsatz für das Leben des Geistes.

Eine wirklich ausgewogene, ganzheitliche, unserem ökologischen Zeitalter angemessene, das Leben des Einzelnen und des ganzen Planeten fördernde Spiritualität zu pflegen, das ist eine Aufgabe, die Wissenschaft, Praxis, Bildung und Mystik angeht. Sie stellt die Weltgemeinschaft vor eine gewaltige Herausforderung, aber eine Herausforderung, die eine große Hoffnung und Verheißung birgt. Nur wenn wir diese Verheißung wahr machen, werden Menschheit und Erde gedeihen.

Die überreichen und mannigfaltigen Formen der Spiritualität, die heute existieren und immer noch entstehen, beweisen zweifelsfrei, dass Spiritualität nicht die exklusive Erforschung der Innenwelt und Inwendigkeit des Einzelnen ist, sondern mit allen Dimensionen der menschlichen Erfahrung einschließlich des sozialen, politischen und wirtschaftlichen Lebens verwoben ist. Spiritualität ist nicht der permanente Rückzug aus der Welt ins Kloster, in die Wüste oder in die Höhle, nicht einmal in die Stille des eigenen Herzens oder in die Tiefe des eigenen Geistes. Sie erwächst vielmehr mitten aus der gelebten Erfahrung und ist der Zugang zur Fülle des Lebens, indem sie allem, was Menschen tun und sind, Sinn, Wert und Richtung gibt.

Im Schmelztiegel des Lebens entsteht, wächst und entfaltet sich die Spiritualität, sodass das menschliche Leben und das Leben auf der Erde voll erblühen und weiterhin gedeihen kann.

Literatur

Leser, die tiefer in das Thema einsteigen möchten, seien auf die ausführliche kommentierte Bibliografie der englischsprachigen Ausgabe des Buches (Ursula King, *The Search for Spirituality. Our Global Quest for a Spiritual Life*, New York 2008) verwiesen.

Bücher und Zeitschriften

Ariarajah, S. Wesley, *Not Without My Neighbour: Issues in Interfaith Relations*, Genf 1999.

Arthus-Bertrand, Yann, *Die Erde von oben*, Jubiläumsausgabe, Hamburg 2010.

Baier, Karl (Hrsg.), *Handbuch Spiritualität. Zugänge – Traditionen – Interreligiöse Prozesse*, Darmstadt 2006.

Balasuriya, Tissa, *Planetary Theology*, Maryknoll/NY und London 1984.

Berdjajew, Nikolaj, *Geist und Wirklichkeit*, aus dem Frz. übers. von R. Kirchner, Lüneburg 1949.

Berry, Thomas, *The Dream of the Earth*, San Francisco 1988.

–, *The Great Work: Our Way into the Future*, New York 1999.

–, »Ecology and the Future of Catholicism«, in: Albert J. Lachance/John E. Carroll (Hrsg.), *Embracing Earth: Catholic Approaches to Ecology*, Maryknoll/NY 2004.

Beyer, Peter (Hrsg.), *Religion im Prozeß der Globalisierung*, Würzburg 2001.

Blake, William, *Lieder der Unschuld und Erfahrung*, Frankfurt/M. 1975.

Boff, Leonardo, *Die Erde ist uns anvertraut. Eine ökologische Spiritualität*, übers. von B. Kern, Kevelaer 2010.

Boulay, Shirley du/Marianne Rankin, *Cicely Saunders: The Founder of the Modern Hospice Movement*, London 2007.

Cheng, Wei-Yi, *Buddhist Nuns in Taiwan and Sri Lanka: A Critique of the Feminist Perspective*, London, New York 2007.

Christ, Carol P. (Hrsg.), *Womanspirit Rising: A Feminist Reader in Religion*, San Francisco 1979, 1992.

–, *Rebirth of the Goddess: Finding Meaning in Feminist Spirituality*, London und New York 1997.

–, *She Who Changes. Re-imagining the Divine in the World*, New York 2003.

Coles, Robert, *The Spiritual Life of Children*, Boston 1990; London 1992; dt.: *Wird Gott naß, wenn es regnet? Die religiöse Bilderwelt der Kinder*, Hamburg 1992.

Cousins, Ewert (Hrsg.), *World Spirituality: An Encyclopedic History of the Religious Quest*, New York 1985-2003 (25 Bände).

Dalai Lama (Interview) *The 14th Dalai Lama in Hawaii*. CD. Produced by Edgy Lee and Karma Lekshe Tsomo. o. O., o. J.

–, *Die Welt in einem einzigen Atom. Meine Reise durch Wissenschaft und Buddhismus*, Bielefeld 2005.

Deane-Drummond, Celia (Hrsg.), *Pierre Teilhard de Chardin on People and Planet*, London, Oakville/CT, 2006.

Dorr, Donal, *Time for a Change: A Fresh Look at Spirituality, Sexuality, Globalisation and the Church*, Dublin 2004.

–, *Integral Spirituality: Resources for Community, Justice, Peace, and the Earth*, Maryknoll/NY 1990.

Eddy, Mary Baker, *Science and Health with a Key to the Scriptures*, 1875; dt.: *Wissenschaft und Gesundheit mit Schlüssel zur Heiligen Schrift*, 1998.

Fox, Matthew, *Der große Segen: umarmt von der Schöpfung. Eine spirituelle Reise auf vier Pfaden durch sechsundzwanzig Themen mit zwei Fragen*, München 1991.

Geerlings, Wilhelm/Gisbert Greshake/Josef Weismayr (Hrsg.), *Quellen geistlichen Lebens*, 4 Bde., Stuttgart 2008 ff.

Goodenough, Ursula, *The Sacred Depth of Nature*, Oxford, New York 1998.

Gosling, David L., *Religion and Ecology in India and Southeast Asia*, London, New York 2001.

Griffiths, Bede, *Die Hochzeit von Ost und West. Hoffnung für die Menschheit*, Salzburg 2003.

–, *Essential Writings*. Selected with an introduction by Thomas Matus (Modern Spiritual Masters Series), Maryknoll/NY 2004.

–, *Göttliche Gegenwart*, Salzburg 2002.

Hadot, Pierre, *The Veil of Isis: An Essay on the History of the Idea of Nature*, Cambridge/MA, London 2006 (Orig. *Le voile d'Isis. Essai sur l'histoire de l'idée de la Nature*, Paris 2004).

Hardy, Alister, *The Spiritual Nature of Man: A Study of Contemporary Religious Experience*, Oxford 1979.

Harris, Maria, *Dance of the Spirit: The Seven Steps of Women's Spirituality*, New York, London 1991.

Haught, John F., *The Promise of Nature: Ecology and Cosmic Purpose*, Mahwah/NJ 1993.

Hay, David/Rebecca Nye, *The Spirit of the Child*, London 1998.

Hillman, Anne, *Awakening the Energies of Love. Discovering Fire for the Second Time*. Putney/VT, 2008.

Israel, Martin, *Summons to Life: The Search for Identity through the Spiritual*, London, New York 2001 (Orig. London, Oxford 1974).

Jewell, Albert (Hrsg.), *Ageing, Spirituality and Well-being*, London, NewYork 2004.

Johnson, Elizabeth A., *Ich bin die ich bin. Wenn Frauen Gott sagen*, übers. von M. Matesich, Düsseldorf 1994.

Johnston, William, *Mystical Theology: The Science of Love*, Maryknoll/NY 1995.

– *Mystical Journey: An Autobiography*, Maryknoll/NY 2006.

King, Ursula, *The Spirit of One Earth: Reflections on Teilhard de Chardin and Global Spirituality*, New York 1989.

–, *Women and Spirituality. Voices of Protest and Promise*, London, University Park/PA, 2. Aufl. 1993.

–, »Rediscovering Women's Voices at the World's Parliament of Religions«, in: Erich J. Ziolkowski, *A Museum of Faiths: Histories and Legacies of the 1893 World's Parliament of Religions*, Atlanta 1993a, S. 325-343.

–, (Hrsg.), *Feminist Theology from the Third World*, London, Maryknoll/NY 1994; vgl. insbes. S. 303-394 über »A Newly Emerging Spirituality«.

–, *Christian Mystics: Their Lives and Legacies throughout the Ages*, Mahwah/NJ 2001.

–/ Tina Beattie (Hrsg.), *Spirituality and Society in the New Millennium*, Brighton/UK, Portland/OR 2001.

–, »Love – a Higher Form of Human Energy in the Work of Teilhard de Chardin and Sorokin«, in: *Zygon. Journal of Religion and Science* 39/1 (März 2004), S. 77-102.

Kinsley, David, *Ecology and Religion: Ecological Spirituality in Cross-Cultural Perspective*, Upper Saddle River/NJ 1995.

–, *Health, Healing, and Religion*, Upper Saddle River/NJ 1996.

Knight, David, *Science and Spirituality: The Volatile Connection*, London, New York 2004.

Knitter, Paul F., *Die Zukunft der Erde. Die gemeinsame Verantwortung der Religionen*, München 1998.

Koenig, Harold G., *Spirituality and Patient Care: Why, How, When, and What*, Philadelphia, London 2007.

Küng, Hans/Karl-Josef Kuschel (Hrsg.), *Erklärung zum Weltethos. Die Deklaration des Parlaments der Weltreligionen*, München 1996.

–, *Projekt Weltethos*, München 1990.

Lachance, Albert J./John E. Carroll (Hrsg.), *Embracing Earth: Catholic Approaches to Ecology*, Maryknoll/NY 2004.

Lanzetta, Beverly J., *Radical Wisdom: A Feminist Mystical Theology*, Minneapolis/MN 2005.

Le Saux, Dom (Swami Abhishiktananda), *Indische Weisheit – Christliche Mystik. Von der Vedanta zur Dreifaltigkeit*, Luzern 1968.

Lovelock, James, *Gaias Rache. Warum die Erde sich wehrt*, München 2008.

Main, John, *Essential Writings*. Selected with an introduction by Laurence Freeman (Modern Spiritual Masters Series), Maryknoll/NY 2002.

Mayne, Michael, *Learning to Dance*, London 2001.

McDonald, Mary N., »Spirituality«, in: *Encyclopedia of Religion*, 2. Auflage, hrsg. von Lindsay Jones. Chicago 2005, Bd. 13, S. 8720.

McGinn, Bernard/John Meyendorff/Jean Leclercq (Hrsg.), *Geschichte der christlichen Spiritualität*, 3 Bde., Würzburg 1993 ff.

–, *Die Mystik im Abendland*, 4 Bde., Freiburg 1994 ff (Paperback 2010 ff.)

McGrath, Alister E., *Science and Religion: An Introduction*, Oxford, Malden/MA 1999.

Merchant, Carolyn, *Radical Ecology*, London, New York 1992.

Merton, Thomas, *Der Berg der sieben Stufen. Die Autobiographie eines engagierten Christen*, Einsiedeln 1950, Neuausg. Stuttgart 2010.

–, *Asiatisches Tagebuch*, Zürich 1987.

–, *Keiner ist eine Insel. Betrachtungen über die Liebe*, Düsseldorf 2005.

–, *Christliche Kontemplation. Ein radikaler Weg der Gottessuche*, München 2010.

Moltmann-Wendel, Elisabeth, »Die Alte Frau Gott«, in: Doris Weber (Hrsg.), *Wachsen ein Leben lang*, S. 26-29.

Muir, John, *Wilderness Essays*, Salt Lake City 1980; Nachdr. 1989.

Muller, Robert, *New Genesis: Shaping a Global Spirituality*, New York 1982.

Nelson, James B., *The Intimate Connection: Male Sexuality, Masculine Spirituality*, Philadelphia 1988.

Newell, J. Philip, *Celtic Prayers from Iona: The Heart of Celtic Spirituality*, New York, Mahwah/NJ 1997.

Ó Murchú, Diarmuid, *Reclaiming Spirituality: A New Spiritual Framework for Today's World*, New York 1998.

Panikkar, Raimon, *Der unbekannte Christus im Hinduismus*, Mainz 1986.

– *Gott, Mensch und Welt. Die Drei-Einheit der Wirklichkeit*, Textauswahl hrsg. von Roland R. Ropers, Petersberg 1999.

–, *Das Abenteuer Wirklichkeit. Gespräche über die geistige Transformation*. Geführt mit Constantin von Barloewen und Axel Matthes, hrsg. von Bettina Bäumer, Berlin 2000.

–, /Hans-Peter Dürr, *Liebe – Urquelle des Kosmos. Ein Gespräch über Naturwissenschaft und Religion*, Freiburg i. Br. 2008.

Peng-Keller, Simon, *Theologie der Spiritualität*, Darmstadt 2010 (mit einer 483 Titel umfassenden Bibliografie).

Pieris, Aloysius, *Love Meets Wisdom: A Christian Experience of Buddhism*, Maryknoll/NY 1988.

Plaskow, Judith/Carol P. Christ (Hrsg.), *Weaving the Visions: New Patterns in Feminist Spirituality*, San Francisco 1989.

Plattig, Michael, *Kanon der spirituellen Literatur*, Münsterschwarzach 2010.

Robinson, Edward, *The Original Vision: A Study of the Religious Experiences of Childhood*, Oxford 1977; New York 1983.

Rolston III, Holmes, »Scientific Inquiry«, in: Peter H. Van Ness (Hrsg.), *Spirituality and the Secular Quest*, S. 387-413.

Ruether, Rosemary Radford (Hrsg.), *Women Healing Earth: Third World Women on Ecology, Feminism, and Religion*, Maryknoll/NY 1996.

Ruh, Kurt, *Geschichte der abendländischen Mystik*, 4 Bde., München 1990.

Samson, Paul R./David Pitt (Hrsg.), *The Biosphere and Noosphere Reader: Global Environment, Society and Change*, London, New York 1999.

Schaupp, Klemens, *Bedürfnisse wahrnehmen – der Spur der Sehnsucht folgen. Ein spiritueller Übungsweg*, Würzburg 2010.

Schermer, Victor L., *Spirit and Psyche: A New Paradigm for Psychology, Psychoanalysis, and Psychotherapy*, London, New York 2003.

Schreurs, Agneta, *Psychotherapy and Spirituality: Integrating the Spiritual Dimension into Therapeutic Practice*, London, NewYork 2002.

Sheldrake, Philip, *Spirituality and History: Questions of Interpretation and Method*, London 1995

–, *A Brief History of Spirituality*, Oxford 2007.

Smith, Steven G., *The Concept of the Spiritual*, Philadelphia 1988, Kap. 1: »Historical Introduction to the Concept of the Spiritual«.

Sorokin, Pitirim A., *The Ways and Power of Love: Types, Factors, and Techniques of Moral Transformation*. Introduction by Stephen G. Post, Philadelphia, London 2002 (Erstausgabe 1954).

Spretnak, Charlene (Hrsg.), *The Politics of Women's Spirituality: Essays by Founding Mothers of the Movement*, NewYork 1994.

Starhawk, *Der Hexenkult als Ur-Religion der großen Göttin. Magische Übungen, Rituale und Anrufungen*, München 1992 (Orig.: *The Spiral Dance: A Rebirth of the Ancient Religion of the Great Goddess*, San Francisco 1979, Sonderausgabe 1999).

Strack, Hanna, *Die Frau ist Mit-Schöpferin. Eine Theologie der Geburt*, Rüsselsheim 2006.

Sullivan, Lawrence E. (Hrsg.), *Healing and Restoring: Health and Medicine in the World's Religious Tradition*, New York 1989.

Swimme, Brian, *The Hidden Heart of the Cosmos: Humanity and the New Story*, Maryknoll/NY 1996.

Tacey, David, *The Spirituality Revolution: The Emergence of Contemporary Spirituality*, Hove/UK, NewYork 2004.

Taylor, E. Bron (Hrsg.), *The Encyclopedia of Religion and Nature*, 2 Bde., London, New York 2005.

Teasdale, Wayne, »The Interspiritual Age: Global Spirituality in the Third Millennium«, in: Wayne Teasdale/George F. Cairns (Hrsg.), *The Community of Reli-*

gions: Voices and Images of the Parliament of the World's Religions, London, New York 1996, S. 209-219.

–, *The Mystic Heart: Discovering a Universal Spirituality in the World's Religions*, Novato/CA 1999.

Teilhard de Chardin, Pierre, *Der Mensch im Kosmos*, übers. von Othon Marbach, München 1959.

–, *Der Göttliche Bereich*, übers. von J. V. Kopp, Olten, Freiburg 1962.

–, *Die menschliche Energie*, übers. von K. Schmitz-Moormann, Olten 1966.

–, *Activation of Energy*, London 1970.

–, *Writings*. Selected with an Introduction by Ursula King (Modern Spiritual Masters Series), Maryknoll/NY 1999.

–, *Das Herz der Materie. Kernstück einer genialen Weltsicht*, Düsseldorf 2005.

Thich Nhat Hanh, *Essential Writings*. With an introduction by Sister Annabel Laity (Modern Spiritual Masters Series), Maryknoll/NY 2001.

–, *Lebendiger Buddha, Lebendiger Christus. Verbindende Elemente der christlichen und buddhistischen Lehren*, München 1996

Thurman, Howard, *Essential Writings*. Selected with an introduction by Luther E. Smith, Jr. (Modern Spiritual Masters Series), Maryknoll/NY 2006.

–, *Meditations of the Heart*, Boston 1981.

Tisdell, Elizabeth J., *Exploring Spirituality and Culture in Adult and Higher Education*, San Francisco 2003.

Tucker, Mary Evelyn, *Worldly Wonder: Religions Enter Their Ecological Phase*, Chicago, La Salle/IL 2003.

–/ John Grim »The Greening of the World's Religions«, in: *The Chronicle Review* 53, 9. Februar 2008, S. B9.

Underhill, Evelyn, »The Mystic as Creative Artist«, in: R. Woods (Hrsg.), Understanding Mysticism, London 1981, S. 400-414.

–, *The Spiritual Life*, Oxford 1993.

–, *The Essentials of Mysticism and Other Essays*, Oxford 1995.

Van Ness, Peter H. (Hrsg.), *Spirituality and the Secular Quest* (World Spirituality, Bd. 22), New York 1996.

Von Brück, Michael/Whalen Lai, *Buddhismus und Christentum. Geschichte, Konfrontation, Dialog*, München 1997.

Waaijman, Kees, *Handbuch der Spiritualität*. Band 1: *Formen*, Mainz 2004; Band 2: *Grundlagen*, Mainz 2005; Band 3: *Methoden*, Mainz 2007.

Weber, Doris (Hrsg.), *Wachsen ein Leben lang. Von der Spiritualität des Alterns* (Publik-Forum EXTRA), Oberursel 2003.

Wehr, Gerhard, *Das Lexikon der Spiritualität. Begriffe, Personen, Werke*, Köln 2009

Weil, Simone, *Cahiers. Aufzeichnungen*, hrsg. und übers. von E. Edl und W. Matz, Bd. II, München 1993.

–, *Das Unglück und die Gottesliebe*, München 1953.

West, William, *Psychotherapy and Spirituality: Crossing the Line between Therapy and Religion*, London 2000.
Wuthnow, Robert, *Creative Spirituality: The Way of the Artist*, Berkeley 2001.
Young, Serinity (Hrsg.), An Anthology of Sacred Texts by and About Women, New York 1994.

Websites

Alister Hardy Society: www.AlisterHardySociety.org
Alliance of Religions and Conservation (ARC): www.arcworld.org
Edinburgh International Centre for World Spiritualities (EICWS): www.eicws.org
Erd-Charta: www.erdcharta.de
Sulak Sivaraksa: www.sulak.sivaraksa.org
Forum on Religion and Ecology: www.yale.edu/religionandecology
United Religions Initiative (URI): www.uri.org
Weltgemeinschaft für Christliche Meditation (WCCM): www.wccm.org